普通高等教育高职高专"十三五"规划教材

市场营销案例导读

主编 黄晓芸 苏智灵

·北京·

内 容 提 要

本教材根据教育部高职高专教育教学改革要求,围绕市场营销课程内容,以突出高职特色为原则选编案例,努力使每个案例具有可读性、代表性、趣味性和新颖性。本教材共 9 章,每章包括教学导入案例、课堂讨论案例、课外思考案例 3 个模块,内容涵盖认识市场营销、市场环境分析、消费者购买行为分析、目标市场营销战略、产品策略、价格策略、渠道策略、促销策略、网络营销等领域的专题案例。

本教材可作为高职院校财经类各专业市场营销课程教学的配套教材,也可作为企业营销人员培训的参考用书。

图书在版编目(CIP)数据

市场营销案例导读 / 黄晓芸,苏智灵主编. -- 北京:中国水利水电出版社,2017.11
普通高等教育高职高专"十三五"规划教材
ISBN 978-7-5170-5956-1

Ⅰ.①市… Ⅱ.①黄… ②苏… Ⅲ.①市场营销学—高等职业教育—教材 Ⅳ.①F713.50

中国版本图书馆CIP数据核字(2017)第257188号

书　名	普通高等教育高职高专"十三五"规划教材 **市场营销案例导读** SHICHANG YINGXIAO ANLI DAODU
作　者	主编　黄晓芸　苏智灵
出版发行	中国水利水电出版社 (北京市海淀区玉渊潭南路1号D座　100038) 网址:www.waterpub.com.cn E-mail:sales@waterpub.com.cn 电话:(010)68367658(营销中心)
经　售	北京科水图书销售中心(零售) 电话:(010)88383994、63202643、68545874 全国各地新华书店和相关出版物销售网点
排　版	中国水利水电出版社微机排版中心
印　刷	三河市鑫金马印装有限公司
规　格	184mm×260mm　16开本　9.5印张　225千字
版　次	2017年11月第1版　2017年11月第1次印刷
印　数	0001—2000册
定　价	**24.00元**

凡购买我社图书,如有缺页、倒页、脱页的,本社营销中心负责调换

版权所有·侵权必究

普通高等教育高职高专"十三五"规划教材之

中高职衔接系列教材
编 委 会

主　任　张忠海

副主任　潘念萍

委　员　韦　弘　　　龙艳红　　　蔡永强

　　　　陆克芬　　　邓海鹰　　　陈炳森

　　　　梁文兴（中职）　宁爱民　　　黄晓东

　　　　马莲芝（中职）　陈光会　　　方　崇

　　　　梁小流　　　李维喜（中职）

秘　书　黄小娥

本书编写人员

主　编　黄晓芸　　　苏智灵

副主编　褟健丽　　　潘永艳　　　黄一鸣（中职）

　　　　梁宝清（中职）

参　编　陆　扬　　　廖　威

主　审　宁爱民

前言 QIANYAN

进入 21 世纪，人们深切地感受到科技和经济的飞速发展。对于中国高等职业院校财经类专业的教育工作者来说，培养高素质、强技能、具有创新精神的营销类人才最有效的渠道就是案例教学。

本教材立足于提高学生专业知识的综合运用能力和综合素质，收集了国内外企业近年来的营销活动案例，并以大量生动、翔实的资料，为读者展示了精彩的企业营销活动画面，引导读者对案例进行分析，帮助读者了解案例中的问题及重点，结合课程理论知识展开学习。

本教材共分为 9 章，从认识市场营销、市场环境分析、消费者购买行为分析、目标市场营销战略、产品策略、价格策略、渠道策略、促销策略、网络营销这几个方面来组织专题案例，分别从教学导入案例、课堂讨论案例、课外思考案例设计案例内容，利于学生学习和理解，引导学生主动思考。

本教材是普通高等教育高职高专"十三五"规划教材之中高职衔接系列教材中的一本，由广西壮族自治区县级中专综合改革帮扶奖补经费项目予以资助。本教材由广西水利电力职业技术学院黄晓芸和苏智灵任主编；广西水利电力职业技术学院禤健丽、潘永艳，南宁市第六职业技术学校黄一鸣和宜州市职业教育中心梁宝清任副主编；广西水利电力职业技术学院陆扬、廖威参与了教材编写。具体分工如下：第 1 章和第 5 章由黄晓芸、黄一鸣编写，第 2、4、6、7 章由苏智灵、梁宝清、廖威编写，第 3 章和第 8 章由禤健丽、梁宝清编写，第 9 章由潘永艳、陆扬编写，全书由黄晓芸负责统稿。

担任本教材主审的广西水利电力职业技术学院宁爱民教授对本教材提出了许多中肯的意见。此外，本教材在编写过程中参考了大量文献，得到了有关部门、企业和出版社的领导、专家和老师的大力支持，在此一并致谢！

由于编写时间仓促，书中疏漏之处，敬请同行专家和读者批评指正。

编者
2017 年 8 月

目录 MULU

前言

第1章　认识市场营销 ·· 1
 1.1　教学导入案例 ·· 1
  案例 1.1.1　看"奥运商业之父"如何把奥运会变成摇钱树 ··············· 1
 1.2　课堂讨论案例 ·· 2
  案例 1.2.1　宝洁——以消费者为中心 ··· 2
  案例 1.2.2　苹果手机的饥饿营销 ··· 4
  案例 1.2.3　承担更多社会责任的品牌"善营销" ····························· 5
  案例 1.2.4　ALS 冰桶挑战：席卷全球的公益病毒营销 ···················· 7
  案例 1.2.5　社群营销缔造的商业神话——小米手机 ······················· 8
  案例 1.2.6　跨界营销 ··· 10
 1.3　课外思考案例 ··· 11
  案例 1.3.1　营销观念辨析 ··· 11
  案例 1.3.2　天才销售奖 ··· 11

第2章　市场环境分析 ·· 13
 2.1　教学导入案例 ··· 13
  案例 2.1.1　华为手机市场营销环境 ··· 13
  案例 2.1.2　怎样寻找市场机会 ··· 17
 2.2　课堂讨论案例 ··· 17
  案例 2.2.1　买车记 ··· 17
  案例 2.2.2　对生产者市场推销失败的原因 ··································· 20
  案例 2.2.3　调研不误出口功 ··· 21
 2.3　课外思考案例 ··· 23
  案例 2.3.1　杭州的"狗不理"包子店为何无人理 ························· 23
  案例 2.3.2　戴尔的采购 ··· 23
  案例 2.3.3　海尔的国际市场调研 ··· 25

第3章　消费者购买行为分析 ·· 27
 3.1　教学导入案例 ··· 27
  案例 3.1.1　看大学生如何购买手机 ··· 27
 3.2　课堂讨论案例 ··· 28
  案例 3.2.1　大学生用网贷"提前消费" ··· 28

案例 3.2.2　"佳佳"和"乖乖"的不同命运 ··· 29
　　　案例 3.2.3　美国的化妆品和日本的空调电器 ·· 30
　　　案例 3.2.4　安踏就这样成功了 ·· 31
　　　案例 3.2.5　《爸爸去哪儿》锁定目标观众的需求 ······································· 32
　　　案例 3.2.6　麦当劳推出黑白营销战役 ·· 33
　　　案例 3.2.7　好莱坞大片中的中国元素 ·· 33
　　3.3　课外思考案例 ·· 34
　　　案例 3.3.1　哈利·波特与童话经济 ··· 34

第 4 章　目标市场营销战略 ·· 36
　　4.1　教学导入案例 ·· 36
　　　案例 4.1.1　麦当劳瞄准细分市场需求 ·· 36
　　　案例 4.1.2　汇源果汁市场份额下滑 ·· 37
　　4.2　课堂讨论案例 ·· 38
　　　案例 4.2.1　联想电脑的市场细分 ·· 38
　　　案例 4.2.2　清扬洗发水的市场细分与定位 ··· 40
　　　案例 4.2.3　帕米亚无烟香烟 ·· 43
　　　案例 4.2.4　吉之岛商场：准确定位，锁定目标客户 ································· 44
　　　案例 4.2.5　加多宝的再定位 ·· 45
　　　案例 4.2.6　耐克公司的STP战略 ··· 47
　　4.3　课外思考案例 ·· 49
　　　案例 4.3.1　江崎糖业公司成功之道 ·· 49
　　　案例 4.3.2　"新生代普洱"路在何方 ·· 50
　　　案例 4.3.3　高端市场还要坚守吗 ·· 51
　　　案例 4.3.4　上海老年用品市场细分 ·· 53

第 5 章　产品策略 ·· 56
　　5.1　教学导入案例 ·· 56
　　　案例 5.1.1　星巴克——提供的不只是咖啡 ··· 56
　　5.2　课堂讨论案例 ·· 58
　　　案例 5.2.1　海尔——世界品牌之梦 ·· 58
　　　案例 5.2.2　"褚橙""柳桃""潘苹果"：如何打造新农业品牌 ··················· 60
　　　案例 5.2.3　20万款独一无二的百威啤酒罐，只为独一无二的年轻人 ······· 62
　　　案例 5.2.4　印度精品茶品牌Manjushree，让喝茶变成一件更有品质的事情 ··· 63
　　　案例 5.2.5　西门子多元化经营之道 ·· 63
　　　案例 5.2.6　失败的产品 ·· 64
　　5.3　课外思考案例 ·· 65
　　　案例 5.3.1　海底捞极致服务赢市场 ·· 65
　　　案例 5.3.2　联合利华产品组合分析 ·· 67

案例5.3.3　看桥本隆志如何把濒临破产的米店做到年收入15亿 …………………… 67

第6章　价格策略 ……………………………………………………………………………… 70
6.1　教学导入案例 …………………………………………………………………………… 70
　　案例6.1.1　一个杯子的8种定价 …………………………………………………………… 70
　　案例6.1.2　吉列按刮脸次数卖剃须刀 ……………………………………………………… 71
6.2　课堂讨论案例 …………………………………………………………………………… 72
　　案例6.2.1　深圳久砺电子的独特定价策略 ………………………………………………… 72
　　案例6.2.2　奥迪A6价格策略 ……………………………………………………………… 73
　　案例6.2.3　小米手机定价策略 ……………………………………………………………… 74
　　案例6.2.4　苏宁易购的主要定价策略 ……………………………………………………… 75
　　案例6.2.5　哈尔滨"中央大街"药店大战 ………………………………………………… 76
6.3　课外思考案例 …………………………………………………………………………… 78
　　案例6.3.1　宜家营销之道 …………………………………………………………………… 78
　　案例6.3.2　"价格杀手"——国美的真面目 ……………………………………………… 79
　　案例6.3.3　家园玫瑰鲜花汁 ………………………………………………………………… 81

第7章　渠道策略 ……………………………………………………………………………… 82
7.1　教学导入案例 …………………………………………………………………………… 82
　　案例7.1.1　苹果iPhone的分销渠道策略 …………………………………………………… 82
　　案例7.1.2　LG电子公司的渠道策略 ………………………………………………………… 84
7.2　课堂讨论案例 …………………………………………………………………………… 86
　　案例7.2.1　雷士照明：渠道变革制胜 ……………………………………………………… 86
　　案例7.2.2　利用海外代理在目标市场创品牌 ……………………………………………… 87
　　案例7.2.3　李宁公司的网络营销渠道建设 ………………………………………………… 89
7.3　课外思考案例 …………………………………………………………………………… 92
　　案例7.3.1　格力自建渠道掌握终端市场 …………………………………………………… 92
　　案例7.3.2　高露洁持续发展之道 …………………………………………………………… 94

第8章　促销策略 ……………………………………………………………………………… 97
8.1　教学导入案例 …………………………………………………………………………… 97
　　案例8.1.1　百事可乐：独特的音乐推销 …………………………………………………… 97
8.2　课堂讨论案例 …………………………………………………………………………… 98
　　案例8.2.1　"爱她就请她吃哈根达斯"的冰淇淋 ………………………………………… 98
　　案例8.2.2　御泥坊的网络口碑传播 ………………………………………………………… 100
　　案例8.2.3　《舌尖上的中国》的完美收官 …………………………………………………… 100
　　案例8.2.4　洽洽食品：惊艳世界杯的黑马 ………………………………………………… 102
　　案例8.2.5　故宫博物院的创意促销 ………………………………………………………… 103
8.3　课外思考案例 …………………………………………………………………………… 103
　　案例8.3.1　东京迪斯尼乐园的经营魔法 …………………………………………………… 103

案例8.3.2 《致我们终将逝去的青春》的明星营销 …………………………………… 104

第9章 网络营销 …………………………………………………………………… 106
9.1 教学导入案例 ……………………………………………………………… 106
案例9.1.1 三只松鼠的电商之道 ……………………………………………… 106
9.2 课堂讨论案例 ……………………………………………………………… 108
案例9.2.1 可口可乐台词瓶社会化营销传播案例 …………………………… 108
案例9.2.2 网店第一村——义乌青岩刘村的电商之路 ……………………… 109
案例9.2.3 "土豆姐姐"营销现象浅析 ……………………………………… 111
案例9.2.4 麦包包的网络营销成功秘诀 ……………………………………… 113
案例9.2.5 甘肃成县的农产品网络营销 ……………………………………… 117
案例9.2.6 携程借电子商务拓展线下用户 …………………………………… 118
案例9.2.7 天猫"双十一"的营销策略 ……………………………………… 119
案例9.2.8 百事可乐猴年广告营销分析 ……………………………………… 123
案例9.2.9 电影网络营销启示——电影这样火起来的 ……………………… 125
案例9.2.10 网约车平台——滴滴打车的网络营销策略 ……………………… 128
案例9.2.11 特仑苏"十年敢想"的内容营销 ………………………………… 129
案例9.2.12 "万达广场就是城市中心"——万达微视频营销解析 ………… 131
案例9.2.13 "同程旅游1元门票"网络营销案例分析 ……………………… 133
案例9.2.14 小米手机的网络营销策略分析 …………………………………… 135
9.3 课外思考案例 ……………………………………………………………… 137
案例9.3.1 世界上最好的工作——大堡礁网络营销案例分析 ……………… 137
案例9.3.2 星巴克微信营销成功案例分析 …………………………………… 138

参考文献 ………………………………………………………………………………… 141

第1章

认识市场营销

1.1 教学导入案例

案例 1.1.1　看"奥运商业之父"如何把奥运会变成摇钱树

在 1984 年洛杉矶奥运会之前，奥运会主办国几乎是指定的。对举办国而言，往往是喜忧参半。因为奥运会没有电视转播，赞助商制度也不成体系，不管是哪个国家接手都赔钱，奥运会成了一块烫手山芋，甚至谁都不愿申办。

比如：1976 年蒙特利尔奥运会出现了 10 多亿美元的巨额亏空，15 天的奥运会使蒙特利尔负债长达 20 年。1980 年，苏联莫斯科奥运会总支出达 90 亿美元，具体债务更是一个天文数字。

奥运会几乎变成了为"国家民族利益"而举办，赔老本已成为奥运定律。最好的自我安慰就是有得必有失！

直到 1984 年洛杉矶奥运会，美国商界奇才尤伯罗斯接手主办奥运会，运用他超人的创新思维，改写了奥运营销的历史，不仅首度创下了奥运史上第一巨额赢利纪录，更重要的是建立了一套"奥运营销学"模式，为以后的主办城市如何运作提供了样板。

当时的尤伯罗斯是一位百万富翁，经营着北美第二大旅游公司，在全球拥有 200 多个办事处和 1500 名员工。到底他进行了哪些改革让奥运会从赔钱生意变成摇钱树呢？

改革一：开源节流。

尤伯罗斯认为，自 1932 年洛杉矶奥运会以来，规模大、虚浮、奢华和浪费成为时尚。他决定想尽一切办法节省不必要的开支。首先，他本人以身作则不领薪水，在这种精神感召下，有数万名工作人员甘当义工；其次，沿用洛杉矶现成的体育场；第三，把当地的三所大学宿舍做奥运村使用。仅后两项措施就节约了数十亿美元。

改革二：声势浩大的"圣火传递"活动。

尤伯罗斯认为，每一个参加奥运火炬接力的人都会把它作为一生的荣耀，肯定愿意付出高昂的代价获取。奥运圣火在希腊点燃后，在美国举行横贯美国本土 1.5 万千米的圣火接力跑。全程圣火传递以每公里 3000 美元出售，捐钱就可以举着火炬跑上一程，这样一来，1.5 万千米共售得 4500 万美元。

改革三：狠抓赞助、转播和门票三大主要收入。

尤伯罗斯规定在这届奥运会上，每个行业只选定一个赞助商，且要把赞助商限定在 30 家以内，做精的同时，还能以此激励企业抬高赞助竞标价格。此外，还设定了一个赞助最低限额：400 万美元。这些苛刻的条件反而刺激了赞助商的热情。尤伯罗斯最终从 150 家赞助商中选定 30 家，其中，可口可乐为了打败百事可乐豪掷 1260 万美元赞助费，日本富士胶卷为了挑战柯达行业老大的地位开价700万美元……一届洛杉矶奥运会，共筹到1.17亿美元赞助费。

最大的收益来自独家电视转播权转让。尤伯罗斯采取美国三大电视网竞投的方式，结果美国广播公司以2.25亿美元夺得电视转播权；尤伯罗斯又首次打破奥运会广播电台免费转播比赛的惯例，以7000万美元把广播转播权卖给美国、欧洲及澳大利亚的广播公司。

门票收入通过强大的广告宣传和新闻炒作，也达到了历史最高水平。尤伯罗斯将每张门票定价在50~200美元，并放出风声说，即便是美国总统也得自己掏钱买票进场。

改革四：出售以本届奥运会吉祥物山姆鹰为主的标志及相关纪念品。

通过以上4项改革措施，在短短的十几天内，第23届奥运会总支出5.1亿美元，赢利2.5亿美元，是原计划的10倍。尤伯罗斯本人也得到47.5万美元的红利。洛杉矶场奥运会结束了奥运会一直赔钱的历史。

尤伯罗斯开创了奥林匹克运动会的商业化运营模式，被称为"奥林匹克商业化之父"。这一年《时代》周刊也因此将他评选为"1984年最杰出人物"。在洛杉矶奥运会闭幕式上，国际奥委会主席萨马兰奇向尤伯罗斯颁发了一枚特别的金牌，报界称此为"本届奥运最大的一枚金牌"。也是自那时起，各国争相申办奥运会，想把这颗摇钱树抢回家。1988年汉城奥运会赢利4.97亿美元；1992年巴塞罗那奥运会赢利4000万美元，创造260亿美元的经济效益；1996年亚特兰大奥运会赢利1000万美元，创造了50亿美元的经济效益，2008年北京奥运会赢利超过10亿元人民币……奥运会再也不是赔本生意了。

1.2 课堂讨论案例

案例1.2.1 宝洁——以消费者为中心

以市场为导向、以顾客为中心，是现在市场营销活动的核心观念。一个产品从开发到成为流通的商品，需要围绕消费者来考虑，因为顾客是所有商品的归宿。只有牢固树立以顾客为中心的营销观念，企业才能提供更好的服务，才能赢得顾客。

宝洁始创于1837年，是世界上最大的日用消费品公司。每天，宝洁公司的品牌同全球的广大消费者发生着30亿次的亲密接触。宝洁2015年销售额为4522亿元人民币，稳坐2015年全球日化销售排行榜"头把交椅"，在《财富》杂志最新评选出的全球500家最大工业/服务业企业中，排名第100位。宝洁公司全球雇员超过11万人，在全球70多个国家设有工厂及分公司，所经营的300多个品牌的产品畅销140多个国家和地区，其中包括洗发用品、护发用品、护肤用品、化妆品、婴儿护理产品、妇女卫生用品、医药、食品、饮料、织物、家居护理及个人清洁用品。宝洁公司拥有众多深受信赖的优质、领先品牌，包括帮宝适、佳洁士、汰渍、碧浪、舒肤佳、飘柔、潘婷、海飞丝、威娜、玉兰油、欧乐-B、金霸王、吉列、博朗等。

为了获取消费者的信息，更好地了解消费者需求，宝洁公司早在1923年就成立了市场研究部，每年在60个国家研究500万人以上的消费者，每年开展15000个调研项目，每年花费3.5亿美元用于市场调研，市场研究费用占销售额的0.4%。

据宝洁实验得知，研究消费者最好的场所，一是在商店，一是在家里。因此，宝洁公司就是根据这一思路设计研究场所。在中国的顺义天竺工业园区有一栋白色的大楼,这里就是宝洁北京创新中心。与周围空旷的街道和安静的环境形成鲜明对比,这栋四层高的白色建筑里,有来自16个国家的500多名"科学家",不仅研究新产品,还通过摄像头观察消费者在一些小房间里的使用习惯。这里是宝洁全球最大的研发中心,注册资本7000万美元,总投资额8000万美元,被称为宝洁的"创新航母"。在创新中心一层左侧,设立了名为"消费者之家"的特殊区域,这里面没有导购员,也没有收银台,客人参观后,管理人员马上就将房门锁上。

"消费者之家"是宝洁公司专门研究消费者购物习惯与消费心理的场所,他们的研究成果将为公司进行产品和服务方面的创新提供重要的参考依据,"消费者之家"中有很多正在测试的产品都是针对5~10年后将要上市的新品。宝洁认为,了解和理解消费者,仅仅做好研究工作或掌握具体的研究技巧是不够的,必须要将消费者置于整个公司及其品牌战略的中心位置。

在宝洁,研发部门都要参与到消费者调研当中,把消费者的需求融入到研发中去,改良产品再回馈市场。

2004年,宝洁中国营销部和研发部共组建了若干个由10人组成的小组,到安徽省六安县和陕西省信阳县的两个村子,与那里的村民一起度过了一天。这些小组亲眼看到了当地村民当做集体活动来做的一件事情——洗衣服。

他们看到村民们在大街上用脸盆一起洗衣服,还了解到村民们对洗涤用品的看法很保守:需要具有基本清洁功能、价格又不贵的洗衣粉。

宝洁利用了此次的调研结果,开发了单包装汰渍洁白洗衣粉,每包便宜到只要几毛钱,这种产品完全不同于为更富裕的消费者喜欢的那种大包家庭经济装产品。同时变化不仅在包装上,配方、广告也变了。新的广告反映了村民们的价值观和生活方式。

宝洁公司一直在寻求创新,但一切创新的源头都是来自于对消费者精准的洞察。例如就宝洁旗下的欧乐-B品牌来说,宝洁花了很多时间研究中国市场新兴的中高端精英阶层、高端人群,发现他们的生活节奏快、压力大,非常容易出现牙龈问题、口腔问题。随着生活水平的提高,他们更加关心自己的身体健康和生活质量,也渴望获得更具前瞻性的、革命性的知识和产品。2015年,宝洁发布了iBrush蓝牙智能电动牙刷和iBrush Kids儿童电动牙刷两款新产品。以欧乐-B iBrush这个全球首款蓝牙智能电动牙刷为例,它利用蓝牙与手机相连,拥有独有的APP记录个人刷牙习惯,帮助养成更好的口腔护理习惯。这款拥有卓越个性化功能设置和领先技术的产品对被称为"IT极客"——对IT产品和智能化生活方式有高要求的高收入人士、商界精英人群有很大吸引力,而这部分人士往往也被认为是圈层中的意见领袖,能带动身边更广泛人士的关注和购买。

另外,宝洁鼓励用户参与到产品的创新中。2007年,宝洁创办"联系与发展"英文版网站,将需要突破的难题放在网站上,寻找合适的合作伙伴,如今中文版也早已经开通,在这个网站上,不仅向合作伙伴,也向很多消费者征集创新的方案。目前,宝洁中国区已有超过50%的研发项目是通过联系与发展实现的,甚至宝洁将来自于这个平台的一些颠覆性的创新产品放在淘宝网上卖,然后再通过搜集信息,与买家们联系,做更精准的消费者调研。

倾听消费者声音、满足和引导消费者的需求是市场营销活动的出发点和重心。企业应该时刻以消费者为中心，面对不断变化的环境，做出正确的反应。

案例 1.2.2　苹果手机的饥饿营销

世界知名的苹果公司由史蒂夫·乔布斯、斯蒂夫·沃兹尼亚克和罗·韦恩在1976年4月1日创立，2007年由苹果电脑公司更名而来，核心业务为电子科技产品，总部位于加利福尼亚州的库比蒂诺。苹果公司销售的产品有Apple Ⅱ、Macintosh电脑、Macbook笔记本电脑、iPod音乐播放器、iTunes商店、iMac一体机、iPhone手机和iPad平板电脑等，是世界上目前市值最高的企业。据报道，2016年苹果公司的市值达到了5710亿美元，未来两三年，苹果公司的市值依然是全球市值最高的企业。其中，苹果手机iPhone则是令众多果粉为之喜爱、追逐、热捧的产品。

2014年9月12日，苹果的新一代手机iPhone 6开始接受预订，7天后上市。首批上市的116个国家和地区包括美国、加拿大、法国、德国、英国、中国香港、日本、新加坡和澳大利亚，中国内地却榜上无名。9月26日，iPhone 6在中国内地上市后包括运营商、电商在内的渠道市场，iPhone 6和iPhone Plus都出现了货源售罄或紧缺的情况。由于普遍缺货，有现货的销售渠道开始变相加价销售，真可谓一机难求。

这与三年前苹果iPhone 4S手机上市的情景如出一辙：2011年10月14日在美国上市后，32GB售价为749美元（按当时汇率约为人民币4774元），而比美国上市时间晚了3个多月的中国大陆市场，iPhone 4S售价却高达5888元。苹果iPhone 4S在中国内地上市首日，全国各地疯抢"苹果"，北京甚至还出现黄牛打架、惊动警察的事件。同时，由于备货在首发当天就被"一抢而空"，苹果方面还宣布暂停北京、上海5家内地直营店的iPhone 4S销售。

为了避免内地iPhone 4S首发日的"不和谐"事件再度上演，苹果公司香港网站宣布推出一个iPhone摇号预订系统，规定每人最多预定两台。消费者每天上午9点到中午12点可提交申请，写清自己欲购买的机型，并等待苹果公司摇号，抽中才能购买。

结合以往苹果产品上市的规律不难看出其产品全球上市的独特传播曲线：发布会—上市日期公布—等待—上市新闻报道—通宵排队—正式开卖—全线缺货—热卖。

苹果公司每推出一款新产品的发布会，都会选择充满神秘色彩的剧场进行，通过幕剧的形式对产品进行宣传，激起人们强烈的好奇心。苹果公司很多产品在其推出前和推出后都会有大量的短缺现象。在层出不穷的消息刺激下，消费者的胃口被越吊越高，饥饿感也越来越强。这种造成市场饥饿感的手法，苹果公司运用得炉火纯青。

饥饿营销就是有意激发消费者强烈的购买欲望而同时不给予满足或者将满足的时机拖延滞后，从而引发消费者更强烈的购买动机，形成供不应求的抢购现象，进而达到稳定商品价格、获得较高收益、维护品牌形象等目的的营销手段。

苹果公司的产品之所以如此受欢迎，很大程度上来源于其对市场供应的控制，也就是使市场处于某种相对的"饥饿"状态，这有利于保持其产品价格的稳定性和对产品升级的控制权。

苹果iPhone手机的销售显然是饥饿营销理念运用的代表。自上市以来，不管市场对iPhone手机的呼声多高，苹果公司始终坚持限量供应。不少人或许是因为买不到，而想买一部试试。有人甚至花很大的代价得到了自己并不了解的东西,他就会满足于得到的喜悦,而苹果公司的饥饿营销则正好利用了人们这种赶潮流、追时尚的心理,它高高吊起人们的胃口,却不急于满足。不满足引来更多关注,限量版比大路货更让人追逐。因为不容易拥有,便会更显得珍贵,更加不同。这种强势的营销风格和它的产品一样,让人又爱又恨,欲罢不能。

案例 1.2.3　承担更多社会责任的品牌"善营销"

在 2012 年年底举行的第八届最佳商业模式中国峰会上,由一批世界级的商业领袖、学者和企业家提出了一种全新的商业模式。这批企业家共同探讨商业模式中"善"的力量,强烈呼吁中国企业以"善"为根本,抛弃"为赚钱而赚钱"的恶性循环商业模式,回归价值创造的常识。大家一致认为,一个企业的商业模式是否符合"善"的价值取向,是企业能否实现基业长青,能否可持续经营的一个新的基本标准。

沃尔沃:LifePaint

众所周知,汽车巨擘沃尔沃在驾驶安全方面的成就一直有口皆碑。在英国,沃尔沃为了保护骑自行车的人在夜幕下的人身安全,推出了一款名为 LifePaint 的反光喷漆,用户在自行车或者衣服上喷上这种漆之后,到了晚上,一经汽车前灯照射,有喷漆的位置就会像隧道施工服一样反射出显眼的荧光,为汽车司机标示骑行者的位置,大大提高了夜间骑车的安全。对于沃尔沃,大家对它的印象是"品质、安全、环保"。基于对消费者的人性化关怀,这次推出夜光喷雾 LifePaint,帮助处于弱势地位的夜行者,打破品牌在消费者心目中的刻板印象。业界人士评价此举不仅对企业社会化有积极影响,也为沃尔沃品牌带来社会公益方面的声誉。

三星:安全卡车(Safety Truck)

在交通意外事故死亡率很高的国家,三星专门设计了一款名为"安全卡车"的产品。卡车前保险杠上安装有摄像头,通过无线传输到车尾安装的大尺寸屏幕上,实时显示卡车前方道路情况,以此帮助后车驾驶员更清楚地了解前方路况。

H&M:旧衣回收计划

瑞典 H&M 公司(Hennes & Mauritz AB)是欧洲最大的服饰零售商,是一个国际知名的快时尚品牌,其在世界多个国家,包括欧洲及美国都设有分店,以价廉物美闻名。H&M 之所以能横扫欧洲街头,得力于公司兼顾流行、品质及价格的三合一哲学,以及积极扩张的政策。平价是 H&M 一贯选择的路线。H&M 店中的产品多元,提供男女消费者以及儿童流行的基本服饰,同时贩卖化妆品。店中服饰的平均售价只有 18 美元。公司认为,平价才能让消费者负担得起每一年甚至每一季都去店中购买新推出的产品。这种策略最能吸引 15~30 岁讲求曾经拥有而不是天长地久、希望随时都能追上流行的女性消费者。

为了降低成本,以维持平价策略,H&M 没有自己的成衣厂,制造完全外包给 900 家工厂。为了拿到最好的价格,公司精挑细选外包对象,这些工厂分散于全球 21 个工资最低的国家中。由于成本控制得当,公司的产品售价虽低,毛利仍然能够维持在 53% 左右。

除了价格牌,H&M 还打流行牌。公司把流行视为容易腐坏的食品,必须时时保持它的新鲜，因此公司力求将存货降到最低，而且让新货源源不绝。所以新点子必须迅速被转化为服饰，让消费者能够快速买下上架的衣服，上街展示还属新鲜的时髦服饰。为了达到这种效率，公司的所有服饰都由公司内的 80 名设计师设计。公司与供应商间密切合作，严格控制整个过程，同时扮演进口商、批发商和零售商的角色，尽可能减少产品经手的人数，让过程更简洁。H&M 把衣服从设计到上架的时间压缩，最短只需三个星期，速度在业界数一数二。公司因此有能力在任何时候，推出符合流行尖端的产品。

2013 年初，H&M 在全球共计 49 个国家和地区正式推出旧衣回收计划。3 月，H&M 中国率先于上海的两家门店试运行该计划，随后，自 8 月 8 日起扩展至全国 45 个城市近 140 家门店。

据了解，H&M 旧衣回收计划接受任何类型、任何品牌和任何成色的衣物。顾客每提交一袋衣物便可以获得一张 8.5 折的优惠券。该公司大中华区、新加坡及马来西亚总经理 Magnus Olsson 表示："通过这一行动，H&M 的顾客能够为节省自然资源，降低纺织品废弃物对环境的影响尽一份力。"

按照计划，回收的衣物将由 H&M 的合作伙伴 I:Collect 公司进行处理，以符合新的使用目的。据 I:Collect 公司介绍，当店铺内的回收箱装满之后，会被送至最近的分拣站。随后，这些衣服会根据 400 多项不同的标准得到分类和评估。最后，根据纺织品品质，回收物被归为以下几种类型：重新穿着、重新利用、循环使用及生产能源。

值得注意的是，H&M 公司并没有规定"一袋"的概念，也就是说无论捐几件，中国的顾客都可获得 8.5 折折扣券，而在欧洲则会为满 30 欧元的消费提供 5 欧元的优惠。在 H&M 美国网站上则显示，顾客可以凭每袋旧短裤和睡衣获得一张 8.5 折商品优惠券，每张券在一定期限内限买一件正价商品，每天限两张优惠券。

I:Collect 公司的合作伙伴名单中，还有 Adidas、Puma、Jack&Jones、C&A、Esprit、The North face 等一系列响亮的名字。这家瑞典的科技公司 I:Collect 母公司为 SOEX，是世界上规模最大的、专门从事纺织品和鞋类回收及再利用的瑞士集团。该公司对废旧纺织品的加工有 5 种不同的方式，包括再穿、再用、循环利用、原材料应用以及升级利用。

研究表明多达 95％的衣物可以被重新利用，根据其状况可以被再穿着、再利用或再回收。而 I:Collect 公司就负责将消费用品进行再加工处理，以符合新的使用目的。

数据显示，I:Collect 收购的旧衣物大约有 10％质量完好、可穿用的、经过消毒处理进入二手市场，30％～40％经过处理作为新材料使用，还有一部分被改造成同等材料的产品，比如抹布。但这些衣物最终只有 0.3％重新回到了服装原材料中。

H&M 公司在线上利用"CharityStar 网站"展示各个国家和地区收集衣物的千克数，另外，I:Collect 方面对记者表示，每回收 1 千克旧衣物，将代表合作企业向慈善机构捐赠 2 欧分，具体的慈善机构由各个国家门店自行选择。

记者在其网站查询到，截至 2013 年 4 月 10 日，H&M 在中国上海地区收集旧衣物 1050 千克，累计向合作单位联合国儿童基金会捐出 21 欧元，而捐赠最多的则为德国，截至 8 月 6 日，累计捐出 3805 欧元。在德国，每吨旧衣物能卖到 250 欧元，因此，截至 2013 年 8 月，H&M 在全球累计收到的衣物就价值 299076 欧元。

结语：

越来越多的企业开始行善，开始关注环保、慈善公益，将洞察放在社群以及整个社会的背景下的问题，发现问题并为人们解决问题。不仅如此，品牌的"善营销"还巧妙地结合了科技，使科技与人文关怀完美契合。其中让消费者参与善举的"善营销"，不仅能让消费者从晒"善举"中获得满足感，也能为品牌带来社会公益方面的声誉。

"善营销"在赋予品牌更多形象正能量的同时，也能强化消费者对品牌的喜爱之情。营销虽易，善行不易，什么都阻挡不了行业正能量的发声。

案例1.2.4 ALS冰桶挑战：席卷全球的公益病毒营销

ALS中文全称是"肌萎缩侧索硬化症"，又称"渐冻人"。患有此病的波士顿学院的著名前棒球运动员皮特·弗瑞兹希望更多人能够关注这一疾病，于是在2014年夏天发起冰桶挑战。活动规则如下：被点名的人要么在24小时内完成冰桶挑战——将一桶冰水从头浇下，并将相应视频传上社交网站；要么向美国ALS协会捐出100美元。成功完成挑战的人可以公开点名3个人参与挑战，点名者要么在24小时内应战，要么向美国ALS协会捐款100美元，以此继续接力。皮特·弗瑞兹希望这项活动能让更多人知道被称为"渐冻人"的罕见疾病，同时也达到募款帮助治疗的目的。

两周内，冰桶挑战风靡美国，各国政要、IT大佬、大牌明星纷纷参与，包括美国前总统老布什、Facebook创始人马克·扎克伯格、富豪比尔·盖茨、微软CEO纳德拉、苹果CEO蒂姆·库克及篮球明星、社交名媛等，他们在社交媒体上推广后，如荒原野火般迅速传播，成为最热门的话题，ALS迅速进入美国公众视野。因挑战的规则比较简单，活动得到了病毒般的传播，并在短短一个月内筹集了2.57亿美元的捐款。

2014年8月，俄罗斯投资巨头DST创始人Yuri点名小米科技的创始人雷军，这项活动终于跨越了太平洋，正式传入中国。据小米公司员工称，DST老板Yuri之所以挑战雷军，是因为Yuri是小米公司的投资人。雷军也成为第一个回应点名的中国名人。

2014年8月18日中午，在小米总部门口，众多员工的围观下，雷军被实习生用一桶冰水从头浇到脚。在微博上传这段视频后，雷军点名了三个名人朋友——香港影星刘德华、富士康公司老板郭台铭和百度公司老板李彦宏，并在视频中说"我已向美国ALS协会捐款100美元，同时向中国的'瓷娃娃罕见病关爱基金ALS项目'捐款1万元人民币，希望大家一起为ALS行动起来！"在冰桶挑战进入中国的一天半时间内，瓷娃娃罕见病关爱基金ALS项目共计收到善款4万多元。

香港影星郑伊健带着一帮昔日共同出演《古惑仔》的好兄弟们，包括陈小春、谢天华、钱嘉乐、林晓峰，五人挑战加满冰块的冰桶，挑战成功后还不忘喊话发起挑战的蔡一智。

前NBA球员、现北京队外援马布里上演"父子版"挑战，马布里负责给儿子浇水，一桶冰水从儿子头上浇下。就连素来低调的美图公司CEO吴欣鸿也接受挑战，并向瓷娃娃罕见病关爱中心捐款，挑战成功后点名Angelababy、贾乃亮、李小璐等人接棒。

在娱乐圈，叶璇、苏芒、黄晓明、李冰冰、林俊杰、王力宏、章子怡等纷纷"湿身"；在体育圈，何文娜、朱芳雨、易建联、邹凯、王仕鹏等竞相举桶。

"冰桶挑战"病毒营销成功的原因主要有几个方面：

(1) 精心设计的规则是其成功的前提。

"冰桶挑战"这一活动的规则是经过精心设计的，它要求被点名的人在 24 小时内进行回应。24 小时实际上是一个很好的时间限定。首先，一定的时间有利于让被点名者进行相关的准备工作，使挑战能顺利进行；其次，24 小时的时间也不会让围观的网友等待太长。在信息时代，人们渴求获得新鲜的、无须长时间等待的信息，如果"冰桶挑战"规定的回应时间过长，可能会因为人们将注意力转向其他信息而忽略该活动，进而降低活动的关注度。当然，24 小时也就意味着每天都会有名人接受挑战并且会点名次日接受挑战的人，人们会对下一个挑战者充满好奇与期待。换言之，24 小时这一设定在最大程度上保证了人们对该活动关注的持续度，因为人们每天都会有新的关注点出现。

(2) "名人效应"是其成功的核心因素。

进行这次"冰桶挑战"传递从最初的科技界到体育界，再到娱乐界；从美国开始蔓延至全球，参与挑战的人分布在各行各业，遍布全球各个角落，但他们的共同特点是同属于自己行业内具有一定知名度的人。

名人的参与使得"冰桶挑战"获得更多的受众关注和媒体报道的机会。该活动从 2014 年 7 月就在美国波士顿开始进行，一开始并没有获得太高的关注度和媒体曝光率，直到诸多名人加入后，人们才开始知道并关注这一活动，而国内网民了解此事也是在比尔·盖茨、马克·扎克伯格等科技大佬接受并完成挑战后。知名人士所具有的社会地位和影响力决定了他们从事的行为吸引到人们的关注，用冰水淋遍自己本身就是一条有趣的新闻，更何况是由名人自己进行的行为。"冰桶挑战"正是依靠名人的影响力才有了如今这么高的关注度。

(3) 多种媒体参与传播。

"冰桶挑战"最初是在网络媒体上进行传递，依靠以微博、Twitter 为代表的社交平台走红，这是由社交平台的信息传播特点所推动的，后来"冰桶挑战"在我国开始流行以后，除在互联网上掀起了一阵浪潮外，在报纸、电视、广播等媒体上也可以看到或听到相关的新闻报道。8 月 20 日，《人民日报》发表题为《"冰桶挑战"让慈善变酷》的评论文章，同时，在人民日报的官微上连续多天发布有关"冰桶挑战"的微博，以人民日报的影响力和权威性，必然会使该活动得到更多民众的关注。另外，《人民日报》、新华社、央视新闻等重量级的媒体官方微博就被点名参与到"冰桶挑战"中，这进一步增强了活动的影响力，让更多的人参与到公益活动中。

案例 1.2.5 社群营销缔造的商业神话——小米手机

2011 年，不花一分钱广告费，一个新品牌手机一年卖 100 万部，依靠传统销售渠道真是不敢想象。而小米实现了，秘诀主要是借力社会化媒体进行内容营销，这也是社群营销的关键所在。

社群营销就是基于相同或相似的兴趣爱好，借助某种载体聚集人气，通过产品或服务满足群体需求而产生的商业形态。社群营销的载体有微信、论坛、微博、QQ 群等线上媒体，甚至线下的社区，都可以是社群营销。

小米的快速崛起，绝对离不开其社群营销。其在社群营销上的做法主要包括以下几个方面。

1. 聚集粉丝

小米主要通过三个方式聚集粉丝——利用微博获取新用户、利用论坛维护用户活跃度、利用微信做客服。

2013年，小米建设了一支属于自己的社会化媒体队伍。小米新媒体团队有近百人，其中小米论坛30人、微博30人、微信10人、QQ空间10人等。当其他厂商还在打"硬广告"的时候，小米却悄悄地通过社会化媒体展开了新的征程，量变引起质变就这样悄无声地进行着。

小米在卖第一部手机时，在新浪微博发起了一个名为"我的手机编年史"的活动，即大家在微博中晒出自己哪年用过哪些品牌型号的手机。这个活动共有121万人参与其中。第一款小米手机预售时，34个小时内30万部手机订单一扫而空，盛况空前。在卖手机前，抛出一个怀旧题材的话题，把握好用户心理，使用户由路人装成"米粉"。

目前，小米已构建了一个庞大的社群：小米社区论坛注册用户达1000多万，日均UV（独立访客）100万；微博的小米手机粉丝有1000万，小米公司粉丝有515万，雷军个人账号粉丝有1257万；微信粉丝有217万，日均消息量3万；小米百度贴吧粉丝数量有320万，不包括其他子品牌贴吧。

2. 增强参与感

小米开发MIUI时，让米粉参与其中，提出建议和要求，由工程师改进，这极大地增强了用户的主人翁责任感。

为配合小米手机青春版上市，2013年小米团队策划了"150克青春"话题，在微博上做了线上首发，因为那时小米的手机重量是150克。在该产品发布前约一个半月，营销团队就在微博预热了一系列的插画，这些插画描绘的是读大学时候的一些经典场景。小米团队没有提及即将发售的产品，只是推出了"150克青春"的主题，一直持续到产品的微博首发。小米公司的7位合伙人还制作了一张应景的海报，甚至到一所大学的宿舍里面拍了一段恶搞的视频，在小米手机青春版发布会当天，微博转发数创下了微博当年最高的转发记录，有200多万条转发信息，100多万条评论。

3. 增加自我认同感

小米通过爆米花论坛、米粉节、同城会等活动，让用户固化"我是主角"的感受。

当社群的文化深入用户的内心之后，用户主动参与和小米相关的活动就成为了一种自然行为，这种自然行为甚至不需要小米主动去运营。小米至关重要的创新是把活动做成了持续性。

小米将每年的4月8日定名为米粉节，在米粉节当天及后续几天，小米会有一系列回馈活动，如：手机配件打折促销或小米产品降价销售、抢购物红包或购物券、小米新产品开放购买或者整点抢购、赠送主题兑换码、手机购买码或其他合作方的优惠券。

小米MIUI开发版每周五发布，这个活动已经持续3年多了，它至今已直接深刻影响、左右着小米产品的设计和完善。

每周的发布，社群的点击数都是几十万、上百万。很多次更新内容时的用户意见征集，都会有10万左右的用户参与投票，每周二团队会分析上周哪些功能有问题，哪些做得非常好。小米还在企业内部设置了爆米花奖，根据用户对新功能的投票产生上周做得最好的开发项目，然后给员工奖励。在小米的企业内部真正完善地建立了一套依靠社群的反馈意见来改进产品的体系。

社群思维的灵魂是企业怎么来塑造一种友爱的互动，让你的员工、用户发自内心来热爱你的品牌，发自内心地来推介你的产品，并通过充分考虑用户参与的设计思路提供保障机制。小米主动邀请用户参与到工作中，用户也会主动地参与到小米品牌的推广中去。

4. 全民客服

小米从领导到员工都是客服，都与粉丝持续对话，以时刻解决问题。小米规定，微博上的留言客服人员要在15分钟内快速回应。雷军曾每天花一个小时回复微博上的评论。小米的合伙人、小米的各个品牌、小米员工都有自己的微博，做到微博就是客服，客服就是营销，客服由守转攻。

结语：追求产品性能和使用体验，已经不足以构建品牌。品牌和消费者需要建立长久的情感关联和互动体验。小米手机社群营销将关系营销、定制营销、体验营销和口碑营销充分融合，发挥社群的交互式优势，重塑品牌、社群、消费者的关系，在三者的互动中打造全新的品牌营销模式。因为有了社群，小米找到了与消费者连接的最短路径，并通过独到的产品创意来吸引粉丝，再通过营销手段激活粉丝参与、优化产品体验，最后通过持久的粉丝关系维护来打造品牌和提升品牌价值。激活你的粉丝，再让粉丝激活你的品牌，才是一个品牌最大的成功。

案例 1.2.6　跨界营销

随着市场竞争的日益加剧，行业与行业的相互渗透相互融合已成为一种趋势。越来越多的著名品牌开始借助跨界营销，寻求强强联合的品牌协同效应，比如：皮具行业与画坛艺术家、美妆界与咖啡界、穿衣与美食、专车与电影……跨界营销是指根据不同行业、不同产品、不同偏好的消费者之间所拥有的共性和联系，把一些原本毫不相干的元素进行融合、互相渗透，进而彰显出一种新锐的生活态度与审美方式，并赢得目标消费者的好感，使得跨界合作的品牌都能够得到最大化的营销。可以建立"跨界"关系的不同品牌，一定是互补性而非竞争性品牌。这里所说的互补，并非功能上的互补，而是用户体验上的互补。

下面，分享几个跨界营销的案例。

1. 淘宝与 Uber 跨界打造移动试衣间

在年轻人越来越引领时尚、消费趋势的今天，淘宝为扩大在年轻群体的影响力，让品牌更加年轻化，2015年8月与打车软件 Uber 合作在杭州、成都、广州三地打造移动试衣间，推动"新势力"互联网时装周活动。三地 Uber 用户有机会通过 Uber 叫到一辆"新势力周试衣专车"，专车内将由神秘设计师、时尚博主一对一帮用户试衣搭配，全新造型打造。在到达目的地之前，用户可以在车上尽情尝试，知名造型师会根据用户的特点和需求，为用户打造新的形象，找到自己的风格，在到达目的地后将全新造型免费带走。

30平方米的私人移动衣橱由大房车或卡车改造而成，每辆车上准备的上百件服饰全是淘宝新势力周上众多独立设计师的作品，并邀请著名时尚评论人、知名设计师、自身彩妆造型师作为随车造型师。为期两天的试衣活动，会在杭州、广州、成都三座城市进行，每座城市每天会有两辆大巴作为流动试衣间，接受预定。

另外，三地"试衣间"分别被打造成不同主题，迎合90后消费者时尚、个性、独立的消费追求。比如杭州试衣间选用了特别的摇滚风格，用金属配件等元素打造了属于摇滚爱好者的梦想空间；成都的主题车集合了Hello Kitty、毛绒玩具等可爱元素装饰成了粉红色的少女二次元世界；广州的"试衣间"则充溢着波西米亚风情。

结语：本次淘宝和Uber的跨界合作，围绕18～25岁泛90后人群，抓住了独立、个性、小众等关键词，在一定程度上吸引了年轻人的关注，将淘宝新势力周个性、独立的态度延续到了线下，并最终实现在线上的二次传播，深化了淘宝本次活动的品牌理念。

2. 雨润集团携手途牛完成美食与旅游的结合

2016年7月，国内肉制品巨头雨润集团携手途牛旅游，打造集美食、旅行于一体的大型跨界营销活动——随食随地去旅行。

稳居低温肉制品市场领导地位的雨润集团，目前已形成低温肉制品、冷鲜肉、冷冻肉、中高温肉制品等四大品类、上千个品种的全系列产品阵容。此次与途牛的跨界合作，主要是为了推进中高温品类的产品升级和营销创新，提升品牌形象。

雨润集团在高温火腿肠品类中推出5000万袋"随食随地去旅行"主题包装产品。活动期间，消费者只要扫描包装袋上的二维码，并输入包装袋内侧印刷的8位兑奖码，即有机会获得由雨润集团、途牛旅游联合提供的"香港迪士尼双人2日自助游""300元途牛红包"等多种奖品，奖品价值达上亿元，中奖率设置为100%。

结语：跨界合作营销相对来说在传播上有利于资源互换，节省成本，并使合作双方实现品牌共赢，作为一种逐渐成熟的营销方式，跨界合作营销将会在可预见的时间内越来越多，也一定会越来越有效。

1.3 课外思考案例

案例 1.3.1 营销观念辨析

有四家公司，其经营决策是：

A公司生产手表，认为只要生产走时准确，造型优美，价格适中的名牌产品，就能获得经营成功。

B公司生产汽车，致力于扩大汽车生产规模，加强管理力度力图降低成本扩大销售。

C公司生产电子仪器，认为自己的产品不会主动变成现金，因此只要派出人员大力推销就能取得经营成功。

D公司生产汉堡包，其宗旨是"顾客是上帝"，要尽量努力使顾客购买汉堡包的每一块钱都能买到十足的价值、质量和满意。

思考：

请分析上述四家公司分别属于哪种营销观念，各观念的核心思想是什么？你认为在现代市场营销中应坚持应用哪一观念？

案例 1.3.2 天才销售奖

美国哈佛大学商学院为学生设立了一个天才销售奖，要想获得这个奖项，就要把一个旧式的砍木头的斧子销售给现任的美国总统。

在布什总统刚刚上任的时候，一位学生精心策划，向他发出了一封信，信中这样写道："尊敬的布什总统，祝贺你成为美国的新一任总统。我非常热爱你，也很热爱你的家乡。我曾经到过你的家乡，参观过你的庄园，那里美丽的风景给我留下了难忘的印象。但是我发现庄园里的一些树上有很多粗大的枯树枝，我建议您把这些枯树枝砍掉，不要让它们影响庄园里美丽的风景。现在市场上所卖的那些斧子都是轻便型的，不太适合您，正好我有一把祖传的比较大的斧子，非常适合您使用，而我只收您15美元，希望它能够帮助您。"

布什看到这封信以后，立刻让秘书给这位学生寄去15美元。于是一次几乎不可能的销售实现了，一个空置了许多年的天才销售奖项终于有了得主。

思考：

请结合营销观念知识分析该学生成功获得天才销售奖的原因。

第 2 章

市 场 环 境 分 析

2.1 教学导入案例

案例 2.1.1 华为手机市场营销环境

华为技术有限公司是一家于 1987 年在中国深圳正式注册成立的民营企业。经过 20 多年的拼搏奋斗,已经成为全球架构的国际化企业,被认为是中国本土企业自主创新和全球化运营的最佳典范。

华为的产品涉及很广,其中有交换和传输网络,还有无线和有线方面的固定接入的网络,在数据通信的网络方面也有涉足,此外,华为还拥有自己的无线终端产品。2005 年,华为获得了在中国生产和销售手机的许可。从此,智能手机业务后来居上,快速发展。2010 年华为手机 C8500 在百日内的零售销量突破万台,至 2010 年年底,华为制造的天翼手机发货已超过 2000 万部。2011 年推出荣耀手机和华为远见手机,智能手机销售量达到 2000 万部;2012 年,于巴塞罗那 WMC2012 展会上发布了第一款搭载自研的四核心移动中央处理器的 K3V2 手机成为国内第一家推出自研手机移动中央处理器的手机厂商;同年正式发布 Emotion UI 系统,这是华为整合自身产品,探索研发独立操作系统的一次勇敢尝试。当年推出的 Ascend PI、Ascend D1 四核、荣耀等中高端旗舰产品在发达国家热销。2013 年智能手机业务又获得历史性突破,进入全球 TOP3。

根据著名研究机构 GfK 的市场份额数据显示,2016 年在中国智能机市场,华为手机的市场份额一直在增长,从第一季度的 17.0%,到第二季度的 18.0%,再到第三季度的 18.2%。华为手机在国内智能机市场持续保持排名第一。2010 年,华为首次入围美国《财富》杂志世界 500 强。继联想集团之后,华为成为闯入世界 500 强的第二家中国民营科技企业,也是 500 强中唯一一家未上市的公司。

纵观如今的智能手机市场,手机品牌和种类的不断增加,为消费者带来了更多的选择。在日益严峻的市场形势中,华为深耕中高端市场,不断实现科技创新与自我突破。2016 年 4 月上市的华为 P9 仅用半年时间就取得全球 800 万销量的傲人成绩,为华为高端手机市场开辟了新格局。除了高端产品线,华为还在中高端市场继续稳步前进,不断推出潮流轻旗舰华为 nova 手机、G9Plus、麦芒 5 等畅销产品。其中,2016 年 10 月 14 日,在华为 nova 中国区成都发布会现场,华为消费者业务手机产品线总裁何刚宣告在当天早上华为 2016 年第 1 亿部手机下线,相比 2015 年提前两个多月突破 1 亿部大关。

下面我们来对华为公司发展中所处的市场营销环境进行分析,了解华为为何取得如此辉煌的成就。

1. 宏观环境

（1）经济环境。

1）国际经济环境。

经济全球化，使得各个国家的经济相互渗透、相互依存，各国经济与世界经济联系越来越紧密。跨国公司频繁的经济活动，在异地进行研发、生产和销售的需求，需要有强大的通信网络和服务来支撑，这些促进了通信技术的飞速发展。进入21世纪以来，全球一体化趋势加快，通信技术的飞速进展成为现代经济发展的重要推动因素，各个国家都把通信产业的发展作为带动本国经济增长，提高企业竞争力的"火车头"。

2）国内经济环境。

从2000年到现在，我国的经济始终发展得非常迅速，与之前相比，变化非常大。在这种持续发展的经济环境下，人们对于手机方面的消费也在不断地增加，我国目前还存在着较大的贫富差距，这说明手机这个行业将在我国拥有比较大的市场潜力，这也使得国产手机在发展方面具备了良好的市场条件。

（2）政治法律环境分析。

1）国际环境。

目前从全球政治大环境来看，全球经济一体化对中国经济的影响越来越大，既是巨大的挑战又是很好的机遇，但出于各国国内政治利益的考虑，各种贸易壁垒将长期存在。国际环境中仍存在很多不稳定、不确定的因素，尤其是由美国次贷危机所引发的全球金融危机严重冲击着全球的经济体系，国际间的竞争更加激烈，贸易保护主义越来越强烈，中国威胁论正日益喧嚣。纵观公司面对的国内外形势，和平、发展、合作已经成为当今时代的潮流。这些有利于公司集中精力加快发展经济，更好地利用国内、国外两个市场、两种资源。

2）国内环境。

近年来我国各方面都取得很好的发展，有了长足的进步，人民的生活水平有了显著的提高，中央领导十分重视民生问题，将提高和改善人民的生活水平放在第一要位。

在法律方面，我国已于2008年8月1日起正式施行《中华人民共和国反垄断法》，这表明了我国将加大对垄断和不正当竞争等破坏市场竞争行为的监管力度，其必将对国家整个经济生活和所有的经济部门，乃至对所有企业的市场行为都产生重要的影响。此外，反不正当竞争法以及大量的技术法规和标准相继出台，不断完善中国的法律环境。

（3）社会文化环境分析。

中国的优势在于人口众多，所以自然成为了最大的消费市场。在社会不断发展的过程中，在手机行业中，智能手机逐渐占有了市场，为人们所接受，即使在农村或一些比较落后的地区，也已经普及了手机，所以发展的空间非常大，中国移动通信的发展也备受世界关注。另外，国产智能手机相比较国外品牌有着自己的本土优势，例如消费者注重的是"物美价廉""标新立异"，而国产智能手机性价比高，功能众多，正好符合国人的口味。智能手机作为电子产品行业，更新换代特别快，因此，想要有广阔的市场，必须紧跟市场的节奏，不断创新，提高售后服务平台的服务质量。

我国"十二五"规划中，强调了通信信息产业在社会经济中的重要的作用。三网融合、移动互联网、下一代互联网等产业将大力推进，此外互联网、云计算、移动支付等业务也会在"十二五"期间共赢发展。通信技术在经济转型中发挥基础性作用，信息化能丰富生活方式、提高幸福指数，信息化也能减少信息差别，为落后地区和弱势人群提供平等机会。在"十二五"期间，通信行业将实现跨越式的发展。

(4) 技术环境分析。

科技是第一生产力。随着科学技术的发展，信息技术使信息传递更快、更便捷，促进了全球经济协调机制的形成。

改革开放以后，伴随着我国科学技术的快速发展，我国的通信技术发生了令世界瞩目的巨大飞跃。进入 21 世纪以后，我国通信网络规模很快就跃居世界第一，技术装备的先进程度也达到世界一流水平。在美国还可以看到有人使用模拟大哥大手机，一些城市还有继电器式电话交换机运行，欧洲有些城市之间还采用电缆传输技术手段，而我国早已全部实现数字化、光缆化。

在电信行业的影响下，我国通信产品制造业迅速发展，技术水平有了显著的提高，程控交换机、手机等产品的产量都已经居世界第一位。可以说，电信行业的发展为通信产品制造业提供了广阔的市场空间，而制造业的发展又为电信业的发展提供了有力的技术支撑，形成了互动的良性发展的态势。国内通信产品生产规模不断扩大的同时，我国移动通信产品以优良的性价比和个性化设计赢得了市场和消费者，产品在市场上的占有率也将不断提升。

2. 中观环境分析

(1) 行业壁垒。

1) 规模和资金要求：通信行业进入资本支出从 2010 年的 2770 亿元到 2011 年的 3300 亿元，庞大的资金投入提高了进入的壁垒。

2) 技术水平要求：通信行业从技术驱动型产业逐步演变为一个以服务、成本竞赛为核心竞争力的产业，3G 时代的浪潮后，4G 时代到来，对技术创新的要求高。

3) 政府政策限制：政府的统筹规划，坚定的政策决策，引导产业发展，通过项目引导、专项资金支持等，为 TD-SCDMA 的发展营造了良好的宏观环境。

(2) 智能手机行业竞争状况。

近年来的中国，智能手机市场正在迅速地发展，占据了中国手机市场中一些比较高端的市场，使用的人群从 15~50 岁的都有，以年轻的消费人群为主。当然，这类消费人群由于知识水平相对还比较高，对电子产品也要更熟悉一些，所以对网络的需求也自然比较高。智能手机的优势是拥有独立的操作系统，可以让用户自行下载一些游戏方面的第三方服务商提供的程序，而且具备电子邮件等方面的功能，所以自然会受到消费者的青睐。

目前，我国的智能手机品牌非常多，其中三星、苹果占据着我国智能手机市场的大部分份额，而中兴、金立等品牌也呈现出迅速上升的态势，除了华为，中兴等厂商也在国内及国外的市场上分别推出了自己的低档次的智能手机。由于在全球的市场上，仍然存在着很多的中低端手机用户，所以在这方面看来，国内的厂商是有一定的发展优势的。

国产的智能手机虽然在市场上占据着一定的市场份额，但是国外的名牌手机仍然占据着主要的市场。然而一些国产品牌也展示出了他们的实力，像小米和中兴也都有着不错的市场份额，发展潜力很大，但是在近几年，国内的市场格局基本不会有太大的变化。

在未来，智能手机市场的竞争将会越来越激烈，国内普及的智能手机也将会更加的繁多，市场需求量也肯定会有一定的增加，而小米、中兴这些国产品牌将会凭借自己的优势力争在国内占取更多的市场份额，不得不说国产手机正在快速地发展和崛起。然而，国产手机也只能循序渐进，力争在未来的几年能够超越三星和苹果等手机巨霸。

3. 微观环境分析

（1）企业内部环境。

华为在最初的时候就比较重视和开始建立自己在产品研发和销售渠道以及客户服务方面的核心的竞争力。

目前华为公司具有三项比较大的优势，而这三项优势都将有助于华为成就自己的品牌，并实现自己成为手机行业领先者的既定目标。

首先，华为最大的优势是技术优势。手机是移动通信的终端之一，而华为是世界上第二大通信设备的制造商，所以华为在通信领域和技术方面的优势是显而易见的。其次，华为的优势还体现在成本方面。其中之一是技术成本方面的优势，最后就是运营成本方面的优势。除此以外，华为在合作方面的优势也很强。

但由于华为是民营企业，领导的个人色彩比较浓烈，因此在这样的情况下，领导偶尔决策上的失误是不可避免的。所以，虽然华为目前在不断地进步，但是也容易自大而导致对过去成绩的自满，这对企业的发展是极其不利的，所以华为的内部管理需要加强，而且也需要引进更多的国际化管理人才。

华为的财力状况肯定比不上国际电信设备方面的巨头，而华为也因为没有上市，所以无法进行资本的融资，当然也不必向社会公示，所以在这方面由于资产的不透明，使得华为要想进入国际市场竞争是有着很大的困难的。

（2）营销中介。

华为作为全球第二大通信设备的制造商，与国内及国际上的多家电信的运营商都有着非常密切的合作关系，这使华为在扩大手机品牌的知名度方面获得很大的益处，而华为与运营商的多元化的合作关系，是世界上任何一家手机厂商都不具备的，所以华为的国际化已经具有良好的基础。

（3）竞争者。

国内竞争者中，中兴与华为的产业结构相似，是华为的强劲对手，酷派、金立等老牌厂商也是强劲的对手。新兴品牌不断崛起，魅族、小米等极受年轻人的喜爱。

国际竞争者中，苹果、三星、HTC、LG 等品牌知名度较高，手机专利大多被国外占有。

（4）公众分析。

人们往往会由于历史方面的原因，而质疑中国的企业在创新方面的能力，这对华为来说也是不可避免的，而华为有时采取的低价策略，会更让人们对华为产品方面产生一定的不信任感，这对华为的发展也是很不利的。而且华为在公关方面很是低调，宣传的力度也不大，这都给华为在企业形象方面的提升造成了一定的障碍。由于华为的知名度相对于名牌手机来说不是很高，华为的中高档手机又比较少，所以市场的认可度并不是很高。并且华为的产品线很窄，还没有形成结构合理的等级产品，中档、高档产品也都比较少，在梯度力分配方面并不是很明显，所以对消费者来说可选性较低。

4. 总结

中国的手机行业发展 20 多年以来，各手机厂商一直处于愈演愈烈的竞争环境中，竞争格局也随着行业技术的发展不断发生变化。华为手机进入市场以来，一直积极探索适合自己的发展道路，在激烈的市场竞争中逐渐占据有利的地位。进入智能机时代，面对更加复杂激烈的竞争环境，手机的营销模式也必将发生重大的变化，机遇与挑战并存，企业如何能让自己持续强大，立于不败之地，是每个企业都面临的问题。

任何企业都必须对自己所处的宏观环境、行业环境和自身优劣势进行深度剖析，充分利用自身的优势，抓住良好的发展机遇并找出符合其发展的营销模式，以抵御外部威胁以及改善内部环境，提高企业的竞争力。

案例 2.1.2　怎样寻找市场机会

上海家用化工厂以生产化妆品为主业，在买方市场已经形成、厂商都喊"生意难做"时，该厂对国内市场作了冷静的分析。经过调查，他们认为我国市场供求形势虽然已经发生了很大的变化，商品较"短缺经济"时代大大地丰富了，但就经营品种而言，一家大型百货商店，商品也不过三五万种，同发达国家消费品达 20 万种相比，存在明显的差距，消费者还有很多未满足的需求。何况在改革开放近 20 年后，人民收入大幅度增加，仅居民储蓄存款就达 5 万多亿元，潜在的购买力相当大。上海家用化工厂根据消费者对化妆品需求多样化、高档化的趋势，不断缩短产品更新周期，每年平均产品更新率达到 25%，不断推出新产品，抢先占领市场，"尾随"者难以与之竞争。以国内首创"美加净摩丝"为例，推向市场即引起轰动。尽管有数十家企业起而仿效，形成全国性的"摩丝大战"，而上海家用化工厂已形成规模经济优势，销售经久不衰，1990 年销售 1000 万管以上，产值超过 5000 万元。

上海家用化工厂成功的经验最可贵之处在于：在市场调研的基础上，开发出真正符合消费者需求的化妆品。市场营销人员通过市场调研，发现随着我国消费者收入水平的提高，对化妆品的需求也呈现出多样化及高档化的特征，他们能及时地认识到化妆品消费需求的这一变化，并不失时机地逐年推出新产品，因而使得他们的营销活动适应了化妆品市场消费结构的变化，实现了与环境变化的紧密结合。

2.2　课堂讨论案例

案例 2.2.1　买车记

阿雯是上海购车潮中一位普通的上班族，35 岁，月收入万元。阿雯周边的朋友与同事纷纷加入了购车者的队伍，看他们在私家车里享受美妙的音乐而不必遭受公车的拥挤与嘈杂，阿雯不觉开始动心。另外，她工作地点离家较远，加上交通拥挤，来回花在路上的时间要近 3 个小时，她的购车动机越来越强烈。只是这时候的阿雯对车一无所知，除了坐车的体验，除了直觉上喜欢漂亮的白色、流畅的车型和几盏大而亮的灯。

阿雯是在上司的鼓动下去驾校学车的。在驾校学车时,未来将购什么样的车不知不觉成为几位学车者的共同话题。"我拿到驾照,就去买一部1.4自动排档的波罗。"一位MBA同学对波罗情有独钟。虽然阿雯也蛮喜欢这一款小车的外形,但她不会考虑购买这一款波罗,因为阿雯有坐波罗1.4的体验,那一次是4个女生一起坐一辆小波罗出去吃午饭,回来时车从徐家汇汇金广场的地下车库开出,上坡时不得不关闭了空调才爬上高高的坡。想起爬个坡便要关上空调实在阻碍了阿雯对波罗的热情,虽然有不少人认为波罗是女性的首选车型。

问驾校的师傅吧,总归是驾车方面的专家。师傅说"宝来,是不错的车"。问身边人的用车体会,包括朋友的朋友,都反馈过来这样的信息:在差不多的价位上,开一段时间,还是德国车不错,宝来好。阿雯的上司恰恰是宝来车主,阿雯尚无体验驾驶宝来的乐趣,但后排的拥挤却已先入为主了。想到自己的先生人高马大,宝来的后座不觉成了胸口的痛。如果有别的合适的车,宝来仅会成为候选吧。

不久,一位与阿雯差不多年龄的女邻居,在小区门口新开的一家海南马自达专卖店里买了一辆福美来,便自然地向阿雯做了"详细介绍"。阿雯很快去了家门口的专卖店,她被展厅里的车所吸引,销售员热情有加,特别是有这么一句话深深地打动了她:"福美来各个方面都很周全,反正在这个价位里别的车有的配置福美来都会有,只会更多。"此时的阿雯还不会在意动力、排量、油箱容量等抽象的数据,直觉上清清爽爽的配置,配合销售人员的介绍正对阿雯心怀,令阿雯在这一刻已锁定海南马自达了。乐颠颠地拿着一堆资料回去,福美来成了阿雯心中的首选。

阿雯回家征求先生的意见。先生说,为什么放着那么多上海大众和通用公司的品牌不买,偏偏要买"海南货"?它在上海的维修和服务网点是否完善?两个问题马上动摇了阿雯当初的方案。阿雯不死心,便想问问身边驾车的同事对福美来的看法。"福美来还可以,但是日本车的车壳太薄",宝来车主因其自身多年的驾车经验,他的一番话还是对阿雯有说服力的,阿雯有无所适从的感觉。

好在一介书生的直觉让阿雯关心起了精致的汽车杂志,随着阅读的试车报告越来越多,阿雯开始明确自己的目标了,8万~15万元人民币的价位,众多品牌的车都开始进入阿雯的视野。此时的阿雯已开始对各个车的生产厂家、每个生产厂家生产哪几种品牌、同一品牌的不同的发动机的排量与车的配置、基本的价格都已如数家珍。上海通用的别克凯越与别克赛欧、上海大众的超越者、一汽大众的宝来、北京现代的伊兰特、广州本田的飞度1.5、神龙汽车的爱丽舍、东风日产的尼桑阳光、海南马自达的福美来、天津丰田的威驰,各款车携着各自的风情,在马路上或飞驰或被拥堵的时时刻刻,向阿雯亮着自己的神采,阿雯常用的文件夹开始附上了各款车的排量、最大功率、最大扭矩、极速、市场参考价等一行行数据,甚至于4S店的配件价格。

经过反复比较,阿雯开始锁定别克凯越和本田飞度。特别是别克凯越,她觉得简直是一款无懈可击的靓车啊!同事A此阶段也正准备买车,别克凯越也是首选。阿雯开始频频地进入别克凯越的车友论坛,并与在上海通用汽车集团工作的同学B联系。从同学的口里,阿雯增强了对别克凯越的信心,也知道了近期已另有两位同学拿到了牌照。

但不幸的是,随着对别克凯越论坛的熟悉,阿雯很快发现,费油是别克凯越最大的缺陷，想着几乎是飞度两倍的油耗，在将来拥有车的时时刻刻要为这油耗花钱，阿雯的心思便又活了。还有飞度呢，精巧、独特、省油，新推出 1.5 VTEC 发动机的强劲动力，活灵活现的试车报告，令她忍不住想下手了。何况在论坛里发现飞度除了因是日本车系而受到抨击外没有明显的缺陷。正巧这一阶段广州本田推出了广本飞度的广告，阿雯精心地收集着有关广本飞度的每一个文字，甚至于致电广本飞度的上海 4S 店，追问其配件价格。维修成员极耐心地回答令飞度的印象分又一次得到了增加。

到此时，阿雯对电视里各种煽情的汽车广告却没有多少印象。由于工作、读书和家务的关系，她实在没有多少时间坐在电视机前。而地铁里的各式广告，按道理是天天看得到，但受上下班拥挤的人群的影响，阿雯实在是没有心情去欣赏。只是纸上得来终觉浅，身边各款车的直接用车体验对阿雯有着一言九鼎的说服力，阿雯开始致电各款车的车主了。朋友 C 已购了别克凯越，问及行车感受，说很好，凯越是款好车，值得购买。同学 D 已购了别克赛欧，是阿雯曾经心仪的 SRV，质朴而舒适的感觉，阿雯常常觉得宛如一件居家舒适的棉质恤衫，同学说空调很好，但空调开后感觉动力不足。朋友 E 已购了飞度(1.3)，她说飞度轻巧、省油，但好像车身太薄，不小心用钥匙一划便是一道印痕，有一次去装点东西感觉像"小人搬大东西"。身边桑塔纳的车主、波罗的车主等，都成为阿雯的"采访"对象。

阿雯的梦中有一辆车，漂亮的白色，流畅的车型，大而亮的灯，安静地立在阿雯的面前，等着阿雯坐进去。但究竟花落谁家呢？阿雯自己的心里知道，她已有了一个缩小了的备选品牌范围。但究竟要买哪一辆车，这个"谜底"不再遥远……

本次购车中，阿雯经过了消费者决策过程的五个阶段：认知需求、收集信息、评价与选择、购买决策、购后评价，但是最后的购买决策和购后评价没有经历。

（1）认知需求：阿雯周围同事朋友都在买车，自己也有实际需求。

（2）收集信息：她在学车时和学员们讨论车，和已有车的邻居讨论邻居新买的车，并了解信息。而且，阿雯还去专卖店实地看车，听专业的介绍。

（3）评价与选择：她收集了中意的几个牌子的车与车型，反复比较各款车的排量、最大功率、最大扭矩、极速、市场参考价等一行行数据，甚至于 4S 店的配件价格。

（4）购买决策还没下定，这受到预期环境因素、非预期环境因素和他人态度的影响。阿雯家的经济状况、产品的预期利益，也就是预期环境因素的影响。营销人员的态度是非预期环境因素的影响，还有她的爱人以及同学、同事的意见和看法是他人态度的影响。可见阿雯买车参与程度是很高的，但由于车子的品牌差异比较大，阿雯对这些车子没什么品牌忠诚度，她注重的还是产品的性价比和实用性。对产品来说，消费者也有感性和理性的时候，一开始阿雯对车型、颜色比较注重，是感性的认识。后来，她搜集各个牌子车型的资料，并进行各种性能和价格的比较，这是理性分析。消费者的需要有可诱导性，阿雯去海南马自达专卖店，其销售人员耐心与细心的讲解和引导，阿雯就被诱导，对其汽车感到有兴趣。消费者需求结构的高级化趋向，阿雯满足了马斯洛层次论的基本需要，现在要增添新的交通工具。消费与生活方式相统一的趋向，作为一个工薪阶层的上班族，上班地点与家离得太远，车程时间太长，太浪费时间与精力，所以要买辆车来方便生活。

案例 2.2.2　对生产者市场推销失败的原因

推销员张同销售一种安装在发电设备上的仪表，工作非常努力，不辞劳苦地四处奔波，但是收效甚微。

有次，张同得悉某发电厂需要仪表，就找到该厂的采购部人员详细介绍产品，经常请他们共同进餐和参加娱乐活动，双方关系相当融洽，采购人员也答应购买，却总是一拖再拖，始终不见付诸行动。张同很灰心，却不知原因何在。

在一次推销中，张同向发电厂的技术人员介绍，这是一种新发明的先进仪表。技术人员请他提供详细的技术资料并与现有同类产品作一个对比。可是他所带资料不全，只是根据记忆大致作了介绍，对现有同类产品和竞争者的情况也不太清楚。

张同向发电厂的采购部经理介绍现有的各种仪表，采购部经理认为都不太适合本厂使用，说如果能在性能方面作些小的改进就有可能购买。但是张同反复强调本厂的仪表性能优异，认为对方提出的问题无关紧要，劝说对方立刻购买。

某发电厂是张同所在公司的长期客户，需购仪表时就直接发传真通知送货。该电厂原先由别的推销员负责销售业务，后来转由张同负责。张同接手后采用许多办法与该公司的采购人员和技术人员建立了密切关系。一次，发电厂的技术人员反映有一台新购的仪表有质量问题，要求给予调换。张同当时正在忙于同另一个重要的客户洽谈业务，拖了几天才处理这件事情，认为凭着双方的密切关系，发电厂的技术人员不会介意。可是那家发电厂以后购买仪表时，又转向了其他供应商。

张同去一家小型发电厂推销一种受到较多用户欢迎的优质高价仪表，可是说破了嘴皮，对方依然不为所动。

某发电厂同时购买了张同公司的仪表和另一品牌的仪表，技术人员、采购人员和使用人员在使用两年以后对两种品牌进行绩效评价，列举事实说明张同公司的仪表耐用性不如那个竞争性品牌。张同听后认为事实如此，无话可说，听凭该电厂终止了同本公司的生意关系而转向竞争者购买。

推销员张同对生产者市场推销失败的原因有哪些？我们一起来分析下：

首先，许多产业用品的购买决策者是工厂的工程师、总工程师等技术人员，采购部门的职责只是根据技术人员的购买决策购买产品，只是购买者而非决策者。

其次，生产者市场的采购人员都具有丰富的专业知识，供应方应当提供详细的技术资料，说明本企业产品优于同类产品之处。推销员应当经常与客户沟通，重视客户对产品的品种规格、性能、质量等方面的要求，及时向公司反馈，在可能的情况下按照客户要求予以改进。被列入直接重购名单的供应商应当保持产品的质量和服务质量，提高买方的满意程度；否则，买方将会重新选择供应商。

再次，要了解企业拒绝的真正原因。有的企业资金有限，经营目标是总成本降低，只购买低价实用的仪表。如果没有事先了解该企业的经营目标，自然会碰壁。

最后，推销人员必须关注该产品的使用者和购买者在绩效评价中是否使用同一标准。如果标准不一样，得出的结论会有片面性，会使本公司产品蒙受"委屈"并丧失了销售机会。

2.2 课堂讨论案例

案例2.2.3 调研不误出口功

德国汉堡郊外,迎着清晨的朝阳,王斌和几位同事一起驾驶一辆出租车,正缓缓地行驶在笔直的公路上。他们并非在旅游,而是趁参加展会的空闲,去拜访客户,并考察当地的市场。

作为易方数码科技有限公司的总经理,王斌每年会花大量的时间,到国外进行考察。多年来,王斌一直把市场调研看作企业的生命线。市场调研在易方数码的发展史上起到了决定性的作用。

1. 调研,带动产品转型

易方数码从1995年成立开始,一直从事CRT电脑显示器的生产,开始经营还不错。但后来,由于CRT技术的成熟导致门槛降低,新入行者不断增加而导致了价格的混乱。业界巨头,如飞利浦、三星等,凭借自己的生产实力,以规模效益取胜,将大批中小企业挤到濒临破产的边缘。易方数码苦苦支撑,但是环境每况愈下,徒呼奈何。世纪之交,王斌整日冥思苦想,寻求起死回生之路。

理工出身的王斌,平时喜欢进行各种调研,这时候他的资料分析、加工和判断能力发挥了作用。王斌搜集了各种资料,尤其是IT方面的权威媒体报道,通过对国内、外市场的分析和对IT行业的预测,认为辐射强、污染大的CRT显示器材必将成为淘汰产品,被更环保的显示器所取代。要在显示器领域有所作为,企业需要有相当的资金实力和规模,规模实力不济的易方数码,必须寻找新的出路。当时,闪存技术在国际市场已有一段历史,但由于价格高,在移动存储领域却刚起步。王斌通过调研发现,闪存介质凭借体积小、重量轻、携带方便和可重复擦写等优势,长远来说必将取代传统的软盘、光盘,至少初期会抢占部分市场。加上USB接口技术的日益普及,使数据的高速传输成为可能。而且随着互联网技术和移动办公的普及,移动存储也必将大行其道。尽管闪存技术都掌握在韩国、美国等企业手中,但中国企业在加工上具备相当的优势,一旦闪存价格下降,以闪存为介质的移动存储势必形成强力的冲击波。尽早抓住机会,易方数码才有翻身之机。

通过市场调研和分析,王斌果断决定进行产品大调整,全力介入移动存储领域。从2000年开始,公司建立了闪存盘、移动硬盘和读卡器生产线,结果当年销售良好,企业度过生存危机。

易方数码以往的CRT显示器,主要供应国内市场。进行产品转型之后,王斌经过调研,发现国际市场更适合自己。首先是国际上需求更大,利润更高,只要控制得当,国内常见的坏账、三角债的机会更少。更为重要的是,国内市场价格混乱,低价竞争令商家大伤元气。领先一步走出国门,道路会更广阔。事实证明,易方数码的外向型销售策略,成为它后来腾飞的一大关键。如今公司的销售中,有六成以上来自出口。

2. 调研,发现推广渠道

在确立了出口导向型策略之后,开拓国际市场成了当务之急。对从来没有过出口经验的易方数码,面临的难度更大。

王斌进行了广泛调研,后来采用了多渠道的推广策略。王斌回忆说,当时产品比较新,国内同行可借鉴的经验不多,但仍能从相关的IT产品琢磨出一套行之有效的策略。他首先选择了大众化的策略:参加业界展会,结识买家,了解产品。德国Cebit、美国

CES 都是必须参加的。

展会是一个信息汇集地,也是推广产品的好方法,但还是有不足之处。毕竟业内知名的展会不多,由于时间、成本等各种因素,不可能一个不漏地参加。王斌的眼光开始投向那些在国际范围有影响力的媒体,希望借助媒体,让更多买家了解自己,拓展企业知名度。

"选择媒体也是一个调研的过程,持续了相当一段时间。"王斌回忆道。因为从事互联网推广、印刷媒体的公司很多,他经常收到各种宣传资料。这方面王斌非常谨慎,首先他会研究媒体公司的背景和在买家中的影响,然后再做决定。通过全盘衡量,最终他选择了环球资源,认识了不少买家,取得了进军国外市场初步的胜利。

在国外市场的调研中,王斌经常有一些意外的收获。2001 年左右,他和一家德国著名的目录销售公司取得了联系。在国内,这种销售模式很少,对这种新渠道,王斌进行了仔细的调研。他发现,目录销售和网上直销一样,在国外已经有相当的历史和认可度,但并非每个产品都适合这种模式。这种销售主要是由公司将印刷好的产品目录邮寄给目标客户,供其在茶余饭后翻阅,客户需要的话可立即订购。王斌立即觉得这对闪存盘来说是非常合适的销售渠道。因为在商店中,由于各种限制,人们不可能花费太多时间慢慢研究。像闪存盘这类新产品,市场还没有完全培育起来,需要消费者静下心来,慢慢了解和研究,对比各种性能指标。如果和目录销售公司合作,肯定会开辟一个新的渠道。

事实证明他是正确的。易方数码在和德国的目录销售商成功合作后,又乘胜追击,和英国等欧洲的目录销售公司发展业务联系。2001 年,与目录公司的合作,为易方数码的出口贡献了 20% 左右的销售收入。

王斌通过实地考察和相关资料发现,在美国的这类连锁店成千上万,提供各种电器、电子产品,成为普通大众最重要的消费场所。这些渠道销售能力很强,号称"IT 行业的沃尔玛",和国内的国美、苏宁有些类似。如果易方数码的产品能进入这些业态,势必形成销售的井喷。从 2001 年开始,王斌将此作为一个很大的项目来抓,希望随着产品的成熟,逐步进入这些大众渠道中。

3. 调研,更新产品组合

王斌认为,任何公司都需要有合理的产品组合:部分快过时的产品,部分正在赚钱的产品,同时还要有未来的利润增长点,这种组合才能保证公司健康地增长和发展。而只有通过不断推出新产品,才能保证长久的赢利能力。

在闪存盘日渐成熟、市场不断拓展的情况下,易方数码进行了前瞻性的市场研究。王斌发现,闪存作为一种数据介质,一旦普及之后,可以以此为基础,在产品上附加很多的功能,成为大众娱乐的电子消费品。在确定了这个方向之后,王斌进行了一番调研。

他发现,随着电子技术的发展,以娱乐为特点的电子消费产品已成为市场主流。多功能 MP3 播放器早于 1998 年前后就在韩国等地方出现,但一直没有大规模普及。该产品以闪存为介质,加上了 FM 收音、录音功能,并能同时作为移动存储。但王斌同时也发现了其中的问题:收音和录音模块都好解决,但 MP3 面临音乐源不足,解码技术尚未成熟、稳定性不高的问题。因此易方数码虽然很早就开始了调研,但在中国,它并非最早进入该领域,这让王斌多少有些遗憾。

王斌总是喜欢超前看问题。他认为，目前畅销的闪存盘、多功能机虽然是公司的主流产品，但到2005年，产品组合一定要进行重新调整。易方数码目前正和国外买家一起，联手开发新产品。王斌介绍，到2002年新产品面世，必将给市场一个惊喜。

2.3 课外思考案例

案例2.3.1 杭州的"狗不理"包子店为何无人理

杭州"狗不理"包子店是天津狗不理集团在杭州开设的分店，地处商业黄金地段。正宗的"狗不理"包子以其鲜明的特色（薄皮、水馅、滋味鲜美、咬一口汁水横流）而享誉神州。但奇怪的是，正当杭州南方大酒店创下日销包子万余只的纪录时，杭州的"狗不理"包子店却将楼下1/3的营业面积租让给服装企业，呈现一副"门前冷落车马稀"的景象。

当"狗不理"一再强调其鲜明的产品特色时，却忽视了消费者是否接受这一"特色"。那么受挫于杭州也是势在必然了。

首先，"狗不理"包子馅比较油腻，不合喜爱清淡食物的杭州市民的口味。

其次，"狗不理"包子不符合杭州人的生活习惯。杭州市民将包子作为便捷快餐对待，往往边走边吃。而"狗不理"包子由于薄皮、水馅、容易流汁，不能拿在手里吃，只有坐下用筷子慢慢享用。

再次，"狗不理"包子馅多半是蒜一类的辛辣刺激物，这与杭州这个南方城市的传统口味也相悖。

思考：
1. 消费者行为的影响因素有哪些？
2. 产品设计如何适应和改变不同的消费环境？

案例2.3.2 戴尔的采购

戴尔采购工作最主要的任务是寻找合适的供应商，并保证产品的产量、品质及价格方面在满足订单时有利于戴尔公司。戴尔的采购部门有很多职位设计是做采购计划、预测采购需求，联络潜在的符合戴尔需要的供应商。因此，采购部门安排了较多的人。戴尔采购部门的主要工作是管理和整合零配件供应商，而不是把自己变成零配件的专家。戴尔有一些采购人员在做预测，确保需求与供应的平衡，在所有的问题从前端完成之后，戴尔在工厂这一阶段很少有供应问题，只是按照订单计划生产高质量的产品就可以了。所以，戴尔通过完整的结构设置，来实现高效率的采购，完成用低库存来满足供应的连续性。戴尔认为，低库存并不等于供应会有问题，但它确实意味着运作的效率必须提高。

精确预测是保持较低库存水平的关键，既要保证充分的供应，又不能使库存太多，这在戴尔内部被称为没有剩余的货底。在IT行业，技术日新月异，产品更新换代非常快，厂商最基本的要求是要保证精确的产品过渡，不能有剩余的货底留下来。戴尔要求采购部门做好精确预测，这是一个比较困难的事情，但必须精细化，必须落实。

"戴尔公司可以给你提供精确的订货信息、正确的订货信息及稳定的订单，"一位戴尔客户经理说,"条件是你必须改变观念,要按戴尔的需求送货;要按订货量决定你的库存量;要用批量小,但频率高的方式送货;要能够做到随要随送,这样你和戴尔才有合作的基础。"事实上,在部件供应方面,戴尔利用自己的强势地位,通过互联网与全球各地优秀供应商保持着紧密的联系。这种"虚拟整合"的关系使供应商们可以从网上获取戴尔对零部件的需求信息,戴尔也能实时了解合作伙伴的供货和报价信息,并对生产进行调整,从而最大限度地实现供需平衡。

给戴尔做配套,或者作为戴尔零部件的供应商,都要接受戴尔的严格考核。戴尔的考核要点如下:

(1) 供应商计分卡。在卡片明确订出标准,如瑕疵率、市场表现、生产线表现、运送表现以及做生意的容易度,戴尔要的是结果和表现,并据此进行打分。戴尔考核供应商的瑕疵率不是以每100件为样本,而是以每100万件为样本,早期是每100万件的瑕疵率低于1000件,后来质量标准升级为6-Sigma标准。

(2) 综合评估。戴尔经常会评估供应商的成本、运输、科技含量、库存周转速度、对戴尔的全球支持度以及网络的利用状况等。

(3) 适应性指标。戴尔要求供应商应支持自己所有的重要目标,主要是策略和战略方面的。戴尔通过确定量化指标,让供应商了解自己的期望;戴尔给供应商提供定期的进度报告,让供应商了解自己的表现。

(4) 品质管理指标。戴尔对供应商有品质方面的综合考核,要求供应商应"屡创品质、效率、物流、优质的新高。"

(5) 每3天出一个计划。戴尔的库存之所以比较少,主要在于其执行了强有力的规划措施,每3天出一个计划,这就保证了戴尔对市场反应的速度和准确度。供应链管理第一个动作是做什么呢?就是做计划。预测是龙头,企业的销售计划决定利润计划和库存计划,俗话说:龙头变龙尾跟着变。这也就是所谓的"长鞭效应"。

戴尔对供应商供货准确、准时的考核非常严格。为了达到戴尔的送货标准,大多数供应商每天要向戴尔工厂送几次货,漏送一次就会让这个工厂停工。因此,如果供应商感到疲倦和迷茫,半途而废,其后果是戴尔无法承受的,任何供应商打个嗝就可能使戴尔的供应链体系遭受重创。然而,戴尔的强势订单凝聚能力又使任何与它合作的供应商尽一切可能按规定的要求来送货,按需求变化的策略来调整自己的生产。

在物料库存方面,戴尔比较理想的情况是维持4天的库存水平,这是业界最低的库存记录。戴尔是如何实现库存管理运作效率的呢?

(1) 拥有直接模式的信用优势,合作的供应商相信戴尔的实力。

(2) 具有强大的订单凝聚能力,大订单可以驱使供应商按照戴尔的要求去主动保障供应。

(3) 供应商在戴尔工厂附近租赁或者自建仓库,能够确保及时送货。

戴尔可以形成相当于对手9个星期的库存领先优势,并使之转化为成本领先优势。在IT行业,技术日新月异,原材料的成本和价值在每个星期都是下降的。根据过去5年的历史平均值计算,每个星期原材料成本下降的幅度在0.3%~0.9%。如果取得一个中间值的0.6%,然后乘上9个星期的库存优势,戴尔就可以得到一个特殊的结构,可以得到

5.5%的优势,这就是戴尔运作效率的来源。

戴尔很重视与供应商建立密切的关系。通过结盟打造与供应商的合作关系,也是戴尔公司非常重视的基本方面。在每个季度,戴尔总要对供应商进行一次标准的评估。事实上,戴尔让供应商降低库存,他们彼此之间的忠诚度很高。从 2001—2004 年,戴尔遍及全球的 400 多家供应商名单里,最大的供应商只变动了两三家。

戴尔也存在供应商管理问题,并已练就出良好的供应链管理沟通技巧,在有问题出现时,可以迅速地化解。当客户需求增长时,戴尔会向长期合作的供应商确认对方是否可能增加下一次发货数量。如果问题涉及硬盘之类的通用部件,而签约供应商难以解决,就转而与后备供应商商量,所有的一切都会在几个小时内完成。一旦穷尽了所有供应渠道也依然无法解决问题,那么就要与销售和营销人员进行磋商,并立即回复客户,这样的需求无法满足。

戴尔通过自行创造需求的方法,并取得供应商的认同,已经取得了很好的成绩。戴尔要求供应商不仅要提供配件,还要负责后面的即时配送。对一般的供应商来看,这个要求是"太高了",或者是"太过分了"。但是,戴尔一年 200 亿美元的采购订单,足以使所有的供应商心动。一些供应商尽管最初不是很愿意,但最后还是满足了戴尔的即时配送要求。戴尔的业务做得越大,对供应商的影响就越大,供应商在与戴尔的合作中能够提出的要求会更少。戴尔公司需要的大量硬件、软件与周边设备,都是采取随时需要,随时由供应商提供送货服务。

供应商要按戴尔的订单要求,把自己的原材料转移到第三方仓库,但这个原材料的物权还属于供应商。戴尔根据自己的订单确定生产计划,并将数据传递给本地供应商,让其根据戴尔的生产要求把零配件提出来放在戴尔工厂附近的仓库,做好送货的前期准备。戴尔根据具体的订单需要,通知第三方物流仓库,通知本地供应商把原材料送到戴尔的工厂,戴尔工厂在 8 小时之内把产品生产出来,然后送到客户手中。整个物料流动的速度是非常快的。

思考:

1. 戴尔的采购从哪些方面反映了产业购买者的共同行为特征?
2. 作为产业购买者,戴尔的购买行为有哪些时代特点?

案例 2.3.3 海尔的国际市场调研

1999 年 4 月 30 日,在美国南卡罗莱纳州中部的一个人口为 8000 人的小镇坎姆登,举行了海尔投资 3000 万美元的海尔生产中心的奠基仪式。一年多以后,第一台带有"美国制造"标签的海尔冰箱从漂亮的生产线走下来,海尔从此开始了在美国制造冰箱的历史,并成为了中国第一家在美国制造和销售产品的公司。

在海尔首席执行官张瑞敏眼中,海尔国际化就像一盘棋,而要提高棋艺,最好的办法就是找高手下棋,张瑞敏找的高手是欧洲和美国。

海尔决定用自己的品牌进军欧美市场,其榜样是日本的索尼。20 世纪 60 年代,索尼在国际市场上还默默无闻,他们每一个新生产品上市时,都首先投放到欧美地区,打出影响后再到日本和其他国家销售,索尼由此成为世界名牌。

美国家电市场名牌荟萃,竞争激烈,几乎是所有世界名牌的竞技场。而且在美国本土，家用电器也早已是处于成熟期的产品。通用（GE）、惠而浦（Whirlpool）和 Maytag 这三大美国电器生产商虎视眈眈，自然不会坐视不管，一场商业激战在所难免。那么，海尔靠什么来同这些美国著名企业叫板呢？就是进行美国市场调研。

1. 需求能力调研

1998 年、1999 年中国出口美国的冰箱贸易额分别为 4718 万美元、6081 万美元，其中海尔冰箱分别占 1700 多万美元、3100 多万美元。据统计，在美国建一个冰箱厂的盈亏平衡点是 28 万台，海尔现在的冰箱出口已经远远超过这个数字。

据统计，目前在美国 180 升以上小冰箱市场中，海尔已占到超过 30％的市场份额，2002 年有望达到 50％，但海尔大规格冰箱长期因远隔重洋而无法批量进军美国市场。项目见效后，海尔公司在美国市场的产品结构将更加合理，市场占有率将进一步提高。

2. 消费者的需求结构调研

目前，在美国 200 升以上的大型冰箱被通用、惠尔浦等企业所垄断；160 升以下的冰箱销量较少，通用厂商认为这是一个需求量不大的产品，没有投入多少精力去开发市场，然而海尔发现美国的家庭人口正在变少，小型冰箱将会越来越受欢迎，独身者和留学生也很喜欢小型冰箱。

美国营销专家科特勒说："海尔战略的另一个部分是对消费者群体的定位，它很正确，它针对的是年轻人。老一代习惯于像通用这样的老品牌，年轻人对家电还没有形成任何习惯性的购买行为，因为他们刚有自己的公寓或者正在建立自己的第一个家，买自己的第一个电冰箱。所以，我认为定位于年轻人是明智的决策。"

根据以上调查分析，海尔决定在美国市场开发 60~160 升的各种类型的小型冰箱，这些冰箱的需求潜力很大。

从海尔最初向美国出口冰箱到现在的短短几年时间里，海尔冰箱已成功在美国市场建立了自己的品牌。2003 年，零售巨人沃尔玛开始销售海尔的两种小型电冰箱和两种小型冷柜，并同海尔签订了购买 10 万台冰箱的协议。海尔在美国最受欢迎的产品是学生宿舍和办公场所使用的小型冰箱。目前，这类产品的市场占有率是该型号冰箱的 25％，在赢得新的连锁店客户之后可望增至 40％。海尔在卧室冷柜方面也取得了成功，该产品在美国同类型号中的市场占有率为 1/3。海尔的窗式空调机也有广阔的市场前景，该产品已占美国市场 3％的份额，2004 年的销售量翻番。

思考：

根据以上案例总结海尔在美国成功的奥秘。

第 3 章

消费者购买行为分析

3.1 教学导入案例

案例 3.1.1 看大学生如何购买手机

目前的大学生由于拥有接受新知识的机会,对商品的各种信息接收程度比较深和广,所以在消费行为上日趋理性。小明打算买手机,他的定位是性价比要高、安卓系统、手机处理器的频率不能太低、摄像头性能佳,并且可以玩 3D 游戏。综合这几种情况,小明首先在实体店体验了各种手机,然后在淘宝以及其他电商网仔细挑选合自己心意的手机。他看中了华为、中兴、联想、酷派、小米等几个国产品牌的各种型号的手机,据他自己说,国产品牌在近几年异军突起,最重要的是价格亲民,加上安卓系统的开源,国产品牌占据了绝大多数中低端安卓机市场,对于大学生来说,国产安卓手机成为了最佳选择。在挑选好具体机型后,小明列了一张表,详细地记录了各种手机参数,进行了一个比较,舍弃一些性价比不高、不符合标准的手机,然后从网上查看了各种手机的使用评测,在听取了同学的意见之后,小明选择在淘宝购入一款小米手机。由于该手机采取网上抢购的方式,所以小明差不多是在买下手机 1 个多月后才拿到自己喜欢的手机。

从上面的例子来看,大学生由于资金有限的关系,选择消费往往趋向于性价比比较高的商品。小明的做法总结如下:

(1) 首先有明确定位(定位是性价比要高、安卓系统、手机处理器的频率不能太低、摄像头性能佳,并且可以玩 3D 游戏),消费对象明确。

(2) 购买方式多样化(首先在实体店体验了各种手机,然后在淘宝以及其他电商网仔细挑选符合自己心意的手机),消费途径多。

(3) 对比不同的商品的优劣所在,数据分析能力强(在挑选好具体机型后,小明列了一张表,详细地记录了各种手机参数,进行了比较,舍弃一些性价比不够、不符合标准的手机)。

(4) 消费之前不盲目,并听取其他人的意见(在从网上查看了各种手机的使用评测,小明选择在淘宝上面购入一款小米手机)。

有一些准大学生(指那些刚考上大学的大学生,但还未进入大学)消费不够理性,例如之前一段时间流行的"苹果三大件"。有一位刚入学的女生在办理完入学手续后问父母:"你们是不是带我去学校后面的专卖店买苹果手机啊?"她的父母没有马上答应,女生见状发火了:"不买我就不在这读了,反正钱也交了,你们就后悔去吧!"后来老师和父母在旁边劝了一个多小时,女生才"让步"。最终同意父母给她买一部新款华为手机。

3.2 课堂讨论案例

案例 3.2.1　大学生用网贷"提前消费"

网络小额贷款这一方式在大学生中已经十分普及,越来越多的学生利用网络借贷平台满足日常消费需求,如购买电脑、手机等电子产品。有超过 1/3 的受访大学生表示,如果消费金额超过生活费上限,愿意考虑用网贷的方式暂时缓解购买压力。

而更重要的原因是,大学生在分期购物平台上开通个人贷款支付业务较为容易,这也使他们可以尽情地"放纵"自己。

正是看上了这种需求,校园金融也成为各方追逐的对象,各路资本纷纷"跑马圈地"。2015 年 11 月,某高校一年级学生小慧注册成为"爱学贷"会员,并由此分期付款购买了一部苹果手机和一部平板电脑,为此她多付了将近 600 元的利息。根据协议,小慧要在 12 个月里每月还款 800 元,而她的生活费每月仅有 1000 元。

回忆起当初所作的决定,小慧说:"我考虑了整整一个星期,毕竟两样东西加起来已经破万了,而且要分一年还完,压力很大,但又很想买,便想着通过勤工俭学打工挣钱来还。"

得知情况后,小慧的父母在教育孩子一番后提前将她一个学期的生活费打了过来。目前,手机的费用已经全部还完,平板电脑还差 1000 多元。

大学生思维活跃,喜欢接受新鲜事物,但囊中羞涩,于是很多人愿意尝试贷款买东西。"每个月生活费也就是 1000 多元,比如一部手机 6000 元,如分期买,一个月还 500 元。分期付款能让有需求的学生很快捷地用上这些新产品,不必再等很长时间。"小慧说。

正如小慧说的那样,大学生小唐最近也想给自己添置了一部新手机。由于没有钱,她采纳了商家建议办理了分期付款,只付了 300 元就拿到了 3000 元的手机,剩下的 2699 元选择用贷款的形式支付。

然而,小唐后来发现,在自己的贷款合同中,他要连续 12 个月还款,每个月需要还款 339 元,这意味着他一共要还款 4068 元,比 2699 元的贷款本金多出 1369 元,利息和各种费用竟然超过本金的 50% 以上。

而小唐的个人消费贷款申请表显示,这笔贷款的月贷款利率为 1.67%,月客户服务费率为 1.79%,另外还有 0.77% 的月担保服务费率,这样每个月费率为 4.23%,乘以 12 个月,年费率高达 50.76%。

在很多城市的大学城,路边的公告栏基本上都被贷款广告侵占。每栋宿舍楼一楼的窗户旁、入口处,甚至在厕所里,都贴着贷款的小广告,上面均有"大学生创业助学""大学生现金借款"等字样。

网络上,搜索"大学生贷款""最快 3 分钟审核,隔天放款""只需提供学生证即可办理"等多条吸引人的信息瞬间扑面而来。

经统计,针对大学生的网贷平台已达百余家,许多知名品牌也都投入到这块业务中。学生贷款可选择的途径主要有三类:一是学生分期购物平台,满足大学生购物需求,比如趣分期、任分期等;二是单纯的 P2P 贷款平台,用于大学生助学和创业,比如投投贷、名校贷等；三是阿里、京东、淘宝等传统电商平台里面提供的信贷服务。

这些网络借贷平台不仅在线上发布放贷信息，在线下也瞄准在校大学生。

大学生们常用的分期付款网站"分期乐"，这家网站除了列出琳琅满目的商品外，还打出了"全场免息、直降5亿"的诱人字眼。该网站介绍显示，2015年9月1日上线活动营销栏目推出了"全国首届大学生分期购物节"，21个小时内订单金额突破1亿元大关。不过，在3月20日，当中国青年报记者再次登录时发现，该网站已将"全国首届大学生分期购物节"改为"分期购物节"。

拿着身份证、学生证，再填个表格，不需要担保，不需要资质审核，便可以获得小额贷款，有的平台甚至还打出"无息"的宣传。但实际上，网贷平台的"利率"实际上门道多多，有些和高利贷一样了。

在"名校贷"官方网站上，工商营业执照明确标注了其营业范围不得从事信用担保、金融担保等相关业务，而当人们对安全性提出质疑的时候，客服回答："是安全的。我们公司不是高利贷公司。"

据媒体报道，"网贷平台往往会以低分期利率吸引学生，月利率普遍在0.99%～2.38%之间，很多都远超目前银行信用卡分期费率。一旦逾期偿还欠款，需要支付的违约金不容小觑，高低相差数倍。"一旦逾期，"名校贷"会收取逾期未还金额的0.5%/天作为违约金。

在校大学生没有稳定的收入来源，一旦资金紧张，很容易还不上贷款。那么，这些平台真的不怕他们还不起吗？

事实上，在校大学生看似是一个个独立的个体，但是他们又极端地依附于学校与家庭。

"跑得了和尚跑不了庙，除非真的是学籍也不要了，不想毕业了，否则人是非常好找到的。"小慧告诉记者，一旦贷款公司威胁他们毕不了业，或者通过学校这个渠道去闹，学生就不得不就范了。家庭是学生提前消费的实际兜底者。尽管申请贷款的步骤简单，但是父母的联系方式等信息是必须要填的。如此一来，谁也不愿意自己的孩子学业被耽误，背着一个"老赖"的名声。

案例 3.2.2 "佳佳"和"乖乖"的不同命运

曾经相继风靡市场的"佳佳"和"乖乖"是香脆小点心的商标，并掀起过一阵流行热潮，致使同类食品蜂拥而上。多得不胜枚举。然而时至今日，率先上市的"佳佳"在轰动一时之后销声匿迹了，而竞争对手"乖乖"却经久不衰。为什么会出现两种截然不同的命运呢？经考查，"佳佳"上市前作过周密的准备，并以巨额的广告申明：销售对象是青少年，尤其是恋爱男女，还包括失恋者——广告中有一句话是"失恋的人爱吃'佳佳'"。显然，"佳佳"把希望寄托在"情人的嘴巴上"，而且做成的是咖喱味，并采用了大盒包装。"乖乖"则是以儿童为目标，以甜味与咖喱味抗衡，用廉价的小包装上市，去吸引敏感而又冲动的孩子们的小嘴，让他们在举手之间吃完，嘴里留下余香。这就促使疼爱孩子们的家长重复购买。为了刺激消费者，乖乖的广告直截了当地说"吃""吃得个个笑逐颜开！"可见，"佳佳"和"乖乖"有不同的消费对象、不同大小的包装、不同的口味风格和不同的广告宣传。

消费心理研究指出，在购买活动中，不同消费者的不同心理现象，都需要我们认真研究，采取不同的销售手段，才能保持不败之地。

"佳佳"采用大盒包装，消费者对新产品的基本心理定势是"试试看"，对着一大包不知底细的食品，消费者颇费踌躇，往往不予问津；而消费对象限于恋爱情人，又赶走了一批消费者；再加上广告语中的"失恋者爱吃'佳佳'"一语，又使一部分消费者在"与我无关"的心理驱动下，对"佳佳"视而不见，充耳不闻。

"乖乖"的设计就颇有吸引力：一是廉价小包装，消费者在"好坏不论，试试再说"的心理指导下愿意一试，因为量小，品尝不佳损失也不大；再者广告突出了"吃"字，吃得开心，开心地吃，正是消费者满足食欲刺激的兴奋点。两相对比，"乖乖"以适度和恰当的刺激，引起了消费认知，在市场竞争中，最终击败了"佳佳"。

案例 3.2.3 美国的化妆品和日本的空调电器

在美国的化妆品生产行业有一句名言：日本的化妆品市场是美国商人难以攀登的富士山！为什么这么说呢？原来美国是生产化妆品的大国，出口的化妆品也较多，其中有一些出口到日本市场上。美国化妆品进入日本市场的时候，也对日本人进行了大规模的广告宣传和其他形式的促销活动，但是日本人对此就是无动于衷，因此化妆品的销售量很少，美国运到日本市场来的化妆品只能大量积压，生产厂家为此十分着急，美国商人为此委托有关专家认真地研究了日本人购买化妆品的心理，通过大量的调查研究发现，原来是美国人生产的化妆品的色彩不被日本人接受。

在美国，人们对于皮肤的色彩有一种十分普遍的观念，即认为皮肤略深或稍黑是富裕阶层的象征，因为只有生活富裕的人们才有足够的时间和金钱去进行各种休闲活动，到海滩去晒太阳是一种比较普遍的休闲活动，生活越富裕，去海滩晒太阳的机会越多，皮肤也就越黑，所以皮肤晒得越黑的人，说明其社会地位和生活的富裕程度越高。在化妆的时候，人们习惯使用深色的化妆品，把自己的皮肤化妆成略深的颜色，以显示自己的地位。化妆品的厂家在生产化妆品的时候，也就以色彩略深的化妆品为主进行大量生产。而日本人的皮肤属于东方人的皮肤类型，崇尚白色，化妆时不喜欢使用深色的化妆品，所以日本人对于美国人略深的化妆品需求量是很少的。

美国化妆品生产商对于日本客户在消费时的购买心理和需求没有做好前期的市场调查，有这样的结果可想而知了。

而日本的电器产品——空调在开拓中东地区市场方面却和美国化妆品的做法相反。中东地区的国家一般比较富裕，重视改善居室的舒适性，所以消费家用空调的人比例较高。最先进入中东地区销售空调电器的厂商来自美国和英国等国家，这些国家的产品质量一般还不错，所以前期的销售效果也很好，但销售过一段时间之后，发现中东地区的消费者对于这些国家的空调电器并没有太多的兴趣，空调电器总是出问题，比如出现停转的现象。日本空调电器厂家在仔细研究了这些情况之后，得出一个结论：他们认为美国和英国一些国家的空调电器在中东地区总是出现停转问题的原因在于中东地区多沙，空调电器的防沙能力很差，而美国和英国空调电器的生产者没有设计防沙功能的意识，不了解当地消费者已往习惯于各种物品的防沙功能，所以生产的商品不适应这一地区的消费要求，日本厂商立即着手改进空调电器的防沙能力，对空调电器的进、出口进行了防沙性能的处理，并且在广告中大力宣传日本空调电器在中东地区的适应性，结果，日本的空调电器一下子就把美国和英国等国家的空调器挤出了中东地区的市场，并从此成为中东地区最畅销的产品。

日本的空调电器生产商就是抓住中东地区消费者的购买需求做了调整，大获成功。

案例 3.2.4 安踏就这样成功了

安踏用20年的时间逐步从一个区域品牌营销成长为新的行业领袖，积累下来一套充满本土特色并且适合自身发展的"实用至上"的方法论，从消费者心理解读可以给大家带来新的思考。2012年安踏全年营收76.2亿元人民币，超过李宁的67.4亿元人民币，第一次坐上了本土运动品牌营销的头把交椅。2013年上半年，在中国体育用品市场整体衰退的背景下，安踏又以33.7亿元的成绩再次保持对李宁的领先，继续领跑行业。安踏这个曾经的"小弟"完成了对"老大哥"李宁的弯道超车。然而面对这样的结果在许多一线城市的消费者看来，显得有些不可思议，因为安踏从来就不是他们购买运动装备时的首选。在他们眼中，以安踏为代表的晋江系运动品牌营销往往是一副"土豪"的形象——产品设计不够"高端、大气、上档次"，但是却财大气粗地占据了央视体育频道广告的半壁江山。

目前高端的篮球鞋安踏没办法跟耐克竞争，虽然可以做得和耐克一样，甚至比耐克还好，消费者也是不认可的。安踏过去几年也请了明星，花了许多钱做广告，结果一年卖的鞋还不够付广告费。

怎么办呢？安踏经过分析，做出如下动作：在北京召开发布会，为旗下代言人NBA球星凯文·加内特推出其个人专属的第四代签名篮球鞋——KG4。其最大的亮点不在于产品本身，而是它的价格——399元。熟悉体育用品行业的人应该清楚，对于一款专业级别的篮球鞋，之前的三代产品都被定在了699元的高端价位，而国外品牌的球星代言产品动辄也要上千元。KG4发布仅一个月后，安踏又在美国宣布签约新的篮球产品代言人，来自波士顿凯尔特人队的当家球星拉简·隆多，并且为其推出了首款签名球篮球鞋RR1，产品价格再次定在了399元的低位。目前在国内外的一线运动品牌当中，敢把明星代言的旗舰产品卖成"白菜价"，安踏还是第一家。为了更好地推广自己的平价篮球鞋，安踏为这批399元的旗舰产品包装了一个"国民球鞋"的概念，并且在营销上启用了全新的"实力无价"理念，意在强调球鞋的高性价比，同时又能防止消费者误认为低价等于低端。品牌营销策略想要活下去要做的事情就是知道自己是谁，贵的东西谁都会做，又好、又便宜、质量不错、高性价比的产品正是今天安踏品牌营销策略的核心竞争力所在。营销实践表明，安踏的这一价格策略与目前中国消费者对该品牌营销策略认知与感受是一致的，这是安踏成功的关键。

中国的"80后""90后"是安踏品牌营销策略消费群体之一。他们比较关注自我，但是他们更加尊重人的个性和自由，对不同的观念和行为表现出更多的包容。而且他们喜欢新鲜事物，会做一些低成本的尝鲜消费。正因为这一群体有这样的消费心理特点，安踏大胆提出要做真正的"国民球鞋"，让更多的人真正买得起，要让100万人穿着安踏的球鞋去打篮球。为了实现这一目标，安踏开始着手对自己的球鞋销售策略进行调整。首先就是要了解消费者的真实需求和产品使用习惯。通过调查发现，在学生中主要是"90后"群体中，不乏拥有国际品牌篮球鞋的人，但是他们中有相当一部分的人只有在重要的场合，比如班级或者院系间的比赛时才会穿着这些国际品牌营销的产品，在平时私下打球时，他们通常会穿着本土品牌营销策略的产品。我们知道，一双国际品牌营销的著名运动员的签名鞋基本上为 1200～1800 元人民币，当然也有消费者买，但大部分是买了以后作为日常生活中的炫耀。当有这样一种心态的时候，基本上这双鞋就很难在户外篮球场出现，一般只在室内篮球场或者大街上出现。对于安踏来说，如果用户不穿着自己的产品上场打球，那么品牌营销的高端也就变得毫无意义。安踏并不想让自己的产品成为被用户束之高阁的"藏品"，而是希望消费者在负担得起的状态下，能够用到安踏的装备去真正地参与篮球运动。这一点正好与消费者的观念和需求是一致的，或者说与消费者想到一起了。事实证明，这与"80 后"特别是"90 后"的消费心理是一致的。

案例 3.2.5 《爸爸去哪儿》锁定目标观众的需求

《爸爸去哪儿》是湖南卫视播出的一档明星亲子真人秀节目，这档节目播出之后创造了综艺节目的收视奇迹。"根据央视收视数据统计，《爸爸去哪儿》第一期以全国网收视率 1.1、城市网收视率 1.46 的成绩赢得开门红，并收获"零差评"。随着节目的持续播出，节目收视率也节节攀升。节目第三期收视率 3.21，份额 14.69％，是同时段第二名的 3 倍。全国网收视率 1.8，份额 13.47％，是同时段第二名的 3.6 倍。第三期全国网收视份额横扫全国 2013 年前十个月份的所有节目。与此同时，在微博、微信等社交媒体上和《爸爸去哪儿》节目相关的话题铺天盖地，节目中的小故事、小温馨成为广大网友讨论的热点话题，教育专家和育儿专家就节目中五位爸爸的教育方式纷纷展开评论，人民日报的官方微博也针对这档节目发表了两篇肯定性的评论。这档节目的播出不仅为广大电视观众带来了一场精彩绝伦的精神盛宴，更为湖南卫视和节目赞助商带来了巨大的经济效益与社会效益。

与其他综艺选秀节目不同，《爸爸去哪儿》没有激烈的竞争，也没有光彩夺目的聚光灯，有的只是乡村旅行过程中五对父子（女）生活中的温馨与感动。就像节目主题曲中"宝贝，我是你的大树"的歌词一样，节目用全新的视角来诠释父爱，展现教育过程的酸甜苦辣。比如第三期节目中 Cindy 想从沙丘上滑下去，因为沙丘非常陡峭非常危险，其他爸爸都不同意，但是田亮却在犹豫之后答应了，不过为了保护女儿他一直跟在女儿的后面一路跑下来，直到到达安全的位置。这种浓浓的父爱使观众在观看节目的同时也为之感动。《爸爸去哪儿》以明星父亲与孩子为主角，以旅行中父亲与孩子如何完成节目组规定的任务为叙事主线，以亲子互动过程中的各种温暖与感动作为节目触动观众情感的搅拌器。整个节目充满了欢声笑语和幸福感动。

《爸爸去哪儿》这档节目还有一个特色就是节目内容贴近人们的日常生活。受中国传统文化的影响，爸爸在家庭中一直扮演着顶梁柱和守护者的角色，他们为了给孩子创造更好的生活环境而不断地追求事业上的成功，这样的结果是陪伴孩子的时间越来越少，导致孩子的教育出现问题。家庭教育问题和亲子关系已经成为一个社会问题，社会大众呼吁父母要多关心孩子的成长问题。《爸爸去哪儿》节目是爸爸和孩子的旅行，在旅行中爸爸们不用工作，只全心全意地陪伴孩子，这是现实生活中很多父母想做而做不到的，因此引起了很多孩子和年轻父母的共鸣。在节目中，林志颖对 Kimi 温柔细心的呵护，张亮和天天是平等朋友之间的对话交流，这些教育方式对现实生活中的爸爸们有一定的启发作用。

现在独生子女的问题越来越多，如何和孩子相处，如何更多地了解孩子在想什么？这一档亲子秀节目正是抓住了观众的心理，因此获得了高收视率。

案例 3.2.6　麦当劳推出黑白营销战役

麦当劳继暑期小黄人大热之后，再一次在当红动漫电影上映期间，用电影角色推出卡通玩具。这一次麦当劳独家使用《花生漫画大电影：史努比》的史努比形象做产品营销，同时从产品、包装、玩具到餐厅布置，瞬间实现全面史努比化。另外，12月2日麦当劳还推出黑白新品系列产品。有"黑黑的"泰式香撕鸡堡，"白白的"川辣香撕猪堡，还有甜甜的"黑里白派"……每一个产品的包装上，都有姿态生动的史努比和趣味文案互相呼应。

同时，麦当劳还推出了12款史努比（Snoopy）玩具助阵，这只爱幻想的黑白斑点狗，时隔8年，通过麦当劳的黑白营销战役，带着它的生活态度——"生活可以艰难，也可以容易，取决于你的选择"，再次走进了我们的生活。另外有4款萌萌的史努比还暗藏小小"心机"：轻轻摩擦，玩具表面就会有神奇的红色心形或话语浮现，大大增加了玩具的趣味性，更增加了与消费者的互动性。消费者还可以通过拍照软件Nice，把史努比人生态度的标签贴到自己的照片中。

"生活可以艰难，也可以容易，取决于你的选择。"这是史努比的简单生活态度，也是麦当劳想通过黑白系列的创意设计传达出来的生活态度。不纠结，做简单选择的人生是快乐的。

在现今社会生活中，工作、生活等压力使很多人丧失了快乐和轻松，麦当劳这一款新品一经推出，无疑切中了消费者心中最柔软的地方，取得好的效益是理所当然了。

案例 3.2.7　好莱坞大片中的中国元素

随着中国电影市场这块蛋糕越做越大，再加上北美票房缩水，中国已经成为仅次于美国的全球第二大电影票房市场。2016年中国电影票房收入同比增长49%，达63亿美元，稳居全球第二大票房收入市场。依照现在的发展趋势，中国将在2017年超越美国，成为全球最大的票房收入市场。好莱坞为了抢占中国市场，赢得国人欢心，专门在一些影片中加入中国明星，或者直接到中国拍摄。

在《惊天魔盗团2》中，周杰伦客串出演，他还为该片创作了全球首支全中文主题曲。另外，影片的重要戏份在澳门取景拍摄，也为本片增加了看点。还有像彩蛋一样出现在影片中的范冰冰，在澳门的一家小店里，一位说普通话的老太太在电视上看的正是《武媚娘传奇》。《独立日2》更是将中国元素进行到底，"锤弟"利亚姆·海姆斯沃斯在月球上与未婚妻视频聊天，用的竟是QQ；影片中太空站里成员抢着喝的饮料，也是蒙牛的牛奶。不同于以往中国明星在好莱坞大片中"打酱油"般地一闪而过，Angelababy成为《独立日2》中的主要角色之一，参与了最后的大作战。

从《2012》中那句"只有中国才能在这么短时间内完成方舟"到范冰冰在中国"特供版"《钢铁侠3》中不到3分钟的镜头，再到《火星救援》里中国助推器"太阳神号"拯救美国宇航员。至此，中国元素无所不在。

而对于那些没有在正片中塞入中国演员和中国广告的电影，好莱坞采取了当红"小鲜肉"充当宣传大使的手段。比如《星球大战：原力觉醒》在华宣传的时候，请来鹿晗做代言人。《蝙蝠侠大战超人：正义黎明》也有样学样，请来李易峰站台。

《功夫熊猫》这部电影不仅用中国国宝当主角，还选在了熊猫故乡四川拍摄，最重要的是，该片精准地把握住了中国武侠文化及中式哲学的精髓，并使其与"美国梦"相结合，中国元素自然而然地植入到了好莱坞电影中。《功夫熊猫》系列上映后，挑剔的影评人们甚至觉得，它比很多内地电影都更好地阐释了中国传统文化的底蕴。

3.3 课外思考案例

案例3.3.1 哈利·波特与童话经济

几年前，一个小魔法师的名字风靡全球，也降临了中国大地。这个孩子叫哈利·波特，是英国女作家J.K.罗琳的长篇儿童文学作品《哈利·波特》中的主人公。

《哈利·波特》首先是当今一部引人入胜的世界儿童文学经典，出版物全球销量突破了1亿册，总销售额已超过4.8亿美元；其次它的第一集《哈利·波特与魔法石》被摄制成的同名电影，自上映以来就引起巨大轰动，一举打破多项世界纪录，至今已神奇地创下全球8.5亿美元的票房收入。

《哈利·波特》的流行远不止于书籍和电影，其衍生产品更是层出不穷。《哈利·波特》电子游戏由美国著名的电子艺术公司获得版权，哈迷们可以玩角色互动游戏，可以像哈利·波特一样拥有魔法，按自己的喜好与兴趣自由变幻各式各样的东西。商店里的哈利·波特大围巾、尖顶帽子等哈利·波特系列玩具成为孩子们最渴望收到的礼物。英国时尚圈不失时机地打造出女魔法师风格的高级时装、首饰、发型、彩妆，大小时尚杂志上都印着各种风格的女"魔法师"与猫头鹰的合影。就连故事中哈利喜欢喝的可乐也没有被商家放过，可口可乐公司以1.5亿美元独家买断了电影赞助权，在其新产品包装上加上了哈利·波特和魔法石的画像。更连作者罗琳当年在其穷困时创作《哈利·波特》时，在爱丁堡经常光顾的那家小咖啡馆也被当地辟为名胜，生意异常红火。

一部童话作品带来的不只是对作品本身的消费，还产生了如此火爆的经济效应和巨大的商业价值，以致被经济学家称作"哈利·波特现象"。这其实是童话体验式营销的成功运作下形成的童话经济。

童话体验式营销的根本目的是为了满足人们体验童话作品情境的心理消费需求，其核心是体验。如同美国人沃尔夫在他的《娱乐经济》一书中说的，是"从有形消费品到花钱买感觉"。体验是一种客观存在的心理需要，每个人或明或隐或多或少都有这样的心理需要。随着人们物质需要的较好满足以及生活节奏的不断加快，富裕而又忙碌的人们会对体验有越来越多、越来越强、越来越富有想象力的消费需求。人们从满足对各种现实生活情境的体验，到开始追求一些虚幻梦化的虚构情境的体验。而那种极富想象力的童话作品中超现实主义的纯真的精神境界确实让人心驰神往。像哈利·波特一样张开翅膀飞起来，《哈利·波特》作品凝聚了儿童共通的心性，让孩子们摆脱成人世界，也疏解了大人们现实生活的压力与束缚，人们从中得到了精神上的共鸣和充实，更从企业和商家的体验式营销中真切体验到了作品的模拟情境，越发钟情于哈利·波特。

童话体验式营销驱动了一连串的童话经济链条,创造了全新的童话经济,是未来体验式营销的一个潜力巨大的新领域。谁能把握住这种机会,谁就能在未来的营销领域中领先一步。

思考:

请结合消费者购买行为分析其影响消费者行为的动机因素。

第4章

目标市场营销战略

4.1 教学导入案例

案例 4.1.1 麦当劳瞄准细分市场需求

麦当劳作为一家国际餐饮巨头,创始于20世纪50年代中期的美国。由于当时创始人及时抓住高速发展的美国经济下的工薪阶层需要方便、快捷的饮食的良机,并且瞄准细分市场需求特征,对产品进行准确定位而一举成功。当今麦当劳已经成长为世界上最大的餐饮集团,在109个国家开设了2.5万家连锁店,年营业额超过34亿美元。

回顾麦当劳公司的发展历程后发现,麦当劳一直非常重视市场细分的重要性,而正是这一点让它取得了令世人惊羡的巨大成功。

市场细分是1956年由美国市场营销学家温德尔·斯密首先提出来的一个新概念。它是指根据消费者的不同需求,把整体市场划分为不同的消费者群的市场分割过程。每个消费者群便是一个细分市场,每个细分市场都是由需要与欲望相同的消费者群组成的。市场细分主要是按照地理细分、人口细分和心理细分来划分目标市场,以达到企业的营销目标。而麦当劳的成功正是在这三项划分要素上做足了工夫。它根据地理、人口和心理要素准确地进行了市场细分,并分别实施了相应的战略,从而达到了企业的营销目标。

1. 根据地理要素细分市场

麦当劳有美国国内和国际市场,而不管是在国内还是国外,都有各自不同的饮食习惯和文化背景。麦当劳进行地理细分,主要是分析各区域的差异。如美国东西部的人喝的咖啡口味是不一样的。通过把市场细分为不同的地理单位进行经营活动,从而做到因地制宜。

每年,麦当劳都要花费大量的资金进行认真、严格市场调研,研究各地的人群组合、文化习俗等,再书写详细的细分报告,以使每个国家甚至每个地区都有一种适合当地生活方式的市场策略。

例如,麦当劳刚进入中国市场时大量传播美国文化和生活理念,并以美国式产品牛肉汉堡来征服中国人。但中国人爱吃鸡,与其他洋快餐相比,鸡肉产品也更符合中国人的口味,更加容易被中国人所接受。针对这一情况,麦当劳改变了原来的策略,推出了鸡肉产品。在全世界从来只卖牛肉产品的麦当劳也开始卖鸡肉产品了。这一改变正是针对地理要素所做的,也加快了麦当劳在中国市场的发展步伐。

2. 根据人口要素细分市场

通常人口细分市场主要根据年龄、性别、家庭人口、生命周期、收入、职业、教育、宗教、种族、国籍等相关变量,把市场分割成若干整体。而麦当劳对人口要素细分主要是从年龄及生命周期阶段对人口市场进行细分,其中,将不到开车年龄的划定为少年市场,将 20~40 岁的年轻人界定为青年市场,还划定了老年市场。

人口市场划定以后,要分析不同市场的特征与定位。例如,麦当劳以孩子为中心,把孩子作为主要消费者,十分注重培养他们的消费忠诚度。在餐厅用餐的小朋友,经常会意外获得印有麦当劳标志的气球、折纸等小礼物。在中国,还有麦当劳叔叔俱乐部,定期开展活动,参加者为 3~12 岁的小朋友,让小朋友更加喜爱麦当劳。这便是相当成功的人口细分,抓住了该市场的特征与定位。

3. 麦当劳根据心理要素细分市场

根据人们的生活方式划分,快餐业通常有两个潜在的细分市场:方便型和休闲型。在这两个方面,麦当劳都做得很好。

例如,针对方便型市场,麦当劳提出"59 秒快速服务",即从顾客开始点餐到拿着食品离开柜台的标准时间为 59 秒,不得超过 1 分钟。

针对休闲型市场,麦当劳对餐厅店堂布置非常讲究,尽量做到让顾客觉得舒适、自由。麦当劳努力使顾客把麦当劳作为一个具有独特文化的休闲好去处,以吸引休闲型市场的消费者群。

麦当劳对地理、人口、心理要素的市场细分是相当成功的,不仅在这方面积累了丰富的经验,还注入了许多自己的创新,从而继续保持着餐饮霸主的地位。当然,在三要素上如果继续深耕细作,更可以在未来市场上保持住自己的核心竞争力。

案例 4.1.2 汇源果汁市场份额下滑

在碳酸饮料横行的 20 世纪 90 年代初期,汇源公司就开始专注于各种果蔬汁饮料市场的开发。虽然当时国内已经有一些小型企业开始零星生产和销售果汁饮料,但大部分由于起点低、规模小而难有起色;而汇源是国内第一家大规模进入果汁饮料行业的企业,其先进的生产设备和工艺是其他小作坊式的果汁饮料厂所无法比拟的。"汇源"果汁充分满足了人们当时对于营养健康的需求,凭借其 100%纯果汁专业化的"大品牌"战略和令人眼花缭乱的"新产品"开发速度,在短短几年时间就跃升为中国饮料工业十强企业,其销售收入、市场占有率、利润率等均在同行业中名列前茅,从而成为果汁饮料市场当之无愧的引领者。其产品线也先后从鲜桃汁、鲜橙汁、猕猴桃汁、苹果汁扩展到野酸枣汁、野山楂汁、果肉型鲜桃汁、葡萄汁、木瓜汁、蓝莓汁、酸梅汤等,并推出了多种形式的包装。应该说这种对果汁饮料行业进行广度市场细分的做法是汇源公司能得以在果汁饮料市场竞争初期取得领导地位的关键成功要素。

但当 1999 年统一集团涉足橙汁产品后一切就发生了变化,在 2001 年统一仅"鲜橙多"一项产品销售收入就近 10 亿元人民币,在第四季度,其销量已超过"汇源"。巨大的潜力和统一"鲜橙多"的成功先例吸引了众多国际和国内饮料企业的加入,可口可乐、百事可乐、康师傅、娃哈哈、农夫山泉、健力宝等纷纷进入果汁饮料市场,一时间群雄并起、硝烟弥漫。根据中华全国商业信息中心 2002 年第一季度的最新统计显示,"汇源"的销量同样排在鲜橙多之后,除了西北区外,华东、华南、华中等六大区都被鲜橙多和康师傅的"每日 C"抢得领先地位,可口可乐的"酷儿"也表现优异,显然"汇源"的处境已是大大不利。尽管汇源公司把这种失利归咎于可能是因为"PET 包装线的缺失"和"广告投入的不足"等原因造成,但在随后花费巨资引入数条PET生产线并在广告方面投入重金加以市场反击后,其市场份额仍在下滑。显然,问题的症结并非如此简单。

在市场的导入初期,由于客户的需求较为简单直接,市场细分一般是围绕着市场的地理分布、人口及经济因素(如年龄、性别、家庭收入等)等广度范围展开的。通过市场的广度细分,其目标细分市场可以直接、形象地描写出来。比如说,当企业把市场分割为中老年人、青年人以及儿童等几个目标细分市场时,人们都能形象地知道这些细分市场的基本特征。由于这种"分类"方法简单、易于操作、费用低,大部分企业都可掌握且也乐于采用,但只有在市场启动和成长期的恰当时机率先进行广度市场细分的企业才有机会占有更大的市场份额。这时候品牌竞争往往表现得不够明显,竞争一般会表现在产品、质量、价格、渠道等方面,有人称之为产品竞争时代,汇源果汁就是在此期间脱颖而出的一个专业品牌,并成为数年来果汁业的领跑者。

但当客户的需求多元化和复杂化,特别是情感性因素在购买中越来越具有影响力的时候,此时市场竞争已经由地域及经济层次的广度覆盖向需求结构的纵深发展了,市场也从有形细分向无形细分(目标市场抽象化)转化,即细分后的目标市场,无法通过形象的描述来说明。例如,我们可以通过市场的深度细分,找到"追求时尚"这一目标细分市场。但这个目标细分市场在哪里?它由哪些顾客组成?这些顾客是否有着共同的地理、人口及经济因素特征?企业应该采取什么样的方法与这个目标细分市场的人群沟通?显然,这时的目标细分市场已经复杂化和抽象化了,企业对消费者的关注也已从外在因素进入心理层面因素。同时,企业也无法用传统的方法去接近所选择的目标细分市场,这时运用科学的市场研究方法来正确地细分市场就显得尤其重要了。而"汇源"果汁饮料从市场初期的"营养、健康"诉求到现在仍然沿袭原有的功能性诉求,其包装也仍以家庭装为主,根本没有具有明显个性特征的目标群体市场。只是运用广度(也是浅度)市场细分的方法切出"喝木瓜汁的人群""喝野酸枣汁的人群""喝野山楂汁的人群""喝果肉型鲜桃汁的人群""喝葡萄汁的人群""喝蓝莓汁的人群"等一大堆在果汁市场竞争中后期对企业而言已不再具有细分价值的市场。即使其在后期推出了500mL的PET瓶装的"真"系列橙汁和卡通造型瓶装系列,但也仅是简单的包装模仿,形似而神不似。至此,我们已能看出在这场果汁饮料的市场大战中,汇源公司的领导地位如此轻易被动摇的真正原因。我们说"汇源"与统一、可口可乐公司比较,他们之间的经营出发点、市场细分方法的差异才是导致市场格局发生变化的关键因素。

"汇源"是从企业自身的角度出发,以静态的广度市场细分方法来看待和经营果汁饮料的市场;而统一、可口可乐等公司却是从消费者的角度出发,以动态市场细分的原则(随着市场竞争结构的变化而调整其市场细分的重心)来切入和经营市场。同样是"细分",但在市场的导入期、成长期、成熟期和衰退期,不同的生命周期却有不同的表现和结果。

4.2 课堂讨论案例

案例4.2.1 联想电脑的市场细分

联想集团公司是一家极富创新性的国际化的科技公司,由联想及原IBM个人电脑事业部所组成。作为全球个人电脑市场的领导企业，联想从事开发、制造并销售最可靠的、安全易用的技术产品及优质专业的服务，帮助全球客户和合作伙伴取得成功。联想公司主要生产台式电脑、服务器、笔记本电脑、打印机、掌上电脑、主机板、手机等商品。1996年开始，联想电脑销量位居中国国内市场首位，近几年更是发展迅速，一跃占据世界电脑销售量第二的宝座。联想公司产品的成功离不开市场细分。

1. 地理细分

针对新兴市场，联想制订了三大市场策略——打造区域增长发动机、建立强大渠道体系、构筑专属运营体系，把产品第一时间推向市场，更好地满足客户需求。

(1) 打造区域增长发动机制。联想将对新兴市场施行灵活的区域管理，让每个区域市场的管理团队都可以贴近当地市场的特点，进行产品、渠道、推广的决策，从而快速应对市场变化，抢占先机。

(2) 建立强大的渠道合作伙伴关系。多年来，联想能够在中国市场持续领跑的一个重要原因，就是拥有牢固的大联想合作伙伴体系。在新兴市场拓展渠道的时候，联想将借鉴中国经验，与合作伙伴共同打造贴近市场、专业高效、合作共赢的渠道体系，建立联想的长久竞争力。

(3) 构筑新兴市场专属的运营体系。新兴市场大部分为发展中国家，所处的社会发展阶段大多是中国经历过的，因此新兴市场在产品需求、品牌认知、渠道发展等方面，与中国市场非常相似。而中国作为全球最具成长性的消费电脑市场，它所具备的规模优势，让联想能为多元化的新兴市场提供更具竞争力的产品。同样，由于这种规模优势，联想还可以为新兴市场建立专属的运营体系，提供包括服务、定制产品开发、供应链及时响应在内的全面支持。

2. 人口细分

今天的中国消费市场正在呈现出愈加细分化的发展态势，不同的细分人群对消费电脑的需求存在着很大的差异，而精准洞察并充分满足细分人群的需求，已经成为厂商在这个市场取胜的关键因素。在中国大本营，联想将重点关注年轻白领、游戏玩家、大学生和农村用户四类最具代表性的群体，深刻把握这四类用户的需求并提供相应的产品服务，为他们带来前所未有的乐趣体验，继续巩固联想消费电脑业务在中国市场的领导地位。

(1) 让年轻白领轻松享受 idea 带来的乐趣生活。年轻白领注重生活品质、追求简约，希望在忙碌的工作与生活中不断寻找平衡。为此，联想针对年轻白领推出了创新的 ideacentre A600 一体电脑和 ideapad Y 系列笔记本。为了把 idea 所倡导的新鲜而充满乐趣的生活态度传递给更多用户，今年联想将在全国各大城市展开针对年轻白领的线下活动，让他们亲身体验 idea 的乐趣。

(2) 让游戏玩家身临其境尽享游戏激情。游戏玩家希望通过精彩的游戏舒缓压力、释放激情，对电脑的影音、数据处理性能有着极高的要求。针对这些特点，联想定制了性能强劲的 ideacentre K 锋行和 ideapad Y550。其中 K 锋行采用 16∶9 的全高清屏幕，独显四核，即使在多任务环境下也可以表现出色；而强悍的 Y550 也采用了 16∶9 高清 LED 显示屏，显示效果极佳。这两款产品卓越的配置和性能，能为游戏增加无穷的动力和超速的体验。为了更好地让游戏玩家体验联想电脑的超强性能，联想在已成功举办两届 IEST 电子竞技大赛的基础上，今年将再次启动这一赛事，并推出"IEST online"的全新平台，让更多的游戏爱好者参与其中，体验联想领先科技的独特魅力以及游戏的激情乐趣。

（3）让大学生随时随地实现影音娱乐、无线沟通。作为在互联网中成长的一代，大学生群体乐于在网络中分享快乐、表现自我，依赖通过网络观察世界、思考生活。对于大学生来说，电脑不仅是实现影音娱乐、无线上网等应用的工具，酷炫时尚的电脑外观更是他们彰显个性的标志。为此，联想推出了全新时尚设计的S10-2。其时尚轻薄的外观、always online的应用，能让大学生随时随地获得影音娱乐、游戏以及网络资讯的需求。2009年，联想还专为大学生打造了NBA纪念机型，充分融入了NBA的元素，契合了大学生对于笔记本酷炫外观的需求。

（4）让农村用户真正享受电脑的好处。作为最早开拓中国农村市场的电脑企业，联想发现如今农村用户在购买和使用电脑中，依然面临着"不实用""不好买""不会用"和"不便修"等困扰。针对这一现状，联想推出了包含产品、渠道、培训、服务在内的一揽子计划，并借助"电脑下乡"，将3大品类、15款拥有高品质、适农、易用的产品送到用户手中。这些产品中，既有以教育功能见长、在农村市场广受好评的联想家悦电脑，也有为希望尝试移动体验的用户准备的G系列笔记本和S系列上网本，更有时尚新潮的一体电脑。其中强大的"娱乐地带""联想100分学校""致富信息通"等功能，全面满足了新农村用户对于家庭娱乐、子女教育和增收致富的三大需求。

此外，联想还将新认证3万名店面销售工程师，为用户提供专业贴心的购买指导。最后，联想将通过服务下乡的"四个一"工程：一万名服务工程师、一万个服务网点、一套智能网络服务工具、一条"下乡"服务专线，保证产品"修得快"，彻底消除农村用户的后顾之忧。

除了为四大用户群提供有针对性的产品和服务，联想还把握住了3G发展的重大机遇，在第一时间推出了以ideapad S10-2为代表的支持3种制式的3G应用产品。联想已经与中国移动、中国联通、中国电信三大运营商展开了深入合作，将让中国用户更早迈入3G时代，享受无线宽带的乐趣生活。

通过对不同市场、不同地区、不同消费人群的分析，联想适时调整发展战略，在国内市场和海外市场都取得了不俗的成绩。这一点值得我们关注和研究，为我们的民族工业的发展找到一条新路。

案例4.2.2　清扬洗发水的市场细分与定位

1．"清扬"品牌介绍

2007年4月27日，国际快速消费品业巨头联合利华公司在北京召开新闻发布会，高调宣布该公司进入中国市场10年以来推出的第一款新产品，也是全国首款"男女区分"去屑洗发水"清扬"正式上市。期间，联合利华高层更指出，从2007年开始将凭借"清扬"在全球去屑洗发水领域的专业优势抢占去屑洗发水市场。"如果有人一次又一次对你撒谎，你要做的就是立刻甩了他"——这是清扬广告片中的广告语，置身当前竞争复杂的市场环境中，清扬离奇、自信的画外之音显得意味深长。一时间，台湾知名艺人小S（徐熙娣）所代言的清扬洗发水广告频频出现在各种高端杂志上，占据了全国各大城市户外广告的核心位置，打开电视机——无论央视、卫视及地方电视台，点击进入国内各大门户网站，清扬广告无处不在。

长期以来，在宝洁与联合利华的洗发水大战中，宝洁无论是在品牌影响力、市场规模，还是在市场占有率方面，都处于绝对优势。特别是在去屑洗发水市场领域，联合利华一直都没有一个优势品牌足以同宝洁的海飞丝相抗衡。作为联合利华10年来首次推出的新品牌，清扬旨在弥补、提升其在去屑洗发水市场竞争中的不足和短板。

就洗发水的功能定位而言，去屑洗发水是洗发水目前最大的细分市场，大约占洗发水市场一半的比例。

2. "清扬"洗发水的功能定位——去屑

（1）"清扬"洗发水面市的市场背景。

在联合利华等外国日化公司进入中国市场以前，消费者对洗发水的要求无非是干净、清爽，并无去屑、柔顺、营养等多重要求。经过近20年的发展，中国消费者对洗发水的品牌意识已经被各大公司培养出来，同时消费者对头发的关注日益增加，为新的洗发水概念进入市场提供了广泛的顾客基础。各洗发水品牌纷纷打出富有新意的定位以获取自己的一席之地，极大地刺激了中国洗发水品牌的繁荣。赛迪顾问公司的研究结果表明：2006年中国洗护发产品市场销售额达220亿元左右，市场上的洗发水品牌超过3000个，其中宝洁（中国）有限公司的洗发水市场就占到60%多。中国洗发水市场已经高度集中和垄断。宝洁、联合利华、丝宝集团、拉芳集团占去了80%左右的市场份额；好迪、采乐、蒂花之秀、飘影等二线品牌又抢占了13%；剩下7%左右的市场，则被上千个三线、四线品牌瓜分。更为严峻的是，自2006年开始中国洗发水市场增长减慢，2007年各洗发水品牌的竞争更是激烈异常。市场的压力和巨大的利润蛋糕使各品牌在定位上各创新招，期望找到刺激消费者购买的新亮点。

（2）去屑洗发水市场现状。

作为一个有着100多亿元人民币的市场，巨大的蛋糕几乎吸引所有的洗发、护发品牌里都有去屑的品种，经过10余年的市场培育和发展演变，海飞丝的"头屑去无踪，秀发更出众"早已深入人心。人们只要一想到去屑，第一个想到的就是海飞丝。另外，随着风影的"去屑不伤发"的承诺，使它在这个细分市场也拥有了一席之地。专业市场调查资料显示，去屑市场80%的市场份额一直以来都被宝洁系列的海飞丝品牌所占据，而众多本土品牌则蚕食着剩余的20%的市场存量，相比之下，呈现的两极分化现象十分严重。

去屑概念一直是洗发水市场的一个重要诉求点，市场竞争也很激烈。但消费者调查表明，人们对现有产品的去屑效果并不满意。2007年4月2日，中华医学会科学普及部公布最近对5351人进行的网络调查显示，对于"去头屑"这个日常问题，60%的人对去屑效果不满意。由此可见，消费者对去屑品牌认同的程度并不太理想，市场潜力仍然巨大。

尽管进入中国市场早于宝洁并拥有力士、夏士莲等知名品牌，相对于宝洁巨大的洗发水品牌家族所取得的成绩而言，联合利华的表现差强人意。特别是在去屑市场上，联合利华没有一个像"海飞丝"那样专门的去屑品牌，使其洗发水品牌家族在市场覆盖面上产生很大的缺失。所以"清扬"被联合利华寄予厚望，联合利华提出清扬的战略目标和未来愿景是要在未来3年内成为中国洗发水去屑市场上的领袖品牌。

(3) 清扬去屑新诉求——"维他矿物群"去屑。

"清扬"是联合利华进入中国市场 10 年以来首次推出的新品牌,品牌定位为"专业去屑",联合利华(中国)公司认为专业防治型去屑产品是目前的市场空缺,是当前去屑市场所面临的最大问题,而依托于数 10 年专业去屑研究经验的联合利华企业,对清扬在中国市场的未来表现充满信心,清扬信心百倍地作出承诺,要带领中国消费者走出 20 年头皮屑痼疾的困扰。

清扬去屑的新诉求是"维他矿物群"去屑。联合利华表示,清扬是法国清扬技术中的研究结晶,产品的附加值突破在于"维他矿物群"去屑,联合利华拥有全球专利及临床测试验证,同时为"维他矿物群"进行了商标知识产权注册。联合利华公司表示其一直在为研究适合中国人的去屑产品而努力,在过去 10 年中,联合利华研发中心在中国已为超过 3000 名消费者进行过临床实验,以更多了解中国消费者的头皮状况和问题,从而为中国消费者提供更精纯的去屑产品配方。清扬在进入中国以前,已经在南美、欧洲及东南亚地区去屑市场成为了当仁不让的第一品牌,并被数亿消费者证实了其在去屑方面的功效。因此,清扬也将是中国市场的最佳去屑产品。

清扬用"科技保健"引导消费者,产品宣传中强调"深入去屑,治标治本"和专业性。联合利华宣称"清扬"是"消费者信赖的头皮护理专业品牌",其去屑功能是针对头皮护理,并通过广告的方式强化头屑由头皮产生这一少有竞争对手关注的消费者固有心理认知,表明"清扬"对去屑的根本作用,有效地与其他去屑品牌形成品牌区隔。

3. "清扬"洗发水市场细分创新——性别细分

作为一个新品牌,想在品牌林立的中国去屑洗发水市场分一杯羹,必然需要"清扬"在品牌推出之前找出去屑市场的定位空白点。传统洗发水市场细分常以功能为标准进行分工,如去屑、营养、柔顺、防脱发、黑发等功能,或以头发颜色来细分黑发专用、染发专用等。清扬首次以性别为细分变量,将市场细分为男士用、通用和女士用市场,并选择男士和通用细分市场作为目标市场。虽然只是简单的性别细分,但在洗发水市场上的确存在男性和女性不同市场的不同需求,而这个需求差异一直是厂家所忽略的。清扬的性别细分在情理之中又在意料之外,这一细分市场的创新使消费者耳目一新,市场上刮起了一股强劲的"清扬"风。

"清扬"将旗下产品分为男士和通用两大系列,共有 34 个品种,作为首家推出男士去屑洗发水的品牌,"清扬"通过"倍添维他矿物群"这一概念的宣扬,表明其对男士洗发的关注,可谓开创了男士去屑洗发水的"蓝海"领域,并通过男士系列与通用系列两大阵容所形成的品牌组合构成了联合利华"专业去屑"的洗护完整产品线,可以极大限度地满足消费者的要求。同时,在宣传过程中,通过说教式的广告语言展示"清扬"对男士头屑问题的研究,令消费者产生去屑洗发水分为"女士洗发水"和"男士洗发水"的心理认知,有效地将"清扬"与其他众多去屑品牌区分开来。

4. "清扬"洗发水定位的立体式传播

联合利华在宣传过程中,处处表明"清扬"的去屑功能,并试图通过传播培养中国消费者对待头屑问题的正确态度来引导消费者。清扬在传播中指出,中国消费者在洗发水使用中存在四大误区,即洗发水男女混用,重洗净轻滋养,头皮营养失衡,洗发、护发习惯不良,识别这些误区并加以改进是改善头发的根本。

2007年3月25日,随着清扬品牌在全国各地开始投放广告,清水出芙蓉、个性似飞扬的清扬开始走进了人们的视野,步入了人们的生活。

为了使"清扬"迅速抢占市场,联合利华发起了"清扬"洗发水巨大的宣传攻势,据透露,联合利华为清扬品牌的市场推广准备了不低于3亿元的市场费用预算,用以保障广告投入、业务销售和品牌等各项业务工作的有序推进。无论是线上广告还是线下广告,"清扬"相比"海飞丝"都占据了绝对优势。

此外,联合利华还十分重视"清扬"在全中国同步上市,即使在网上也可以看到很多"清扬"招聘促销人员的广告。在上市前半年的产品推广期,"清扬"仅在中国市场的广告费投入就占到联合利华全年全球推广费用的一半。联合利华不惜血本,聘请的临时导购的工资在广州就达每个月1800元另外再加每个月300元的奖励。推广期间电视、广播、网络杂志、终端、街道站牌、公交车广告和试用装发放一个也不能少,"清扬"对消费者的冲击可谓无所不在。

不管消费者是否认同宣传中许诺的种种功能,"清扬"的品牌已经在不知不觉中深入人心,不少消费者都乐于尝试"清扬"洗发水,乐于对"清扬"洗发水宣扬的洗发水使用四大误区保持认知和关注。

无论"清扬"在未来的时间里会交出怎样的成绩单,无论"清扬"能否在本土市场的品牌角逐中击败宿敌"海飞丝",拭目以待之余,站在营销专业角度,我们还是清楚地看势随着清扬高调、自信的上市,在吸引无数眼球的同时,还为其赢得了如潮的掌声,成为2007年一个最具代表性的营销案例和品牌佳话。

案例 4.2.3 帕米亚无烟香烟

1998年下半年,美国RJR公司的帕米亚无烟香烟在美国亚特兰大、圣路易斯、费尼克斯等城市试销,但是销售量不理想,再购率很低。

对于大多数人来说,帕米亚无烟香烟是个"新玩意儿",它的一端有一个碳头和几个有趣的圆珠,香烟中的尼古丁来源于此,尼古丁被耐燃的铝薄纸包裹。这种烟很难点燃,一般要点三四次,原因是它不像一般香烟那样燃烧,并且不产生烟灰,吸过与没吸过在外表上无明显区别,价格比普通香烟高25%。RJR公司为此烟的生产和促销投入3亿多美元,它没有采用以往"万宝路"香烟等比较成功的形象广告,而是采用比较复杂的印刷广告(顾客买"帕米亚"时,会同时得到三页文字说明书),还采取了买一送二的鼓励方式。公司营销人员认为:大多数吸烟者开始会对帕米亚不适应,但随着使用频率和使用时间的增加,最终会适应。

公司把"洁净者之烟"作为帕米亚的主题广告概念,宣传帕米亚是"一种全新的吸烟享受时代的开端"。但是,帕米亚的真正利益者非吸烟者个人,而是环境和他人。RJR公司对帕米亚香烟目标市场的定位极其广泛,包括:①25岁以上,受过良好教育的文雅的吸烟者;②试图戒烟和寻求替代品者;③吸烟成瘾者;④生活富裕者;⑤寻求低焦油含量者;⑥老年吸烟者。

来自《华尔街日报》的一个记者在亚特兰大机场对几十名吸烟者的一项调查表明:大多数人不喜欢帕米亚香烟,包括它的味道和太多的吸烟方式的改变。有人只吸了一两口就扔掉了。但一位广告公司的总裁说："我不喜欢帕米亚，但在家中为了摆脱太太喋喋不休的唠叨时，我会抽它。"一位长期在办公室工作的职员说："有时我感到疲劳，但办公室不准吸烟。此时，帕米亚可以帮助我解决问题。"一位正打算登机长途旅行的人说："一般情况下，我不会选择它。但长途旅行中为打发时间，我可能会抽帕米亚。"最后，调查的结果是60%以上的人不喜欢帕米亚香烟，主要是对它的味道和吸烟行为方式的改变不适应；40%的人只有在那些不允许冒烟的地方，才把帕米亚作为第二选择。

从案例中看出，帕米亚无烟香烟是作为传统香烟的替代品上市的。该产品的特点是无烟、无灰，不含有尼古丁，具有环保和避免被动吸烟危害的显著优点。但该产品却未取得试销成功。帕米亚香烟欲取得理想的营销效果，可能要从目标市场选择、营销组合诸方面寻找原因，并进行恰当的调整。

(1) 作为传统香烟的替代品，RJR公司选择的目标市场似乎太宽泛了。比如，有何依据认定"吸烟成瘾者""生活富裕者""老年吸烟者"会对帕米亚有偏爱呢？也许"试图戒烟和寻求替代品者"才是对帕米亚有需求的群体。

(2) 市场营销的成功，既有赖于正确选择目标市场，还有赖于恰当的营销组合。在帕米亚的营销组合中，产品和促销都存在问题。从产品来说，它虽然有显著优点但并未给吸烟者本人提供任何明显的利益，而且其味道和吸烟方式还与传统习惯相甚太远。从促销来说，一份三页的说明书显得太长，而且"洁净者之烟"这一主题广告概念恐怕太缺乏个性。

(3) 综合考虑香烟这类产品和吸烟者的特性，也许RJR公司也可以先把"吸烟成瘾者"列为目标市场，把帕米亚定位于适合在不能吸传统香烟的时间和场合享用的替代品进行试销；或者，也可考虑把年轻而刚刚开始吸烟者作为目标市场，以"全新的吸烟享受"为号召，使之养成吸帕米亚的习惯。当然，相应的产品和促销改善仍然是必要的。

案例4.2.4 吉之岛商场：准确定位，锁定目标客户

吉之岛作为亚洲最大的零售商，也是赢利能力最强的零售商之一，其市场和客户调研水平同样走在同行之前。在深圳的合资公司吉之岛友谊百货开业仅两个多月，已经取得了良好的经济效益。"开业的这段时间，公司的营业额超出预期60%，现在吉之岛在深圳的品牌认知度已经达到了90%以上。"深圳吉之岛友谊百货有限公司的副总经理井上博不无自豪地说。

井上博认为，周密的市场和客户调研以及正确的市场定位，是吉之岛取得成功的关键。

吉之岛在香港的母公司设有专门的调研部门，在开设深圳合资公司之前，公司进行了两个阶段的调查。第一阶段是在两年多前，公司开始了先期的市场和客户调研，主要对深圳本地的GDP水平、消费群体、消费习惯和当地政策作了详细调研。一年前，部门对营业场地——深圳中信广场进行实地考察，其中包括几个固定时段的行人数量、公交车和私家车流量、周边配套设施状况、竞争对手分析。

井上博介绍，调研的结果令人兴奋。首先深圳是中国最富裕的地区之一，人均GDP位居中国之首。尽管沃尔玛和家乐福已捷足先登，但以追求"天天平价"为主要诉求，瞄准的是普通大众消费群体，以西武为代表的商场则服务于顶级消费者，而中高档次的消费群体规模庞大,市场前景看好。

吉之岛将自己定位为中档阶层的消费者,并根据他们的需求调整自己的产品和服务。

中高层的顾客和普通消费群体有所不同。井上博说,"他们在购买商品时,在追求价廉物美的基础上,也重视商场购物的体验,部分消费者还注重文化氛围。"为此吉之岛在商场布局和商品供给上颇下工夫。商场占据一层近2万平方米的面积,宽敞的走廊,高档的装修,日本商品占到三成以上,商场内设日本风味餐厅,弘扬日本文化,这些是集团经过调研之后所采取的避免同业之间同质竞争的重要手段。商场共有8个入口和出口,充分贯彻其"开放式购物"的理念、走差异化道路的策略。

深圳吉之岛所在的中信广场位于深圳市黄金地段,广场内有不少世界级的品牌,如西武百货、星巴克咖啡馆和必胜客等,如此完善的品牌配套环境,符合公司瞄准中层阶级的定位。

深圳吉之岛友谊百货的顾客调查分内外两大部分。

每年进行一次的场外调查带有公关和市场推广性质,主要了解吉之岛在当地的知名度、顾客消费能力和购物习惯等。内部的调研以顾客心声台和员工反馈卡为主要形式。

获取顾客意见时,采取恰当的方式很重要。吉之岛在多年的实践中发现,如果不使用友好的方式,比如强行向顾客派发意见卡往往会招致抵触情绪,影响顾客反馈的效果和质量。因此商场在显著位置设立一个"顾客心声站",顾客凭自愿写下自己的意见,这些卡片会直接送到总经理办公室。同时,由于员工是接触顾客的第一层面,大多顾客会直接向服务员发表意见和建议,员工意见卡就成为搜集这些一手资料的重要手段。总经理基于这些信息,必要时和中高管理层进行讨论,然后作出决定。目前每周收到顾客和员工意见反馈数百条,很多以前没有的商品就是在参考反馈信息之后增加的。以鲜活鱼为例,吉之岛在国外都没有鲜活鱼供应,但通过对顾客意见反馈得知,中国很大部分家庭喜欢购买新鲜的活鱼,于是立即做了相应调整,现在鲜活鱼的销量一直保持强劲势头。

案例 4.2.5 加多宝的再定位

传说中,可口可乐的某位总裁曾经说过,如果可口可乐在世界各地的厂房被一把大火烧光,只要可口可乐的品牌存在,一夜之间就可以让所有厂房在废墟中拔地而起。这句话被营销界奉为经典,用来证明品牌的力量是如何的强大。但是如果事情反过来,厂房、渠道、员工、资金一切都还在,唯独不允许再使用原来的品牌,可口可乐还能存活下去吗?

对这个问题,相信答案是仁者见仁,智者见智,说法不一。然而,这种在现实商业世界中几乎绝无可能发生的事情,在加多宝身上发生了,我们有幸亲眼目睹了整个事件的全过程,见证了这起管理学界极为难得的宝贵案例。而且,我们现在知道答案:加多宝的销量一直继续大幅攀升,全年销售额超过200亿元,连续6年超过可口可乐。红罐加多宝,仍是"中国饮料第一罐"。

加多宝在经营王老吉品牌的十几年里,一直遵循特劳特战略定位理论。2012年品牌地震之后,特劳特战略定位咨询公司应邀为加多宝立即重启了定位研究,对消费者、经销商、促销员进行了大量访谈。定性研究的结果不容乐观,消费者很难接受新的品牌。当然,这也符合特劳特战略定位理论的一贯观点。

经过定位研究,加多宝意识到,消费者的心智坚如磐石,不可改变。不过,这一点反倒为加多宝提供了一条重新定位、打开消费者心智的不二法门。过去十几年里，加多宝公司坚持只生产310毫升的红罐这一种产品、只用同一条广告语（"怕上火"），甚至只用相似的广告创意（蓝色冰雪中有一个大的红罐和"怕上火"广告字样），已经在消费者心里打下了深刻的烙印。既然消费者就认准了它（红罐、凉茶、"怕上火"三位一体），那就告诉消费者，加多宝就是它，而不是一个新的品牌。

于是，重新定位的广告语出炉了："怕上火，现在喝加多宝。全国销量领先的红罐凉茶改名加多宝，还是原来的配方，还是熟悉的味道。怕上火，喝加多宝。"新的定位，用通俗的语言安抚消费者——是的，你记得没错，这就是你以前喝的凉茶领导者，现在改名叫加多宝了。将王老吉在消费者心智中的烙印承接过来，完成了惊险的乾坤大挪移。

新的定位广泛传播，大量的顾客已经转向了加多宝之后，这时候就应该去除改名信息，回归到"凉茶领导者"的定位上，这是压制竞争品牌的最有力武器。广告的改变顺理成章，"怕上火，更多人喝加多宝。中国每卖10罐凉茶，7罐加多宝。配方正宗，当然更多人喝。怕上火，喝加多宝。"

加多宝经营凉茶十几年，在改名前就已经围绕"凉茶领导者"建立了成熟的战略配称系统。重新定位为"改了名字的凉茶领导者"后，加多宝又能迅速围绕新定位形成独特而强有力的战略配称，包括生产能力、渠道能力、快速的市场反应能力和创新传播能力。

加多宝凉茶，一个新品牌，经历定位和重新定位，完成了惊险一跳，成功保留了凉茶领导者地位。这再次说明，一项产品或服务，最有价值的是在顾客心智中占据一个有利位置，这样，心智定位就成了企业的第一资源——心智资源。加多宝凉茶的胜利，在于在顾客心智中重新夺回了凉茶这个心智资源。

加多宝2012年上半年品牌地震之后，临时启用的应急广告词是"怕上火喝正宗凉茶，正宗凉茶加多宝"，对消费者发起正面进攻，按照定位理论看来，这就属于企图改变顾客的心智。原先顾客心智中的印象是"怕上火喝王老吉"，现在有一个新的品牌进来，想大声告诉顾客，现在，怕上火不要再喝王老吉了，应该改喝名为加多宝的正宗凉茶。有人会说，这种战略也有一定的胜算，毕竟加多宝有丰富经验的管理层、成千上万的促销员铁军、宽裕的广告预算、压倒对手的资源优势，理应能够打造一个新的品牌。当初是怎么把王老吉做起来的，现在可以一模一样再造一个加多宝。

然而，此一时、彼一时。当初做王老吉的时候，中国消费者心中的凉茶市场是白纸一张，谁第一个站出来，谁就成了消费者心智中凉茶的代表。经过十几年的深耕细作，王老吉已经深深植入到消费者心智中。消费者在此时已经心如铁石，无论你花多少钱砸广告，也难以穿透消费者心中的铜墙铁壁。对消费者、经销商的调研也说明了这一点，终端消费者对"正宗凉茶"的广告感到困惑不解，广告投入虽然不少，但是效果并不尽如人意。

新广告语在一夜之间出现在各种媒体、商超、小卖部、餐饮渠道上，在饮料销量最旺的夏季狂轰滥炸了几个月。等到冬季到来，加多宝被禁止使用这条更名广告时，商业上的实质意义已经不大了，因为全国消费者基本上已经被"洗礼"了一遍，都知道凉茶领导者改名为加多宝了。

这条广告，说明加多宝的定位是"凉茶领导者"，是正宗货，整个广告语听起来语气也轻松了很多。这条广告创意和香飘飘奶茶的"一年卖出七亿多杯，杯子连起来可绕地球两圈"如出一辙,后来也被不少知名企业套用,比如"中国每卖出 10 台大吸力油烟机,就有 6 台来自老板""对不起。目前,10 个人中还有 4 个人没有机会享受京东的优质服务"等。

经过这两条重新定位的广告反复轰炸之后,凉茶市场的秩序基本大局已定,消费者心智中已经潜移默化地接受了各个品牌的地位和排序。此后双方的一些战术动作,对全局的影响已经不大了。

加多宝的重新定位,是中国市场营销历史上一个绝无仅有的案例。

根据媒体的公开报道,加多宝和广药王老吉双方的销量都在增长,凉茶也从一种不为人知的地方性药饮,变成了继碳酸、果汁、茶饮料之后的饮料第四大品类。事实上,媒体对整个事件的广泛持续报道,使消费者、零售商对凉茶有了很大的兴趣,从一个侧面不经意间提高了整个社会对凉茶行业的关注度。

管理学界普遍认同,真正强大的品牌必然诞生于高水平的激烈市场竞争中。有强劲的对手,才会促使企业不断创新、进步。从这个意义上看,经过这一场洗礼的加多宝,积累了更加丰富的管理经验,面对未来的竞争,甚至在走向国际的征途上,底气会更足。而作为旁观者,众多中国企业的管理者目睹了这一场惊心动魄、史无前例的凉茶大战之后,相信也会各自学到不少管理经验,带领自己的企业上一个新的台阶吧。

案例 4.2.6 耐克公司的 STP 战略

耐克公司的前身是由俄勒冈大学毕业生比尔·鲍尔曼与菲尔·奈特共同于 1963 年创立的"蓝带体育用品公司"。1972 年,公司更名为耐克公司。耐克公司致力于为运动员提供最好的体育用品,公司的理念是用最先进的技术生产最好的产品。因此,耐克公司投入了大量的人力、物力用于新产品的开发与研制。

经过近 40 年的努力,耐克现今已经成为全球体育用品界的霸主。在 2010 年的 BrandZ 全球最具价值品牌排行榜中,耐克排名第 59 位。

1. 市场细分

耐克公司主要生产体育用品,包括各种球鞋、运动服、护具等。除了专业的运动用品外,耐克还生产偏向于运动色彩的休闲用品,比如经典的 Blaze 鞋款。

基于这样的产品理念,耐克公司对全球市场进行了详细的分化。在年龄领域,耐克将主要市场定位于年轻人。年轻人喜爱运动,追求时尚,对于品牌的认同感强烈。同时,耐克还将市场重心定位于有一定收入基础的中年白领阶层,他们的生活较为富足,对于生活质量的要求高,渴望运动且消费能力强。

在收入范围内,耐克产品几乎面向所有收入阶层。随着人民生活水平的普遍提高,参加各种体育锻炼已经成为人们的一种生活趋势。因此耐克抓住这一机遇,推出了各种价位的体育用品,可以满足不同收入的体育锻炼爱好者。

在专业程度范围内,耐克并没有拘泥于某一范围,而是事无巨细地对任何专业程度的体育爱好者都设计生产了各具特色的体育用品。上至参加奥运会的最专业的运动员,下到普通的体育爱好者,都可以在耐克找到适合自己的体育用品。

耐克起源于美国,现今其业务已经发展到全球范围内,成为世界上最大的体育用品公司。耐克在中国市场的业务量与收入在近年来迅猛增长,已经成为除美国本土以外的最大市场。耐克在全球范围的业务开展十分成功，其营销战略也已经成为许多专业学者研究的对象。

综合来看，耐克的市场主要定位于喜爱运动与时尚的年轻人、中等及较高收入阶层的渴望运动的年纪较大的人群，其特点是喜欢运动，对于产品外观及性能要求较高。

2. 市场选择

（1）评价各细分市场。

1）年轻人。现今全世界范围内的人民生活水平普遍提高，所以青少年群体手中可支配的现金大幅增长，而且受新的生活观念的影响，青少年的消费观念极其开放，因此这个群体的消费能力十分强大，是当下任何商家都渴望而且必须把握的市场之一。

年轻人活力充沛，易受到各种思想以及行为的影响，追求强壮，并渴望在特定的运动项目上取得出色的表现是年轻人永恒不变的追求。因而生产具有高性能以及高舒适感的运动产品将是赢得年轻人市场的法宝之一。同时，精心设计的款式以及华美的设计也是年轻人非常重视的。如何别出心裁地设计出引领潮流的产品品种，也是运动产品商所必须要考虑的。

2）中年人。随着生活水平的提高，大部分人的温饱问题解决后，如何生活得更加健康成为了现代人关注的重点。体育锻炼作为增强体质、增进健康的十分有效的手段，在人民生活中的地位越来越高。加强体育锻炼已经成为一种广泛的潮流。这种新的生活方式值得生产商注意。

（2）选择目标细分市场的战略。

面对复杂的市场变化，单纯地选择任何一种目标市场战略都是不足以取得成功的，优秀的企业应该学会如何运用多种战略。耐克便是其中的翘楚之一。

1）无差异营销战略。对于一些经典的产品，耐克采用了无差异营销战略，比如曾经在《阿甘正传》中出现的 Cortez 鞋款、Air Force 1 鞋款等。因为此类鞋款在全世界范围内的影响非常大，甚至已经发展成为了一种文化现象，就像课本中出现的"可口可乐改变配方"一样，不适宜进行大刀阔斧的改造。耐克在维持每年此类经典鞋款的产量之外，还以此为基础，以新技术作出部分修改，然后作为补充上市。而经典鞋款的不同配色、特别版本层出不穷，以此吸引老顾客的不断光顾。

2）差异性营销战略。毋庸置疑，耐克是体育用品领域做得最好的商家。耐克几乎覆盖了所有的体育专业领域，即使是在看来较为冷门的体操运动上，耐克也成功地在 2008 年推出了第一款体操运动员用鞋。在最热门的足球、篮球、跑步等领域，耐克每年推出的新款种类不下上万种，几乎完美地为所有人群提供了合适的产品。

其中的经典代表是篮球鞋。耐克每年为自己旗下的顶级巨星设计符合其个人特点的专属签名鞋，同时还设计符合绝大多数普通爱好者的鞋款。这些鞋款由耐克签约的普通球员在常规时间内穿着，起到了非常好的广告代言作用。

2009 年 12 月 25 日，耐克为旗下巨星科比·布莱恩特设计的 Zoom Kobe 4 代球鞋正式上市。在此之前，耐克设计的 Hyperdunk 鞋款早已经在篮球鞋领域掀起了巨浪，这款经典鞋得到了 NBA 内 100 多名球员的喜爱，甚至有许多非耐克签约球员也纷纷换上了 Hyperdunk。同时，科比的第四代签名鞋也得到了热卖。最终，耐克在两大领域都取得了十分耀眼的成绩。

3. 市场定位

(1) 市场定位的步骤。

1) 识别潜在竞争优势。阿迪达斯、锐步、彪马、新百伦以及中国市场的李宁、安踏、匹克等，都是耐克的直接竞争者。相比之下，竞争对手们的业务经营情况虽然不及耐克，但并不能否认其未来的增长能力。比如阿迪达斯去年的篮球鞋市场，因为 NBA 新科 MVP 德里克•罗斯是阿迪达斯旗下签约的缘故，耐克的篮球鞋业务受到了一定影响。

2) 企业核心竞争优势定位上，耐克的优势在于科技研发、品牌知名度上。

3) 制定发挥核心竞争优势的战略。以自己的优势为基础，耐克主力宣传产品的科技含量、产品质量以及舒适度，并以巨星战略加强产品推广，取得了很好的业绩。

(2) 市场定位战略。

1) 产品差别化战略。在实施差异营销战略的基础上，耐克在未来还打算进一步细化产品市场。比如于 2008 年推出的 NIKE ID 业务，消费者通过网上自行设计的方式，可以自己设计喜欢的配色、款式、特殊标记等，这就为消费者提供了更加自由的选择空间。

2) 形象差别化战略。在形象代表一切的世界里，耐克是全世界最多人认得的标志之一。要了解耐克的成功与企业文化，对于其标志的了解是不可或缺的，因为它是让耐克品牌变得无所不在的商业标志。由于实在太知名，以至于在耐克的广告中只见到耐克的标志，而没有看到公司的名字，因为他们有充分的把握，人们看到这个符号就知道这是耐克，无须出现只字片语。耐克的标志已经成为耐克用来提高品牌价值、知名度，以及地位的圣像。

为什么这个标志对于耐克的企业文化这么重要？理由是它与美国的古老智慧"只管去做"（Just Do It）密不可分。耐克不只卖运动鞋，它所出售的是一种生活方式，这是它成功的关键。这个标志对于人心的激励，以及这一哲学背后的干劲与决心，是与每个人都有关的，不管你是不是运动员，耐克运用一种励志式的语言来激发消费者。不管你是谁，你的头发或皮肤是什么颜色，你遭遇了身体上或社会生活中的什么局限，耐克都会说服消费者，你一定可以办到。它告诉人们要振作起来，抓紧人生的方向盘，并且采取行动。在"只管去做"的广告词背后，是一个非常美国式的意识形态；然而，随着全球化的进展，原来是美国意识形态的东西，变成了一种全世界共同的渴望，渴望能有一个公平的竞技场，可以让人们不只在运动方面，而是在人生的每一层面都一争短长。这可以追溯到美国早期的拓荒者精神，以及他们对成功的渴求。耐克无疑是将伟大的美国梦行销全球，并且提倡其工作伦理；耐克告诉它的消费者，如果你下定决心，奋斗不懈，你就会超越他人，征服一切。借由这样的方法，即利用人们对于成功的热切渴望，耐克也创造出了它自己的一种人格与态度。通过巧妙地运用一句非常简单的广告妙句，它成功地将一种生活态度融入其所出售的商品中。

4.3 课外思考案例

案例 4.3.1 江崎糖业公司成功之道

日本泡泡糖市场年销售额约为 740 亿日元，其中大部分被"劳特"所垄断。可谓江山唯"劳特"独坐，其他企业再想挤进泡泡糖市场谈何容易。但江崎糖业公司对此却不畏惧。公司成立了市场开发班子，专门研究霸主"劳特"产品的不足和短处，寻找市场的缝隙。经过周密的调查分析，终于发现"劳特"的四点不足：第一，以成年人为对象的泡泡糖市场正在扩大，而"劳特"却仍旧把重点放在儿童泡泡糖市场上；第二，"劳特"的产品主要是果味性泡泡糖，而现在消费者的需求正在多样化；第三，"劳特"多年来一直生产单调的条板泡泡糖，缺乏新型式样；第四，"劳特"产品的价格是110日元，顾客购买时需多掏10日元的硬币，往往感到不便。通过分析，江崎糖业公司决定以成人泡泡糖市场为目标市场，并制定了相应的市场营销策略。不久便推出了功能性泡泡糖四大产品：司机用泡泡糖，使用了高浓度薄荷和天然牛黄，以强烈的刺激感或消除司机的困倦；交际用泡泡糖，可清洁口腔，祛除口臭；体育用泡泡糖，内含多种维生素，有益于消除疲劳；轻松性泡泡糖，通过添加叶绿素，可以改变人的不良情绪。并精心设计了产品的包装和造型，价格为50日元和100日元两种，避免了找零钱的麻烦。功能性泡泡糖问世后，像飓风一样席卷全日本。江崎公司不仅挤进了由"劳特"独霸的泡泡糖市场，而且占领了一定的市场份额，从0猛升到25%，当年销售额175亿日元。

思考：

你认为江崎公司成功的经验是什么？

案例4.3.2　"新生代普洱"路在何方

旅居美国的生物学博士葛利掌握着一个独门技术——酿茶。圣诞节的前一天，他下定决心回国创业。

葛利拒绝了食品行业巨头美顿公司意欲高价购买他技术的请求。葛利的妻子艾婉婉眼见着丈夫将送到手边的钱推了出去，十分生气。为了争取妻子的支持，葛利耐心地向妻子诉说了心底的伤痛和梦想。酿茶是葛利祖辈传下来的私房制茶手艺。葛利曾在实验室中对老家的茶曲进行了研究，发现里面含有对人类十分有益的食用复方益生菌群。用该菌群酿造的茶类似普洱，但保健功效更强。葛利希望能将这个私房酿茶技术产业化，帮助家乡的父老摆脱贫穷。更重要的是，这种新生代普洱茶可以克服我国发酵茶出口的障碍，因为很多微生物不可控制，我国的发酵茶很难通过欧美的食品检疫。

艾婉婉最后决定与丈夫一起回国。回国后，她介绍葛利认识了自己的大学同学，在哈佛商学院当教授的桑妮。葛利与桑妮讨论创办新生代茶产品公司的想法，并提出合作意向。

葛利手工作坊的"产品"口感终于达到他的及格分。可是，他需要更多证据来证明这些茶叶的品质，为以后做宣传。葛利决定去云南拜访名师，几经周折，他终于见到了普洱茶专家周师傅，周师傅品鉴了葛利带去的茶叶，给予了高度评价。

接下来，葛利在家人和朋友的帮助下，为原料、厂房、制茶工而奔波忙碌。一年后，"古巢茶叶公司"成立了，此时他已经有了一个一次性量产100吨成品茶叶的工厂，还在广州和上海的茶叶批发市场各有一个门店。三人创业团队中，他当总经理，另外两位合伙人：一个是桑妮，负责市场营销和传播策划；还有一个是他的弟弟葛龙，负责茶叶批发市场的门店。

产品出来了，但创业团队对目标市场产生了分歧。三人经过第一轮讨论，基本同意将目标锁定在两类客户：一类是核心目标客户，女性，受过高等教育，工作和生活压力大，收入中等以上，希望生活的细节都美好温馨，而且关注养生和保健；还有一类是延伸目标客户，男性，受过高等教育，工作和生活压力大，收入中等以上，追求个人品位，有比较强大的自我意识。

然而，三人都知道这两类客户是慢热型的，而葛利希望自己"苦酿"了三年的产品能一上市就引起轰动。他坚持将目标市场进一步扩大至两类外围客户：一类是普洱爱好者；另一类是对中国文化感兴趣的外国人。

于是，新问题出现了，古巢的茶产品是卖给原本就喝普洱的人，还是从来没有喝过普洱的人？桑妮认为他们必须就此达成共识，因为这将决定产品走什么路线，而且关系到产品的包装和名称。

桑妮主张脱离普洱茶的概念，推出一个新品类——"益生茶"，而葛利主张打"新生代普洱茶"牌。他说既然大家都知道普洱茶，而且大都觉得普洱茶是健康的，那为什么不利用消费者这些已有的知识呢？桑妮没有放弃，她说企业初创，没有任何融资支持，而且在茶叶市场上，古巢公司和酿茶都是生面孔，想让消费者改喝他们的新品牌普洱，必须要花巨资做广告，可他们根本没那么多钱投广告，只能利用经销商的力量将新品推向市场。

葛利觉得桑妮说的不无道理，但他等不及，公司已经面临着现金流的压力。而且葛利有很强的"普洱情结"，用新技术为普洱创一条新路也是他最初的梦想之一。葛利的"新生代普洱"之路当真没有希望吗？

思考：

葛利的创业团队到底应该如何取舍和平衡，选择并聚焦目标细分市场，确立强有力的品牌和产品定位呢？

案例4.3.3　高端市场还要坚守吗

上海金宝母婴用品有限公司创始人贺一鸣的创业史就像一本品牌推广实用手册。在母婴行业经历了十年浮沉后，嗅觉敏锐的他发现了新的商机和市场空白点——母婴营养品，他希望在这片蓝海中开创属于自己的品牌。于是就有了他带领金宝基于"反向OEM"来塑造品牌的故事。

贺一鸣将自己的品牌定位为高端母婴营养品专家，选取一线城市80后的年轻妈妈作为目标客户，为她们提供国际顶级的母婴营养品。他采取了逆向思维——找全球顶级供应商为自己代工。

机缘巧合，蜚声业界的DHA藻油原料提供商美国杰瑞思公司也在寻找有丰富从业背景的中国代理公司。贺一鸣凭借业界的良好口碑成为其产品在中国的唯一代理，并为自己引进的产品创立了金宝品牌。之后，金宝很快又与德国西姆公司签订了维生素系列的独家采购协议。

经历了消费者培育、口碑营销和渠道整合的品牌扩张三步走之后，金宝在线上、线下全面开花。目标人群的品牌认知度达到30%，品牌忠诚度更是高达70%。

可贺一鸣最近常常在思考：金宝的品牌推广的确很成功，但由于没有研发生产能力，受产品供给企业的制约很大，也许很快会遇到增长乏力的问题。

这时，杰瑞思公司的中国区总裁雅克来电，约贺一鸣共进午餐。上菜前，雅克传达了

第4章 目标市场营销战略

公司总部的决定：这次续约会将佣金下调6个百分点，这意味着金宝的利润空间又要被压缩了。贺一鸣以公司成本过高为由，希望雅克能够通融，雅克却只是建议他提高售价。

贺一鸣思忖，经济不景气，高端产品本来就不好卖，况且在品质没有提升的情况下不便轻易提价。看来杰瑞思公司下调佣金势在必行，他目前唯一能做的就是在这6%中周旋一下。

没过多久，分管品牌合作的副总郁磊给他带来一个好消息。他一直在跟的法国阿尔勒公司的益生菌产品的引进有了眉目，已经进入到合作条款的磋商阶段，顺利的话月底就能拿到代理合同，金宝的品牌家族即将增添一位新成员。

按照郁磊的想法，金宝只要不断寻找顶级供应商，他们就会有更多的选择，更多的选择意味着更多的议价筹码。随着金宝家族的不断壮大，若干年后，消费者甚至忘记了金宝是哪个国家的品牌，只知道国际顶级的母婴产品都汇聚在这里。

贺一鸣的高兴劲儿还没过，郁磊紧接着说了两个坏消息：一是乳品行业巨头开元集团最近动作频频，不但开始插手母婴营养品种类，更针对低、中、高端市场分别推出不同的产品系列，尤其是它的高端产品也加入了国际元素，大有与金宝一较高下的架势；二是食药监局为稳定物价，控制进口食品增长过快，而增设了一些技术标准的限制，虽然这次的限入令对金宝的波及不大，但下一次就难说了。

贺一鸣和郁磊窝在公司小会议室里，将自己与对手的优劣势做了一番比较，金宝的优势在于进入市场早，产品全部采用原装进口，在高端市场的消费者中享有良好的口碑；对手的优势则更明显，规模大，资金充足，品牌知名度高，宣传能力、渠道铺货能力强，产品覆盖范围广。

贺一鸣自问，一旦对手火力全开，公司苦心建立的先发优势是否还能维持？高端市场的份额本来就有限，金宝即使拼尽全力，也架不住财大气粗的对手对顾客的狂轰滥炸；再加上食品进口受到越来越多的限制，前路变得更加晦暗难行。而中低端市场，金宝又未曾涉足，根本无从获利。看来，他认定的"最佳搬运工"模式受到了市场的挑战。

他最终还是在白板上写下了"是否要向下延伸"这几个字，就公司目前的产品来说，成本都比较高，往下走的可能性基本没有。他转头看向郁磊，郁磊正在金宝的劣势一栏写下了"没有自主研发和生产能力"，这的确是金宝的硬伤。

一个开元就令他们如临大敌，今后势必会有更多的"开元"，当市场成了红海，金宝要如何安身立命呢？突然，他灵光乍现，提笔画了一条长长的线，将自己写的"是否要向下延伸"和郁磊写的"没有自主研发和生产能力"连在了一起，并在线上加了一句：看一看本土研发生产团队。

自从小会议室里的一番谋划后，郁磊便开始积极寻找国内的母婴营养品研发生产公司，很快就从中筛选出几家条件不错的，贺一鸣选择了本地小有名气的聚力生物科技公司，并提出了拜访的请求。聚力公司的总经理姜翰亲自接待了他们。

一路上，姜翰给他们介绍了聚力的产品及销售情况，目前聚力自主研发的产品主要有维生素、液体钙、血宝等。聚力的销售是典型的墙内开花墙外香，国内市场一直不温不火，但在东南亚市场倒是颇受欢迎。贺一鸣觉得，聚力的价格其实很有竞争力，如果遇到好的推手，完全能够满足中国中低端市场的需求。

贺一鸣提议去线上看看。偌大的生产车间整洁明亮，工人们戴着帽子和口罩有条不紊地劳作着，车间角落的出货区，已经装箱的产品码放得整整齐齐，他对聚力的印象大大加分。

出了车间，贺一鸣与姜翰聊起了未来的打算，姜翰坦承，对生产研发型的企业来说，最缺的永远是资金。研发的周期一般都比较长，没有资金支撑，半途而废的概率很高。如果金宝注资，他们就能强强联手。金宝可以因此填补研发和生产上的空白，而聚力也能有更好的销路和发展。这是个不错的提议，贺一鸣盘算着，是时候和团队摊牌了。

在公司的品牌战略会上，贺一鸣将最近发生的一些情况及见闻跟团队介绍了一番。

销售部经理黄鹤认为，金宝的定位没有任何问题，应该继续与顶级供应商合作，坚守高端市场。此外，金宝可以考虑为顾客提供更多的产品，将来还可以把眼光放向更多品类，成为一个母婴类的大品牌。

客服部经理叶小满带来了一些顾客信息，一方面很多顾客都鼓励金宝开发全系列产品，这样他们就不用费心去比较各款同类产品的优劣，也不用担心买到假货。但是另一方面，10％的顾客觉得金宝的定价太高，9％的顾客只在店铺促销时才购买，如果对手推出的同类产品在价格上占优势，金宝很可能失去现有的顾客。

市场部经理韩思悦则从另一个角度来看问题，金宝可以针对部分价格敏感型顾客或者是中低端市场开发一个全新的品牌，这样不仅可以抵御对手的低价进攻，还能保护公司的高端品牌免受冲击。郁磊迫不及待接过他的话，指出要实现韩思悦的想法无法跳过一个步骤，即要考虑产品成本。就目前的产品成本来说，向下走是不可能的。如果可以通过并购或合作拥有研发和生产能力，就不用受制于人，也可以更方便地开拓市场。金宝要发展壮大，走实业之路是一个必然的选择。

但黄鹤并不看好向下延伸，首先中低端市场金宝非常陌生，这意味着一切必须从头开始。如果要想双线并行，很可能顾此失彼，到头来一个都做不好，能力决定了金宝只能聚焦，并且小而美才是未来的趋势。而且拥有生产研发能力这件事，他也觉得不靠谱，金宝能投多少钱，又能持续多少时间？

贺一鸣沉默了，自金宝品牌创立以来，它一直坚定地奋斗在高端市场，并在这块市场上有着成熟的品牌推广和产品销售方式；专注于高端定位，也能更好地维护公司苦心经营的品牌形象。

可是近年来，国外厂商给的利润空间越来越小，进口食品的限制却越来越多，加上对手又来切分蛋糕，金宝恐怕难以招架。如果公司获得了研发和生产能力，凭借现有品牌的影响力，无疑能掌握更多的主动权。

然而，与本土厂商合作开发中低端产品，也存在诸多问题：首先，原来建立的渠道肯定无法共享；其次，品牌一旦向下延伸，可能会令公司目前的高端形象受损，万一两头踏空，公司将面临生存危机；再次，研发与生产需要持续的资金投入，公司能否满足呢？

思考：

金宝究竟是继续与国际顶级厂商合作，坚持高端路线，还是想办法获得生产和研发能力，向下延伸品牌？

案例 4.3.4　上海老年用品市场细分

随着社会敬老风气的弘扬，上海老年用品市场呈现新亮点，老年人吃、穿、用商品得到有效开发，并成为新的经济增长点。据统计，中国老龄人口将达 4 亿，上海现有 60 岁以上老人 233.57 万人，占总人口的 18%。老年用品市场是夕阳事业中的朝阳市场，具有很大的发展潜力。特别是在社会保障体系日趋完善、老年人生活质量大为提高、生活方式发生巨大变化的情况下，这一市场将越发显得生机勃勃。

目前，上海老年用品市场出现了细分化的特点，按年龄划分为三段：60～70 岁的，突出旅游文化用品的需求；70～80 岁的，突出自我保健，生活自理用品的需求；80 岁以上的老人，突出延年益寿、保健康复用品的需求。

老年食品市场如今丰富多彩，不仅有传统的甜酥食品、休闲食品、时令糕团等食品，还有保健食品、食疗食品、绿色食品，以及讲究热闹、体现情趣的寿星宴、寿星面等情趣食品，并有适应老年人常见病和多发病治疗控制、调理、进补的食品补品和药品。

穿着用品市场里，不仅有按照老人体型特制的特定规格的服装、皮鞋、布鞋、运动装、帽子，还有老年人用的化妆用品，包括乌发娟油膏、抗皱护肤用品、淡妆化妆品以及以黄金和玉石为主的首饰用品。

日用品市场不仅供应老人晨练用的健身球、健身剑、运动衫、运动鞋等体育锻炼、健身、健美用品和老人修身养性用的琴棋书画用品、报纸杂志影碟用品、种养的花卉，还有让老年人耳聪目明的助听器、老花眼镜、放大镜及健脑防衰老的老人玩具，还有让老年人学会自我保健，能有效地控制老年人常见病、多发病的自我测量仪器和自我治疗仪器等。

老年用品市场还推出了网上购物服务，让老年人在家中就享受到上门送菜、上门烧菜、上门治疗、上门理发、上门授教等服务。

但从上海老年用品市场的总体情况来看，目前还仅是零敲碎打，鲜有老年用品的专卖店、连锁店，没有系统的老年用品网上购物网络，对老年用品细分化的市场没有大力开拓。对于企业而言，目前应当把眼光放远，着意开发多元化、多特色、多档次、多样式的老年用品市场。

满街的时装店开得比金铺、米店还要多，但望衣兴叹，抱怨购衣难、制衣难的上海中老年消费者依然大有人在。岁月流逝青春不再，要么是服装尺码规格对不上路、配不上号，要么是款式陈旧、面料灰蓝黑，连老太太们都看不上眼。据说，服装生产部门也有难言之隐，发福女性身材的各部分尺寸比例可谓千差万别，别说千人千面，统一版样根本无法确定，就是核算成本、定价格也难，占料、用料大了，价格一冒高，买主往往以为：莫不是你乘人之"难"非得宰我一刀不成？

位于老西门的上海全泰服饰鞋业总公司，近年来为中老年顾客解决购衣难的问题，已经是全国出了名的。但毋庸讳言，以往的解难偏重于拾遗补缺，主要集中于规格、尺码、特殊体形、特殊需求的"量"上的排忧解难为多。随着时间的推移，银发世界里如今新成员与日俱增，其中不乏昔日穿着甚为讲究的新一代白领女性。如果说以前在穿衣戴帽的选购上，她们能够随心所欲的话，如今也终于尝到了购衣难的苦头。"全泰"也因此专门为中老年职业女性的服饰配套问题进行探索。他们遴选公司各系统部门的精兵强将，集中优势人力和物力开展个性化的服装产销咨询、设计、制作一条龙的特色服务。具体的做法是，推选上海市商业系统职业明星和服务品牌、市劳模胡伟华创建的"中老年服饰形象设计工作室"担唱主角，由资深样板师杜福明等主持裁剪，加工制作师傅均须经过严格技术考核并持有 5 级以上证书。公司还专门委派采购人员分赴市内、市外各面料生产和出口主营企业翻仓倒库，寻觅花色繁多的小段"零头布"作为独家拥有的"个性化面料"，提供形象设计、来样定制、来样定做、来料加工、备料选样定制，诸多"小锅菜"齐上桌，深得消费者的喜爱。

思考：

1. 请找出老年用品市场的细分标准，并描述在此标准下划分出的子市场。
2. "全泰"所选定的目标市场有哪些特征？这个目标市场是通过怎样的细分过程来确定的？

第 5 章

产 品 策 略

5.1 教学导入案例

案例 5.1.1　星巴克——提供的不只是咖啡

"我不在办公室就在星巴克，不在星巴克就在去星巴克的路上"。

这是星巴克曾经使用的一句经典的广告词。它向我们揭示的是星巴克提供给顾客的独特体验——爱静人士的"第三空间"。

星巴克（Starbucks）是美国一家连锁咖啡公司的名称，成立于 1971 年，是全球最大的咖啡连锁店，其总部坐落于美国华盛顿州西雅图市。星巴克旗下零售产品包括 30 多款全球顶级的咖啡豆、手工制作的浓缩咖啡和多款咖啡冷热饮料、新鲜美味的各式糕点食品以及丰富多样的咖啡机、咖啡杯等商品。星巴克在全球范围内已经有近 21300 间分店遍布北美洲、南美洲、欧洲、中东及太平洋地区，拥有员工超过 117000 人。星巴克 1998 年进军中国市场，截至目前已在中国开设了 430 多家门店，其中约 200 家在大陆地区。

烘焙着世界上最优质阿拉比卡咖啡豆的星巴克，如今已将咖啡变为一种载体，而通过这种载体，星巴克把一种独特的格调传送给顾客。咖啡的消费很大程度上是感性的文化层次上的消费，于是这里便成为了除了咖啡之外的文化沟通场所。

一位喜欢星巴克的网友曾在微博中写道：不知道从什么时候起，爱上去星巴克。喜欢它宽敞的空间、创意的灯光、加厚的沙发、有情调的音乐、免费的上网服务等，那段时间，它变成了我工作场所和家庭以外的第三个地方，很多时候，尽管家里有无线网，我还是会经常背着笔记本，溜到星巴克，待一下午，在适当的时机我会点一杯精品咖啡——你懂的。不能否认，星巴克所倡导的"第三空间"已在不知不觉地影响着中国城市的生活。

那么这家咖啡连锁店是如何闯入原本没有"咖啡文化"的中国内地市场并至今开出 1700 多家门店的呢？答案也许是靠咖啡烘焙商、第三空间、社区互动、伙伴这四大"标签"。

走进星巴克，你会看到：舒适的木质桌椅，舒缓的爵士，暖暖的米黄色灯光，还有极其考究的咖啡制作器具，烘托出一种典雅、悠闲的氛围。鲜艳的绿色美人鱼标志，艳丽的墙面时尚画、艺术品、悬挂的灯、摩登又舒适的家具，给人以一种标志性的星巴克式体验。这里是除家庭和办公室以外精神栖息的"第三空间"，是和好友伙伴共享的一份宁静舒适。

星巴克请专门设计师来设计咖啡店的店面，为顾客提供舒适优雅的消费环境。星巴克门店的座位区包括工作区、休闲区、洽谈区等多个区域，动线设计也体现在区域的进出路径上。不同的区域主要通过桌椅的式样和高度进行区隔。在星巴克，有 4 种高度的桌子和

3种不同等级的椅子的高度，样式则有100多种。休闲用的桌椅较低，固定式的稍微高点，咖啡馆式的再高一点，吧台椅子最高，方便和咖啡师面对面交流。吧台椅子还会被设置在窗户或者有玻璃的门旁边，方便看外面的景色。对于一家门店来说，灯光的设计也是重头戏。例如区域之间，除了通过不同的桌椅加以区隔，也可通过灯光的明亮和阴影间隔，作出区隔。星巴克门店多使用点光，星星点点的射灯位置很有讲究。每盏灯之间的距离都是经过测算的，所以会有阴影区和明亮区，且射灯可以360°旋转调整方向，你会发现，无论坐在哪一个方向，灯光都不会直射在你的脸上而感到晃眼。

星巴克从咖啡豆的品种、产地到颗粒形状、烘焙方法，建立了一整套的精细标准。从咖啡树上采摘下来的一粒果实，直到送到人们手上的一杯咖啡，平均要经过34双手的传递、跨越7458千米的奇妙旅程。星巴克对于卓越品质的激情始于咖啡原产地。2015年，星巴克采购的咖啡99%都通过了《咖啡和种植者公平条例》认证。2016年5月17日，星巴克发行了全美首个企业可持续发展债券，总额为5亿美元，以支持星巴克咖啡的道德采购行为。债券募集资金所支持的项目，将确保星巴克采购的咖啡无论在种植还是在分销方面，都能保证长期发展，例如为工人提供合理的报酬、保护野生动物等。星巴克在全球设立了8家咖啡种植者支持中心，其中一家在中国云南普洱。目前，云南普洱已经有1200多家农场，近18万亩良田，通过了严格的"咖啡和种植者公平条例"认证，从而确保星巴克能采购到高品质的咖啡。

目前，星巴克中国已经配备了3家标志性的星巴克旗舰店、55家星巴克臻选门店、200多家手冲咖啡门店，以及上千名咖啡大师，推出了比如虹吸、黑鹰、冷萃等多种咖啡煮制方式，以满足顾客对精品咖啡的追求，并带来独特的超值体验。

如果顾客对咖啡豆的选择、冲泡、烘焙等有任何问题，咖啡师傅会耐心细致地向他讲解，使顾客在找到最适合自己口味的咖啡的同时，体会到星巴克所宣扬的咖啡文化。

2016年10月星巴克以"找到你爱的那一杯"为主题开启了星巴克咖啡文化节，作为文化节的重头戏——咖啡教室日活动，在全国110多个城市的2000多家门店同步开课。在短短1个小时的时间里，1万名热情专业的咖啡师和4万名咖啡爱好者，用10万杯咖啡创造了星巴克中国史上最大规模的咖啡教室。

从北京到海口，从上海到成都，精心准备已久的咖啡大师走出"吧台"走上"讲台"；同时，四面八方的咖啡爱好者也从公司出发，从家里出发……不约而同地走进全国各地的星巴克咖啡门店，在咖啡大师的带领下开始闻香、吮吸等一系列品鉴环节。这一刻属于所有爱咖啡的人，大家都放下了身份和标签，为了同一个梦想聚在了一起，因一杯咖啡相识，也因为一杯咖啡而成为无所不谈的好朋友。

无形之中，咖啡似乎以一种特有的方式连接了每一个人，甚至与世界相连。咖啡教室日活动不仅是咖啡大师施展技艺的舞台，更是咖啡爱好者激发咖啡热情的节日。通过咖啡课堂，咖啡爱好者不仅了解了最新的咖啡知识，更懂得了手中的那一杯咖啡，还因此连接了更多的星巴克伙伴和志同道合的朋友。

星巴克前执行副总裁霍华德·毕哈在自己的书《一切与咖啡无关》中，这样讲述着星巴克的价值取向和企业文化，"我也知道，无论发生什么，星巴克员工都要时刻关注咖啡和人。所以，新组建的那个团队做的第一件事，就是每次开会时都从咖啡的口味开始，因为这能使我们一直关注自己的'艺术作品'。我们要做的第二件事就是关注我们的客人……"。

星巴克出售的不仅仅是优质的咖啡、完美的服务，更重要的是顾客对咖啡文化的体验。

5.2 课堂讨论案例

案例5.2.1 海尔——世界品牌之梦

海尔公司于1984年在青岛创立，经过30多年的持续发展，从一个资不抵债、濒临倒闭的集体小厂现已发展成为享誉海内外的大型国际化企业集团。

据世界权威市场调查机构欧睿国际（Euromonitor）发布，2015年全球大型家用电器品牌零售量数据显示：海尔大型家用电器2015年品牌零售量居全球第一，这是自2009年以来海尔第7次蝉联全球第一。同时，冰箱、洗衣机、酒柜、冷柜也分别以大幅度领先第二名的品牌零售量继续蝉联全球第一。我们先来看看海尔品牌发展的历程。

2008年3月，海尔第二次入选英国《金融时报》评选的"十大世界级品牌"。

2008年，海尔入选世界品牌价值实验室编制的《中国购买者满意度第一品牌》，排名第四。

2012年9月10日，美国财经杂志《福布斯》发布2012年"亚洲上市公司50强"排行榜中国家电业海尔挺进50强，连续两年入围该榜单。

2012年9月17日，第18届中国品牌价值研究结果在英国伦敦揭晓。海尔以962.8亿的品牌价值位居榜首，连续11年蝉联中国最有价值品牌排行榜。

2013年，海尔大型家用电器零售量占全球11.6%的份额首次跃居全球第一。同时，在冰箱、洗衣机、酒柜、冷柜等产品线市场，海尔全球市场占有率继续保持第一。

2015年9月，《财富》（中文版）正式发布2015年"最受赞赏的中国公司"排行榜，海尔集团位列第5名。

1984年海尔只生产单一的冰箱，而目前它拥有白色家电、黑色家电、米色家电在内的96大门类15100多个规格的产品群，产品涵盖家电、通信、IT数码产品、家电家居、家居集成、智能家居、软件、物流、金融、保险、房地产、数字家庭、生物制药、医疗设备等多个领域。

海尔的产品出口到世界160多个国家和地区，海尔在全球有10大研发中心、21个工业园、66个贸易公司、143330个销售网点，用户遍布全球100多个国家和地区。2015年海尔全球营业额达到1887亿元。海尔品牌全球认知度2015年达60.7%，旗下海尔、卡萨帝、日日顺、GEA、三洋、AQUA、斐雪派克等品牌能够全方位满足全球用户的不同需求。

1. "砸出来"的海尔

大多数人认为海尔的名牌战略应该从1988年算起，然而，海尔创业初期的一切都告诉我们，从1984年开始，海尔走的就是一条品牌之路，而不是产品之路——甚至早期那些富有传奇色彩的质量历程。

1985年发生了一件令人至今记忆深刻的砸冰箱故事。那是海尔创业的第二年，正值改革开放初期，中国打开国门，众多企业引进了冰箱生产设备、技术，"大干快上"。那是一个供不应求的年代，被形容为"纸糊的冰箱也能卖出去"。但这一年，海尔砸掉了76台不合格的冰箱。

因为一位用户来信抱怨自己攒了多年钱才买的冰箱上有道划痕，公司开展质量调查，查出了仓库里有76台冰箱有类似问题，员工希望将这些有瑕疵的冰箱作为福利降价卖给员工，但张瑞敏的决定却是：砸了！

这个当时被不少人认为是"败家"的砸冰箱事件，却砸出了海尔员工"零缺陷"的质量意识！这一"砸"，将"零缺陷"的质量意识砸进了海尔成长的基因中——坚持制造中国名牌、世界名牌。

1988年，中国家电业的第一块冰箱质量金牌颁给了海尔。1991年，"海尔"又首次作为一个整体品牌向世人亮相：这一年，海尔成为中国十大驰名商标。此后，海尔挟早期品牌之威，以品牌本身特有的张力，实施了大规模的低成本扩张，促使海尔品牌的内涵更加丰富，海尔成功地从产品层面跃升到品牌层面。

2. 海尔的品牌意识

张瑞敏说：一个没有名牌的企业，只能是为别人做产品加工的企业。没有自己的名牌就没有自己的企业，也就没有自己的市场，没有自己的市场的经济，不成为市场经济。

什么是名牌？海尔认为：名牌不是靠检测出来的，也不是靠政府部门评出来的，名牌只能产生在市场上，在企业范围内不应有名牌的概念。按国家规定，冰箱表面检测在半米之内看不到划伤就算合格。海尔坚持贴近看，看不到划痕才算合格。

张瑞敏说：谁在市场上卖得快、卖得多、卖得贵，谁就是名牌。作为企业，总是要想到自己获得更多的利益，但还必须想到最大限度地满足消费者对产品价值的需求。满足双方的需要，才是正常的市场行为。作为企业，必须到市场上去看自己的产品是否真正受欢迎的好产品。

海尔提出了"先卖信誉后卖产品"的名牌意识，树立品牌美誉度。张瑞敏说：首先是知名度，只要有钱做广告就可以打开知名度；第二是信誉度，国家规定保修三年，你就做到保修三年，那么你就可以做到信誉度；第三最重要是美誉度，有口皆碑，能满足用户的潜在要求，这才是真正的名牌。质量是产品的生命，信誉是企业的根本，产品合格不是标准，用户满意才是目的。营销不是"卖"而是"买"，是通过销售产品的环节树立产品美誉度，"买"到用户忠诚的心。

3. 互联网时代的品牌新发展

品牌是企业用户资源的总和，本质上是企业对用户的承诺。海尔看来，互联网时代品牌要获取用户信任就必须跟上"用户点鼠标"的速度，通过创造全流程最佳体验来满足用户需求。

"没有成功的企业，只有时代的企业"，互联网时代品牌"以自我为中心"的路径已经走不通，必须转向与用户共创。海尔将创牌过程不再封闭在企业内部，而是变成用户参与的"人人创牌"的众创模式：一方面通过用户交互，把握用户痛点；另一方面借助互联工厂，让用户参与到产品的设计、研发、制造、销售、物流等全流程环节，实现最佳价值体验。进入互联网时代，海尔探索从传统的科层制企业转型成为共创共赢的创业平台，其目的是通过组织变革让每个人直面用户，让每个创客能够与"用户零距离"，打造出互联网时代的诚信品牌。

全球用户都是海尔产品的设计师。海尔全球用户已经遍布100多个国家，他们为海尔产品的持续迭代提供了创新方向。在海尔全球各区域的用户交互平台上，随时都能看到用户最新的想法以及他们对未来生活的设想，海尔大量的产品开发创意都来自于用户交互平台，例如印度Jhukna Mat冰箱、巴基斯坦断电100小时保温冷柜、日本手持洗衣机Coton等。

品牌是一种感受，是一种评价，是企业文化的结晶。创立于1984年的海尔，从亏空147万元发展到了年销售额1000多亿元，从一个濒临倒闭的小厂成长为了中国家电第一品牌、世界第四大白色家电制造商。海尔30多年的品牌发展史，是改革开放以来，中国家电业从小到大、从中国走向世界的一个缩影。

案例5.2.2　"褚橙""柳桃""潘苹果"：如何打造新农业品牌

如果问2013年哪家水果最火？相信很多人都会回答"褚橙""柳桃"和"潘苹果"。这些并不是什么奇异品种，而是分别由商界名人褚时健、柳传志、潘石屹代言的水果。褚时健的"励志橙"和柳传志的"良心果"于2013年11月联手推出"褚橙柳桃"组合装，被赞誉为"2013年分量最重的礼品"。而潘石屹也开始为家乡的苹果代言。2014年年底，淘宝聚划算在首页推出了"三果志"推广这三款水果。据了解，5千克"褚橙"网络售价达128元，3千克"柳桃"价格达168元，3千克"潘苹果"价格达88元。这些产品虽然价格偏高1~2倍，但仍然在部分城市卖断货。这些商界名人们将自己的故事、个人名誉和产品融合在一起，凭借网络渠道和全新的传播方式营造出了一轮市场营销"新风"。

1. 褚时健的"励志橙"

褚时健，曾经是有名的"中国烟草大王"。1979年10月，褚时健出任玉溪卷烟厂厂长，一手将乡间小厂玉溪卷烟厂发展为世界级行业巨头红塔集团，临近退休却因贪污罪入狱被判处无期徒刑，后减刑为有期徒刑17年，唯一的女儿当年在狱中自杀，人生跌到低谷。2002年，74岁的褚时健保外就医后，东山再起，重新创业，与妻子承包荒山开始种冰糖橙。2006年，褚时健的橙园总产量只有1000吨；而2011年，橙园的产量达到8600吨，果园利润超过了3000万元，固定资产超过8000万元。据悉，现在的果园已经扩展到8500亩，包括云南丽江和新平的一个镇，以后总产量可以达到3万~4万吨。

2002年开始种植"褚橙"时，褚时健已经75岁。这些年，80多岁的他每个月下地8~10天，对果园管理盯得非常细致，严格管理。从玉溪到嘎洒果园，200多千米，全是山路，行车至少3个多小时。褚时健打电话通知次日8点到果园开会，第二天绝对准时到，所以没有一个下属敢迟到。

普通橙子的甜酸比为11∶1或12∶1，而"褚橙"达到了24∶1，这是它最大的优势。此外，它的口感也比一般橙子脆得多。甜、脆、嫩这三点远在普通橙子之上。

2012年"褚橙"与本来生活网开始合作，授权在本来生活网北京电商平台销售"褚橙"。2012年10月27日，《经济观察报》发表了一篇《褚橙进京》的报道，写了85岁的褚时健汗衫上的泥点、嫁接电商、新农业模式……本来生活网迅速跟进，做了转发，引发财经话题,接下来企业界的大佬们都对这一条微博进行了转发,最后由王石微博转发点燃了事件,这条微博是"衡量一个人的成功标志,不是看他登到顶峰的高度,而是看他跌到低谷的反弹力"。

很多网友微博上都在说吃了"褚橙"感觉到激动、振奋,挺受鼓舞,跟褚老相比,自己这点苦难和挫折算不了什么。很快,"褚橙"被贴上了"励志橙"的标签。

据介绍,从2013年10—12月"褚橙"销售期间,本来生活网的订单量有8倍的增长。2012年,"褚橙"初次在本来生活网销售的时候,网站日订单最高数达到1000单,2013年,这一数字已经上升到5000~6000单。在"褚橙"的整体销售中,北京辐射的范围贡献50%,上海和广州贡献50%。

"褚橙"本身是冰糖脐橙的一种,味甜皮薄,深受人们喜爱。但其更高的价值在于因褚时健的种植,"褚橙"被赋予了励志、坎坷、不屈不挠和艰苦创业的精神内涵。"褚橙"从问世之初,借助褚时健峰回路转、不同寻常的人生经历,将成功创业者的励志故事注入橙子当中,为其品牌塑造了一个易于识别、意义深刻的品牌符号,将品牌在市场中不断扩大,成为人们所熟知的"励志橙"。被赋予故事内涵的橙子不仅能够畅销,更能带来不断上升的溢价空间。平时所见的一般脐橙价格一般在4~7元,而褚橙以高出普通橙子2~3倍的价格进行销售仍旧得到了众多消费者的喜爱和购买,获得了不错的市场销售业绩,这也是通过讲故事带给水果商人的一大福利。

2. 柳传志卖"柳桃"

随着现代农业的发展,越来越多的商界大佬们进入到农业里面,给市场带来了他们的高科技农产品。联想控股集团公司董事长柳传志现在不仅做电脑,继2013年5月卖蓝莓之后,又开始下地种猕猴桃了。

据悉,2010年进军农业的联想控股,迄今在蓝莓和猕猴桃两个项目上的投资已超过10亿元。作为柳传志寄予厚望的联想控股现代农业板块,佳沃品牌于2013年5月8日正式发布。佳沃从2011年年末开始搭建冷链物流体系,目前可以覆盖20个大城市。

2013年央视财经论坛上,柳传志每逢演讲便是关于他的"柳桃",对自家产的"柳桃"赞不绝口。他介绍说"柳桃"是黄色的,吃上去口感和其他的桃有点不一样。而且猕猴桃营养丰富,据说有人吃完了以后白头发就可以变黑,没头发就可以变有头发。

"柳桃"产于国家级猕猴桃标准示范园,是我国猕猴桃产业中种植规模最大、生产技术最先进、产品质量最优的示范建设项目。园区内猕猴桃树间距大,每粒果实都有阳光直射,保证了外观和甜度。选果生产线引进于法国迈夫公司,是国际最高标准的设备,保证了猕猴桃大小均匀,果形美观。

农产品的安全问题大家都很关心,而食品安全是"柳桃"的优势。联想佳沃提供的现代农业,一是可从种植、冷链到运输,全产业链控制;二是全过程可追诉,"柳桃"盒子上的二维码,一扫就知道是在哪个农场或者合作社出的食品,也知道是在哪包装、在哪销售的,有责任就能追查到位。

2013年,褚时健的"励志橙"云冠冰糖橙与柳传志的"良心果"金艳猕猴桃同期成熟,双方联手推出"褚橙柳桃"组合装。

据悉,柳传志和褚时健原本就是多年好友,相互仰慕才牵手合作。联想控股高级副总裁陈绍鹏表示,他曾带领团队去拜会褚时健,褚老有三点让他特别敬佩和感动:第一是实干;第二是用心做事;第三是坚韧和坚持。

3. 潘石屹代言"潘苹果"

2013,SOHO中国CEO潘石屹在银河SOHO为他的家乡甘肃天水苹果公益代言。任志强、李开复、刘春等微博大号们都纷纷晒出送苹果的故事,各自调侃一番:"隔壁的陕西苹果很着急,不少人开始自发为同为果业大省的陕西寻找代言人;最上心的,当然还是一直说要做商业地产界'苹果'公司的潘石屹,他为'潘苹果'拍了宣传照,亲自写信给朋友推销,拐了个弯实现了自己的'苹果梦',也为家乡做了好事。"

"潘苹果"走的是绿色、天然路线,用有机化肥培育,不打蜡,属甘肃省天水市特产,中国国家地理标志产品,也是中国在国际市场上第一个获得正式商标的苹果品种,其糖度达到13%。"潘苹果"的包装上有一个二维码,扫描后可以显示相关信息,起到防伪的作用。据了解,"潘苹果"共有花牛苹果、红富士、黄元帅三个品种:花牛苹果口感绵软,适合老人和小孩;红富士口感脆甜;黄元帅口感酸甜。"潘苹果"的特点是糖度比较高,而且绿色安全。

"潘苹果"有两种包装,一种是6个装,单一品种,38元/盒,重量为1.2千克左右;另一种是9个装,三个品种各三个,88元/盒,重量为2.1千克左右。折算下来"潘苹果"的价格在31.7~41.9元/千克。而其他苹果品种如精品水晶红富士价格为17.16元/千克,烟台红富士和陕西富士的价格为27.6元/千克。

"褚橙""潘苹果""柳桃"之所以卖得贵,仍受到很多消费者的欢迎,其中最重要的一个原因就是被注入了相当程度的情感因素,被赋予了一定的精神内涵。这些水果用"大佬+"的方式来进行命名,就是在超出用户预期产品功能的基础之上,赋予产品诸多的情感属性,带给顾客强烈的情感体验,让这些水果实现产品、代言人和粉丝之间的情感互动和谋合。这种超越产品价值本身的精神食粮必定会以超乎寻常的高价面向市场。

案例5.2.3 20万款独一无二的百威啤酒罐,只为独一无二的年轻人

近年来,产品包装的角色已从营销战略的第二线变成第一线,也就是从告知产品特性及成分,变为诠释并传递品牌意义,以求抓住消费者目光,并迅速激起他们的购买欲。因此,如何设计承载品牌意义的包装,是当前营销的趋势。

全球最大啤酒酿造商百威英博旗下品牌百威淡啤(Bud Light)最近也加入了个性化瓶装的潮流,只为赢得年轻人的欢心。

据悉,罐身的创作是由百威淡啤的内部创意团队与媒体公司Vice旗下的创意代理商Virtue Worldwide和唱片公司Mad Decent共同合作完成的。Mad Decent团队设计了4款定制瓶罐,而其余的27款设计由不同的艺术家完成。

同时,百威啤酒和惠普公司合作,运用数码印刷技术以及SmartStream图像拼接算法来制作罐装,把20万种不同风格、不同样式的图案印刷在20万罐啤酒易拉罐上,与传统的印刷方式不同,SmartStream图像拼接算法会依照百威淡啤设定的参数,通过31款设计输出310万种不同的罐身标签,以确保每个瓶罐都是不一样的。

这种超前卫的时尚包装正是为了迎合千禧一代年轻消费者的喜好,个性而浮夸,抓住了年轻一代人对新鲜事物的好奇心,让他们在这种好奇心的驱使下有种想要尝试的欲望。

每一个消费者购买到属于自己的独一无二的啤酒罐时,一定会欣喜万分,使消费者享受到独特的私人订制的感觉。同时在成万的包装设计里,百威啤酒按照消费者的不同消费观念和视觉上的喜爱,巧用色彩的作用来吸引不同爱好的消费者,这也是此项包装设计的一大特色。

这种独特新颖的个性化包装让百威淡啤打动了不少消费者的心,很多消费者就是通过这 20 万不同的外部包装对百威淡啤产生了兴趣,啤酒一经推出,就在市场上引起一阵狂热,夺取了很多年轻消费者的目光。对于百威啤酒来说,20 万瓶不同的啤酒罐,就意味着能带给消费者 20 万种不同的心理体验。这种独特的创意优越性让百威淡啤把原本在市场上丢失的份额都赢了回来。

百威的新包装策略,已激发营销界重新思考包装角色与功能。包装能更有效地联结消费者,而包装也成了品牌最成功的销售员。

案例 5.2.4　印度精品茶品牌 Manjushree,让喝茶变成一件更有品质的事情

印度茶品牌 Manjushree 是印度的一个老牌企业,始于 1984 年,凭借其优质的茶源和独特的口味赢得用户的青睐,其定位为"精品茶"。为契合这一定位,Manjushree 在包装上也独树一帜,精心设计。它把茶盒做成了一本微型书,并运用特殊材质,把文字印刷在了茶盒上,使之变成了一本真正可阅读的微型书。

Manjushree 的精心之处还在于,为每款精品茶甄选了与其特点、风味对应的小说或诗歌。这些小说或诗歌统称为"茶故事",只有当你安静地享用一杯热茶的时候才能阅读。

"茶故事"印在茶盒上,当人们饮茶时,需要打开折叠好的茶盒,让水汽升腾,靠着茶的热气蒸腾,茶盒上的字就会呈现。

一杯悠闲的下午茶,最好的"茶点"是一本不深不浅的书,有品质地消磨一下午的时光,让阅读变得有味儿。Manjushree 设计如此精致的包装,把阅读、饮茶两者结合,品质感不言而喻,也与其"精品茶"的定位十分契合。

案例 5.2.5　西门子多元化经营之道

2011 年道琼斯和 SAM 集团联合发布道琼斯可持续发展全球指数(DJSI),西门子凭借其可持续性的经营再次成为多元化行业中的最佳公司。成立于 1847 年的西门子,2015 年在全球 500 强企业中排名第 63 位,年收入是 756 亿欧元,利润达 73.8 亿欧元。

1847 年,31 岁的维尔纳·冯·西门子发明了一种新式的电报机,并以此为基础创立了西门子公司。西门子的电报网也开始伴随着铁路网的扩张,开始在欧亚大陆上慢慢生长。1848 年,西门子公司铺设了第一条位于欧洲的长距离电报线路,这条 500 千米长的线路从德国首都柏林一直延伸到法兰克福。1870 年,西门子又铺设了从伦敦到印度加尔各答的电报线路,全长 8000 千米。

但第一场重大危机很快就来了。由于技术不过关,电报的传输频频遇到干扰,甚至是中断,暴怒的普鲁士政府决定抛弃西门子。

失去了最大的客户,维尔纳·冯·西门子决定转而进军电气领域,也就是和发电、传输电以及使用电相关的东西。1930 年,西门子的雇员总数达到 12.7 万人,赶超它当时最主要的竞争对手 AEG,成为欧洲最大的电气公司。发电机、电灯、电气列车,你可以在世界每一个通了电的角落里发现西门子的身影。

到了20世纪末期,第三次工业革命开启了电子和信息时代。西门子开始生产手机,但是败给了诺基亚。西门子的网络设备,还是输给了诺基亚。西门子又加入了个人电脑领域,可这个市场一直都是康柏、戴尔和惠普在统治。总之,西门子几乎没有制造出一件成功的电子消费品。

现在,西门子最主要的产品包括铁路和交通中需要用到的各种电器设备、发电设备以及电力传输设备、工业生产中用到的设备和建筑所需要的电力设备等。另外,它还大量收购风电、核电企业。在医疗领域,西门子还收购了拜耳诊断学公司以及超声波流量计公司。

在西门子发展历程中,历经多次并购重组,包括家电、通信、医疗等诸多业务均是并购获得。通过并购重组,西门子快速实现了产品多元化发展,公司规模逐步扩大,成为横跨工业、能源、医疗领域的国际巨头。以西门子收购拜耳医药诊断部门为例,2007年西门子医疗系统集团斥资42亿欧元收购了拜耳医药保健集团诊断部,将其与西门子2006年7月15亿欧元收购的DPC(美国诊断试剂公司)合并为一个独立的业务部门——西门子医疗系统集团诊断部。

西门子从创立初期生产指针式电报机小作坊开始,发展到现在已经横跨工业、能源、医疗、基础设施与城市业务四大业务领域以及下属的19个子部门,涉及电力、交通、通信、家电、医疗等领域。

2007年上任的西门子总裁兼首席执行官罗旭德(Peter Loscher)指出西门子多元化的基础是专注化,专注的领域是超越当前技术水平几代的"飞跃"阶段。

罗旭德认为,西门子的多元化是在市场领先基础上的多元化,实现多元化的因素有以下三点。第一是创新。西门子是全球创新的领袖之一,对创新充满激情。西门子平均每个工作日有41项新的发明,其长期路线图总是聚焦于在所在的市场内保持创新优势。第二,西门子是一家全球电子电气工程领域的领先企业。第三是对人的关注,即人才的多元化与发展,在全球吸引和培养最优秀的人才,使他们得以施展,致力于西门子的全球业务。

案例5.2.6 失败的产品

每款产品在问世之前,要经过从规划、设计、研发、生产等诸多环节,而只要有一个环节出现问题,产品就有可能夭折,最终无法与我们见面。

由于消费者需求的日益丰富与多样化,新产品的开发变得越来越重要。实际的市场营销过程中很多企业也的确把新产品的开发工作摆在了重要的位置,但为什么很多企业的新产品大部分没能够取得预期的成功呢?

产品能否最终被消费者接受的唯一标准就是该产品是否能够有效地满足了消费者某一方面独特的需求。不能够真正满足消费者某种需求的产品即使包装再精美、价格再便宜,最终也会被市场所淘汰。

1. 雷诺烟草公司的"无烟"香烟

20世纪80年代,随着禁烟活动趋于白热化,雷诺烟草公司(RJ Reynolds)投入3.25亿美元开发了一款新产品——无烟香烟。然而,对于这种新鲜玩意,消费者并不买账,4个月以后,无烟香烟就从人们的视线彻底消失了。

2. 苹果与摩托罗拉合作的 Rokr

苹果因发布的 iPad、iPod、iPhone 等设备获得了巨大成功，但苹果产品并非每一款都销量惊人、堪称经典。2005 年全球第一款可以连接 iTunes 的手机于 2005 年年底发布，被称为摩托罗拉 Rokr，是摩托罗拉公司研发实验室与苹果公司的合作成果。与之同时发布的还有苹果公司当年最为抢眼的音乐播放设备——iPod Nano 和第五代 iTunes 应用。乔布斯评价 Rokr 是一部能将 iPod Shuffle 装进口袋的手机，面对发布会上的听众，乔布斯大胆地说，"这是一部天才之作"。

然而他错了。Rokr 的推出早于智能手机，但在功效和设计方面都十分有限。它只能存储 100 首歌曲，而同样价格的 iPod Nano 却可以存储 1000 首，而且更加轻巧。此外，这款手机的运行速度缓慢，音响效果不佳。与 Rokr 同期发布的还有摩托罗拉公司的 Razr 手机，轻薄的机身令其一上市销售就热卖。几个月后，摩托罗拉公司不得不承认在 Rokr 上犯了错误。Rokr 一直在摩托罗拉的销售目录当中，直到 2007 年苹果手机的发布，最终结束了苹果公司与摩托罗拉公司的合作协议。

3. 摩托罗拉铱星系统计划

20 世纪 90 年代，美国摩托罗拉公司设计了"铱星系统计划"全球通信移动系统。它的天上部分是 7 条轨道上的卫星，每条轨道上均匀分布着 11 颗卫星，实现全球通信，通向人迹罕至的自然灾害地区。它于 1998 年投入使用，但价格却是令人望而却步：一次语音通话的费用可达每分钟 5 美元。投资达 50 亿美元的铱星通信系统推出后仅在全球吸引了 1 万名用户，而之前的预估是 500 万。因为其终端笨重，不能提供基于手机实现的个人移动通信业务，而且价格昂贵，容量不足，频谱利用率低，最后以失败告终，1 年之后计划宣布破产。

5.3 课外思考案例

案例 5.3.1 海底捞极致服务赢市场

关于海底捞，你听说过哪些传说？

客人想把剩下的切片西瓜打包带走，服务员提来一整个西瓜："对不起，打开的西瓜不能打包，给你一个没打开过的。"

年轻妈妈怀里的婴儿睡着了，服务员推来了一张婴儿床，全程还有服务员轮着班来逗宝宝玩，年轻妈妈吃饭完全无负担。

一对情侣去海底捞吃饭，两人不知怎么地吵架了，结账时服务员竟然送上了一束花和一张贺卡，希望两人和好如初。

四川海底捞餐饮股份有限公司成立于 1994 年，是一家以经营川味火锅为主，融汇各地火锅特色于一体的大型跨省直营餐饮品牌火锅店。海底捞以 8000 元起家，如今在北京、上海、广州、杭州、深圳、成都、韩国、日本、新加坡、美国等城市和国家有百余家直营连锁餐厅，年营业额达 30 多亿元人民币，有近 2 万名员工。据悉，北京的单店平均每天接待客户 2000 人，50%的客户回头率。客户去吃火锅，等一两个小时是很正常的事情，三伏天也要排队吃火锅，每天 3~5 桌的翻台率创造了业界翻台率最高纪录。海底捞创新的特色服务赢得了"五星级"火锅店的美名，2008—2012年连续5年荣获大众点评网"最受欢迎十佳火锅店"，同时连续5年获得"中国餐饮百强企业"荣誉称号。

凭借贴心的服务建立口碑的海底捞，其秘诀到底有哪些呢？

1. 餐前服务

在客人就餐前，为客人提供专门的泊车服务，无车型歧视，周一至周五，免费擦车。当客人走进海底捞餐厅的时候，人特别多时，将客人带到等待区，提供免费的瓜子、茶水、水果、点心（爆米花）、报纸、杂志、上网、扑克、军旗、擦鞋、美甲等。在儿童专区，专人陪玩，为宝宝提供蛋羹。通过以上服务舒缓排队顾客的焦急心绪，形成群体性排队效应，从心理学角度大大降低了顾客排队的不适，有效留住了顾客，让其耐心等位，提高后续翻台的可能性。

2. 就餐中服务

在客人就餐中，给每个人送上围裙，给有手机的人提供小塑料袋套上手机以防进水，给长头发的女士提供橡皮筋和小发卡，给戴眼镜的朋友送上擦镜布。微笑的服务员近在身边（每桌都至少有一个服务员），推荐半份菜，不推荐酒水，每隔15分钟为顾客更换热毛巾，并续饮料、帮忙下菜、捞菜、剥虾皮、熟悉客户的名字，甚至记得一些人的生日和纪念日。

洗手间有专人伺候（水龙头、洗手液、毛巾、纸巾），提供美发护肤用品。餐厅设置"电话亭"，就餐客人可以在里面享受免费电话。餐厅有现场抻面表演，一根宽宽的面条在空中挥舞成各种漂亮的弧线，还不时地抛向客人，让顾客在心理层面感到时不时的惊喜和想不到的感动，从印象层面感知海底捞的特色。

3. 会员制便利服务

（1）智能推荐。根据会员输入的本次用餐人数及历次点菜记录为其做推荐。这个功能综合了点餐历史记录后，提炼出最经得起考验的几个符合会员口味的菜。

（2）多人同时点菜。仅仅知道一个会员的口味也不行，还要照顾到同桌客人的感受，所有人都可以拿出自己的手机，输入自己的会员号之后找自己爱吃的，然后合并到点菜者手中的iPad里，成为最后的选择。

（3）定制口味。为了适合大众口味，一般火锅店的口味都是标准口味，例如麻辣锅底的麻度和辣度都是标准的。但每位顾客喜欢的口味其实是不一样的，重点是需要先知道客人是什么口味。海底捞点菜iPad里有3个维度可以选择，即麻度、辣度、浓度，默认在中间，顾客可拉到想要的位置，更辣或者更不辣。下次点菜时，口味条就会自动落到这个位置，顾客可以继续调整，然后厨房也就为其调制相应的汤底口味。

（4）星级会员。海底捞为会员划分出五星等级。目前三星会员进店，客户经理手机app会得到提示，就会额外留心这些会员的需要。这样做能让"铁粉更铁"，成为很好的口碑传播者。

4. 线上服务延续

海底捞开发使用的APP目前已有40万～50万的用户下载量，公众账号大约260万用户。其目前网上订单（含微信、支付宝公众账号、百度知道号、官网、APP、贴吧等所有线上渠道）占订单总笔数的10%。这个与高科技和移动互联网相距甚远的火锅企业，却谱写着"用移动互联网将服务做到极致"的蓝图。

海底捞 APP 具有订餐、排队、客服、点餐、外卖、CRM（客户关系管理）系统、POS 系统、iPad 点餐系统、社交系统等功能，是一个开放式社交平台。比如：原本订餐的顾客来到店里后发现餐位已满，就可被系统自动推荐到附近的海底捞门店，或被推荐选择外卖服务和本店网上排号服务，而这些记录也将一并进入海底捞 CRM 系统，达到一定条件的顾客还会有海底捞客服人员为其提供进一步的服务。同时，海底捞还开发了一个专属 O2O 游戏平台——海海 O2O 游戏平台，该平台可提供不断更新的游戏种类。等位的顾客可参与其中并与其他顾客现场 PK，海底捞还会为优胜者提供奖励。

在品质同质化的时代，服务已经越来越成为商业组织创造竞争优势的最有效手段。所以从某种程度上说当今商业时代是服务竞天下的时代。而对于餐饮企业来说，它的产品就是服务，服务质量的好坏直接决定了生意的好坏。随着社会的发展和消费者消费水平的提高，消费者的消费体现出个性化和多元化趋势。消费者不仅重视餐厅饭菜的质量和特色，更重视从消费过程中获得的精神满足。海底捞为顾客创造的是一种幸福感，顾客感到幸福了，那么"心"就给你了。把消费者的心智模式牢牢抓住，企业就成功了。

思考：

请结合产品策略中整体产品的三个层次，分析海底捞独特的产品策略。

案例 5.3.2　联合利华产品组合分析

1929 年，英国 Lever 公司与荷兰 Margarine Unie 公司签订协议，组建 Unilever（联合利华）公司。经过 80 多年的发展，联合利华公司已经成为了世界上最大的日用消费品公司之一，在全球 100 个国家和地区拥有 163000 名雇员。

联合利华在全球有 400 多个品牌，其中大部分是收购来并推广到世界各地的，在国内比较知名的有以下品牌。

家庭及个人护理用品类品牌：中华、洁诺、夏士莲、力士、旁氏、多芬、凡士林、奥妙、金纺、清扬，生产牙膏、洗发水、香皂、洗衣液、护肤品等产品。

食品类品牌：家乐、立顿及和路雪，生产家乐牌鸡精、鸡粉、速食汤料、色拉酱、花生酱、立顿红茶、绿茶、茉莉花茶、冰淇淋等产品。

思考：

请画出联合利华公司产品组合图，计算其产品组合宽度、长度、深度，并分析产品组合关联度。

案例 5.3.3　看桥本隆志如何把濒临破产的米店做到年收入 15 亿

日本京都庄屋大米店开设于 1750 年，距今已有 267 年。1993 年，由于自然灾害，日本的大米产量骤减，政府不得已开放了大米的自由进口。受到廉价进口米冲击的传统米店经营每况愈下，几近破产。

身为米店第八代传人的桥本隆志，担负起了拯救米店的重任。他四处奔走，亲自上门推销送大米。有一次在给饭馆送货时，他发现这里不同的菜品会需要不同的大米。比如炒饭需要筋道的大米，但咖喱饭则需要口感绵柔的大米。对大米熟悉的桥本隆志知道，大米的味道是不断变化的，即使是同样的产地，也会因为天气、料理方式等外在条件而不同。

于是他突然计从心来，不如自己开一家只做大米的饭馆，用自家大米为顾客提供不一样的味觉体验。

2006年，桥本隆志和弟弟一起开设了大米主题饭馆——八代目仪兵卫料亭，饭馆只做大米的料理，包括餐前酒和甜品，所有入口的美食食材全部用大米，让近年来迷恋上吃西餐的日本人，重新爱上那一口大米的香甜。

为了让米料理能够有最好的口感和味道，桥本隆志把匠人精神贯穿到了每一粒米的制作上。从大米的选购到下锅，都要经过4个步骤的打磨。

（1）选购大米。为了保证大米的质量，桥本隆志从众多的大米农户中经过层层筛选，最终和大约60家农户签订了购买合同，从插秧、收割、打谷等粗活做起，挨家挨户进行考察、筛选。

（2）亲自品尝。为了寻找口感最好的大米，桥本隆志每天都要品尝多种大米，以求找出不同种类的最好大米。

（3）重视打谷脱壳。为了保持大米的新鲜与营养，到店的大米全都是未脱壳的，所有的大米都是收到订货之后才进行脱壳加工。桥本隆志发现，现有的脱壳技术严重破坏了大米的营养和味道。经过不断的实验后，他发明了新的脱壳方法并获得了专利，最大限度地保持大米的味道和营养。

（4）按照大米不同的种类相互混合，由桥本隆志亲自调成配方米，用来制作不同料理。不仅如此，为了使米饭受热更加均匀、有弹性，桥本隆志还和日本有名的田烧店合作，开发了一款专门用来煮大米的竹锅，这种锅有远高于一般土锅的远红外线效果，能用更好的热传导力引出大米本真的美味来。

除去大米，八代目仪兵卫料亭的店铺装修和服务也做到了极致，店铺采用了大量的实木结构和灯光，给人一种温暖舒适家的感觉，店铺永远保持着干净和整洁，在客人还未到店时，就已经在每个位置上摆好筷子。

配方米除了用作原材料，还被摆放在料亭售卖，食客吃得满意能随手买到配方米，大米销量也跟着涨起来了。很快，八代目仪兵卫料亭的大米宴轰动了整个京都，现在预约基本都要排到两个月以后了。每到饭点店门口就大排长龙，很快，大阪、京都、银座乃至美国都有了分店。

虽然米店渡过了难关，但桥本隆志并不满足现状，开始尝试各种多元化的营销手段。

桥本隆志和弟弟一起参加日本大米职人考试。所谓大米职人考试，是一项关于大米品鉴的专业测试，不光要品鉴大米的光、香、白，还得品大米的口感，感受大米的触感、黏度、甜度，以及吞咽时候的感受等，是一个相当严格及专业的考试。桥本隆志和弟弟经过努力通过了考试，并拿到五颗星，被人们尊称为"大米大师"。如此一来，八代目仪兵卫料亭在业界的名号更响了，来吃饭的食客也比以前多了。

拿到证书后，桥本隆志又绞尽脑汁决定要组织一个全国大米评选。他邀请跟自己一样的大米大师一起鉴定大米的品质。每年从全国各地的各种大米中，用非常专业严格的要求，评选出前八名。只有前八名的大米，才有资格在桥本的米店进行售卖。这个活动一开展，全国种大米和卖大米的都跟着热闹起来了，纷纷把自己家的大米拿去参加评选。于是，桥本隆志就由一个大米经营者摇身一变成为大米行业标准的制定者。他的米店也成了大米行业的荣誉殿堂。

桥本隆志不仅在店铺和服务方面做到极致，还开始做起了产品包装，他机智地看到日本和服的闪光点，便与日本最大的和服店老板合作，用和服店的高档布料包装大米。这样包装出来的大米迅速成为日本家庭妇女走亲访友间最时尚的必备礼品。桥本隆志还趁热打铁，把礼品大米细分为小孩周岁、小孩毕业、儿女结婚、结婚回礼、孝敬老妈、高尔夫球赛获奖等不同类型，同时进一步制作了不同主题的礼盒，放在自己的网站上售卖。无论是孩子周岁还是恭贺新婚、孝敬爸妈，都可以选上一盒精美又有营养的大米送上祝福。

为了营销，桥本隆志还在各地组织开展关于大米的讲座，他来到学校，给学生们讲授关于大米的各种知识，将大米上升到国民教育，呼吁国人大力支持大米。

此外，桥本隆志还推出许多适销对路的大米，比如与制茶公司合作推出的最适合茶泡饭的大米、与松下公司合作的最完美适配新款电饭煲的大米，以及漂亮又贵气的镀金米等，都受到了顾客的热烈欢迎。

八代目仪兵卫料亭在市场打开后的第一年，销售额就从原来的 2000 万日元（1 元人民币约合 18.7 日元）直线上升到 8000 万日元，之后每年以亿日元单位递增，目前年销售额已经达到了大约 15 亿日元。

思考：

请分析八代目仪兵卫料亭成功的原因。

第 6 章

价 格 策 略

6.1 教学导入案例

案例 6.1.1 一个杯子的 8 种定价

第 1 种卖法：卖产品本身的使用价值，只能卖 3 元/个。

如果你将它仅仅当做一只普通的杯子，放在普通的商店，用普通的销售方法，也许它最多只能卖 3 元钱，还可能遭遇隔壁商店的降价招客暗招，这就是没有价值创新的悲惨结局。

第 2 种卖法：卖产品的文化价值，可以卖 5 元/个。

如果你将它设计成今年最流行款式的杯子，可以卖 5 元钱。其他商店降价招客的暗招估计也使不上了，因为你的杯子有文化，冲着这文化，消费者是愿意多掏钱的，这就是产品的文化价值创新。

第 3 种卖法：卖产品的品牌价值，就能卖 7 元/个。

如果你将它贴上著名品牌的标签，它就能卖 6 元、7 元钱。其他商店 3 元/个叫得再响也没用，因为你的杯子是有品牌的东西，几乎所有人都愿意为品牌付钱，这就是产品的品牌价值创新。

第 4 种卖法：卖产品的组合价值，卖 15 元/个没问题。

如果你将 3 个杯子全部做成卡通造型，组合一个套装杯用温馨、精美的家庭包装，起名叫"我爱我家"，一只叫父爱杯，一只叫母爱杯，一只叫童心杯，卖 50 元一组没问题。隔壁商店就是 3 元/个喊破嗓子也没用，小孩子一家会拉着妈妈去买你的"我爱我家"全家福。这就是产品组合的价值创新。

第 5 种卖法：卖产品的延伸功能价值，卖 80 元/个绝对可以。

如果你猛然发现这只杯子的材料竟然是磁性材料做的，那我帮你挖掘出它的磁疗、保健功能，卖 80 元/个绝对可以。这个时候隔壁商店估计都不好意思叫 3 元/个了，因为谁也不信 3 元/个的杯子会有磁疗和保健功能，这就是产品的延伸价值创新。

第 6 种卖法：卖产品的细分市场价值，卖 188 元/对也不是不可以。

如果将你的那个具有磁疗保健功能的杯子印上十二生肖，并且准备好时尚的情侣套装礼盒，取名"成双成对"或"天长地久"，针对过生日的情侣，卖 188 元/对绝对会让为给对方买何种生日礼物而伤透脑筋的小年轻们付完钱后还不忘回头说声"谢谢"，这就是产品的细分市场价值创新。

第 7 种卖法：卖产品的包装价值，卖 288 元/对卖得可能更火。

如果把具有保健功能的情侣生肖套装做成三种包装：一种是实惠装，188 元/对；第二种是精美装，卖 238 元/对；第三种是豪华装，卖 288 元/对。可以肯定的是，最后卖得最火的肯定不是 188 元/对的实惠装，而是 238 元/对的精美装，这就是产品的包装价值创新。

第 8 种卖法：卖产品的纪念价值，不卖 2000 元/个除非头脑有问题。

如果这个杯子被乔丹或奥巴马等名人喝过水，后来又被杨利伟不小心带到了太空去刷牙，这样的杯子，不卖 2000 元/个除非头脑有问题了，这就是产品的纪念价值创新。

消费者往往购买产品时，除了产品本身的使用价值外，更多的是购买一种感觉、文化、期望、面子、圈子、尊严、尊重、理解、地位等象征性的意义。

同样一个杯子，杯子里面的世界——它的功能、结构、作用等依然如故，但随着杯子外面世界的变化，它的价值却在不断地发生变化。

同样的杯子，采用不同的价值创新策略，就会产生不同的营销结果，如果能够深悟策划的含义，你还会一头栽进"杯子里面的世界"而出不来吗？

案例 6.1.2　吉列按刮脸次数卖剃须刀

虽然生产个人护理用品的吉列公司还进不了世界 500 强，但其知名度历来是很高的，因为每天有全球数千万男人在使用吉列刀片。

在 19 世纪末期的几十年中，美国有关安全剃须刀方面的专利起码有几十个，金·吉列只不过是其中之一。使用安全剃须刀不像先前的折叠式剃须刀那样容易刮伤脸，又可免去光顾理发店的时间和金钱，但是这种看似很有市场的商品却卖不出去，原因是它太贵了。去理发店只花 10 美分，而最便宜的安全剃须刀却要花 5 美元，这在当时可不是一个小数目，因为它相当于一个高级技工一个星期的薪水。

吉列的安全剃须刀并不比其他剃须刀好，而且生产成本也更高，但别人的剃须刀卖不出去，吉列的剃须刀却供不应求，原因就在于它实际上贴本把剃须刀的零售价定为 55 美分，批发价 25 美分，这不到其生产成本的 1/5。同时，他以 5 美分一个的价格出售刀片，而每个刀片的制造成本不到 1 美分，这实际上是以刀片的赢利来补贴剃须刀的亏损，当然吉列剃须刀只能使用其专利刀片。由于每个刀片可以使用 6~7 次，每刮一次脸所花的钱不足 1 美分，只相当于去理发店花费的 1/10，因而有越来越多的消费者选择使用吉列剃须刀。

吉列的成功在于它采取了一种合适的定价方法，这里面包含着一个简单的道理：消费者购买一种产品或服务并不形成最终的经济行为，而是一个中间行为，消费者用这种行为来"生产"最后的"满足"或"福利"。顾客要购买的并不是剃须刀，而是刮脸，刮脸的最终目的是使他看起来形象更好、更体面等，为了达到这个目的，他有去理发店、买折叠式剃须刀或安全剃须刀三种选择，而吉列的定价方法使他选择购买吉列剃须刀最为合算。在竞争对手们想方设法降低生产成本时，吉列独辟蹊径，他的定价方法反映了消费者购买的真正"价值"，而不是生产商的"成本"，这是吉列成功的最大原因。

吉列的定价方法为后来的许多企业所模仿。日本企业的佳道、理光、富士通等大牌厂商就把打印机的价格定得很低，以此来吸引消费者购买，同时他们又把墨盒的价格定得很高。打印机是基本不赚钱甚至是亏本的，而墨盒却有数倍的利润，这样消费者实际付出的是"打印件"的成本，而不是"打印机"的成本。

当然这种做法是需要具备一些条件的：一是亏本的产品与赢利的产品一定要配套。假如消费者买了 55 美分的吉列剃须刀，又可以从别的厂商那里买 1 美分的刀片，那么等待他的结果只有一个——破产。二是对消费者的消费情况一定要有一个准确的判断。吉列每销售一个剃须刀亏本 1 美元，相当于 25 个刀片的赢利，他必须对消费者的平均刮脸次数有一个较准确的估计，假如平均每个消费者每年只用两、三个刀片，他也就亏定了。三是竞争对手不会或无力进行恶性竞争。假如有人大量收购吉列剃须刀而又不买刀片，吉列也只有破产一条路可走。四是别人的模仿不会对其造成重大威胁。

灵活的定价和销售方法可以使顾客愿意为他们所买的东西付钱，而不是为厂商所生产的东西付钱，不管是吉列的定价方法还是分期付款或租赁，价格的处理安排一定要符合消费者实际购买的事物。

6.2 课堂讨论案例

案例 6.2.1 深圳久砺电子的独特定价策略

"宝剑锋从磨砺出，梅花香自苦寒来。"本着长期磨砺自己的豪情和志气，王立群用"久砺"二字定名并成立自己的企业——深圳市久砺电子有限公司。1997 年成立以来，如同许多南下打工、创业的人一样，久砺电子人从零开始，以坚实的步伐，不断实践着它的计划，不断追寻着它的梦想。

短短几年时间，久砺电子从零点起步，经过了艰苦不懈的努力，现已拥有自行设计、开发的九大系列无线麦克风、无线耳机以及相关配套产品，每年的业绩成倍增长，公司的体制越来越向健康的方向发展，在本行业已具备了一定的竞争能力，并赢得了本行业一些海外资深进口商的相当的口碑和信誉。

1998 年开始将销售市场重点转移至外销，自行设计生产的无线麦克风、无线耳机已出口到中国香港、马来西亚、新加坡、巴西、美国市场，同时成功地将有内销权的外资厂的相关产品推展至国内市场。然而更主要的是王立群和久砺电子在公司管理和计划发展的尝试和领悟。

久砺电子是一个没有任何背景和基础的小型民营企业，他们又要求自己尽快地达成企业的目标。那么，在市场竞争如此激烈的"微利时代"，如何建立起他们的优势、如何建立起他们独特的营销系统、如何超越"微利时代"的恶性竞争，王立群介绍，系统全面的企业计划和策略则是他们达成目标的重要保证。

国内这个行业竞争手段之一是单一品种斗价，每一个工厂一般都只生产 1～2 种产品。价格越来越低，材料越来越差，产品整体品质越来越差，这样恶性循环下去，企业只能疲于奔命。由于经销商担心会继续降价，通常不愿意付清全款，这样工厂在外面积压货款就会越来越多。本来，工厂的利润都微乎其微，这样一来工厂势必陷入危机，更不用谈开发新产品了。

而久砺电子干脆反其道而行之，其具体做法是：

（1）由于他们是市场的新面孔，无论你用什么方法，如果客户第一次不接受你，你就什么都做不成。因此，他们开始采用了 MBA《新产品开发》教程中所提出的具有进攻性的"渗透定价法",即低于购买成本去销售正在畅销的产品。这样,立即获得了第一批最宝贵的客户。

(2) 他们将已经完全准备好的新产品样品推荐给已接受了他们产品的客户。结果,他们立即被新产品吸引,转而订购新产品。

(3) 他们将所开的模具做成的零件单元进行不同的组合配置、包装,将相同功能的产品做成不同的加工工艺,很快形成了一个系列的新产品,客户则开始整个系列下单购买。

(4) 他们与市场竞争对手决然不同的是,所有材料都提高成本,做最好的产品,包装用最好的材料,包装外形图案请美术设计师设计。这样总成本是增加了,但是,产品档次明显地上去了,客户非常喜欢。

(5) 他们新产品的价格通常采用"低撇脂价格",价格高于行业价格水平,足以冲抵提高了的材料成本。他们不断投入模具,则不断有新产品推出。而做一个新品时,通常会考虑到多种产品组合方案,这样做到了一模多用,充分利用了有限的资源。

案例 6.2.2 奥迪 A6 价格策略

作为国内中高档车标杆的奥迪 A6 的换代车型 A6 系列——新奥迪 A6,在 2005 年 6 月 16 日正式公布售价,除了核心配置和美国版有差异外,国产版的新奥迪 A6/3.0 高出了美国版逾 20 万元。据业内资深人士分析,德国大众旗下的奥迪品牌在主力车型上的过高定价一旦失误,很可能将加速大众汽车在华市场份额下滑,同时导致中国中高档车市场重新洗牌。一汽大众正式公布了全新奥迪 A6/L2.4 和 A6/L3.0 等共 6 款车型的价格和详细装备表。其中 A6/L2.4 三款车型的厂家指导价格区间为 46.22 万~57.02 万元;A6/L3.0 三款车型的价格区间为 56.18 万~64.96 万元。这 6 款车型已于 2005 年 6 月 22 日正式上市销售。

据了解,自 1999 年投产以来,上一代国产奥迪 A6 经历了 5 次升级,在不到 5 年的时间里销量超过 20 多万辆,在国内豪华车市场多年来可谓是"一枝独秀",直到 2004 年市场份额仍维持在 60%左右。

按照这个价格,新奥迪 A6 的最高价格已经打破了目前国产豪华轿车最贵的一款宝马 530i。国产宝马 5 系目前的价格是 53 万~61 万元,市场报价还更低;日产的价格是 24.98~34.98 万元;丰田的报价是 32.8 万~48 万元,新奥迪 A6 等于"让出"了原来销量最大的价格区间。奥迪美国官方网站上写到,美国市场上目前新奥迪 A6 只有 3.2L 和 4.2L 两个排量,其价格分别为 4.262 万美元和 5.222 万美元。这样,美国版的 3.2L 折合人民币为 35 万元,国内版本竟高出了 21 万~29.96 万元。

"和美国版的新奥迪 A6 相比,在核心配置方面,国内版的新奥迪 A6 发动机不是 FSI 的,而且不带全时四驱,变速箱还不是 Tiptronic,且价格也贵出很多。"业内人士这样分析道。一位不愿意透露姓名的分析师说,如果市场证明新奥迪 A6 在定价上出现失误,很可能将加速大众汽车在华市场份额下滑,同时导致中国中高档车市场的重新洗牌。

高价策略,也称为撇脂定价策略,指企业以较高的成本利润率为产品定价,以求通过"厚利稳销"来实现利润最大化。

这种策略也是一种较特殊的促销手段,利用人的求名、求美心理。一般运用于价格弹性小的或消费者对价格反应迟钝的产品。例如具有新款式和新功能的中档汽车,以及高档豪华汽车。比如奥迪 A8 加长型 3.0 在中国上市时卖 118 万元人民币，同级别的奔驰 S350 售价 120 万人民币，宝马 730L1 售价 110 万人民币，但这些车在国外市场定价也就 10 万美元左右。高价策略的优点是：新车上市之初，顾客对其尚无理性的认识，此时的购买动机多属于求新、求奇。利用这一心理，企业通过制订较高的价格，以提高产品身份，创造高价、优质的品牌形象；上市初的高价，使企业在汽车产品进入成熟期时可以拥有较大的调价余地，以保持企业的竞争力。而且可以吸引价格敏感的顾客，利用高价限制需求的过快增长，获取利润进行投资，扩大生产。

但这种策略也有缺点：过高的价格不利于市场开拓，会在一定程度上抑制销量，导致大量竞争者涌入，仿制品、替代品大量出现，最后迫使企业降价。价格过分高于产品价值，也容易造成消费者的反对和抵制，引发大量批评和一系列的公关问题。

其实，奥迪采取高价策略，已经不是第一次了，以前奥迪 A4 也同样采用的是高价入市策略。这样，可以使汽车厂商在短时间内攫取大量利润，等到过一段时间后，竞争对手的车也上市了，消费者的热情也消退大半，再降价刺激市场，扩大市场占有率，提升销量。对于高档豪华轿车来说，顾客多是高收入的个人、政府和企事业单位，对价格并不是太敏感，他们主要看重的是品牌。

奥迪不可能不知道高价入市的风险，但这两年大众在华业务销量和利润都逐年下滑，如果没有利润增长点，今年很可能出现 20 年来第一次亏损。奥迪 A6 新车型如果高价入市成功，则很可能避免全年的亏损。奥迪在中国这么多年的先入优势，品牌在消费者心目中的地位，经销商的实力，这次赌赢的胜算很大。但越往后，消费者越成熟，信息越透明，中国的消费者没理由愿意比美国的消费者买同样的车却多花 20～30 万元人民币。所以，大众奥迪就算赢了这次，使今年勉强不亏损，但明年能躲得掉吗？

案例 6.2.3　小米手机定价策略

2011 年 8 月 16 日，200 余家媒体以及 400 多名粉丝齐聚北京 798 D-PARK 艺术区，共同见证发烧友级重量手机——小米手机的发布。雷军先极其详细地介绍了小米手机的各种参数，展示了其优点。在勾起人们的兴趣之后，临近结束之时，他用一张极其庞大醒目的页面公布了它的价格——1999 元。

作为全球首款 1.5G 双核处理器，搭配 1G 内存，以及板载 4G 存储空间，最高支持 32G 存储卡的扩展，超强的配置却仅售 1999 元，让人为之一震。

小米手机之所以敢制订如此低的价格，主要基于以下几个方面因素。

1. 产品成本

小米手机成本的主要构成，首先是元器件成本。目前小米手机配置高通 Qualcomm MSM8260 双核 1.5GHz 手机处理器，芯片集成 64MB 独立显存的 Adreno 220 图形芯片，并且配置 1GB 内存，自带 4GB ROM，支持最大可扩展至 32GB Micro SD 卡。这些硬件材料加在一起价格也不低于 1200 元。其次是关税、17%增值税、3G 专利费。此外，还有材料浪费。小米手机的良品率达到 99%，相当于是极致，但还是意味着 1%的材料浪费。最后再加上售后服务和返修率，这也是手机成本的一个重要变量。

2. 公司定价目标——市场占有率最大化

智能手机市场对价格高度敏感，低价能刺激需求迅速增长，生产与分销的单位成本会随生产经验的积累而下降，低价能击退现有的和潜在的竞争者。

3. 渠道优势

另外，小米手机采用网上售卖的方式，直接面对最终消费者，从物流到库存上节约了巨大的成本，使得小米手机敢卖 1999 元。

小米采取了以下几种定价策略：

(1) 渗透定价。即在新产品上市之初将价格定得较低，吸引大量购买者，扩大市场占有率。由低价产生的两个好处：第一，低价可以使产品尽快为市场所接受，并借助大批量销售来降低成本，获得长期稳定的市场地位；第二，微利阻止了竞争者的进入，增强了自身的市场竞争力。当然，低价微利造成投资回收期较长，不利于企业形象的树立，有可能招致反倾销报复。

1999 元就能够买到相当不错的智能手机，这对消费者来说是一种很大的诱惑，小米手机第一次网上销售被一抢而空更能说明高性价比对消费者的诱惑，这为小米手机提高市场占有率有很大的优势。

(2) 心理定价策略。小米也根据消费人群的消费习惯，在一定程度上运用了心理定价策略。

1) 尾数定价。保留价格尾数，采用零头标价，将价格定在整数水平以下，使价格保留在较低一级档次上。

2) 招徕定价。利用消费者的求廉心理，以接近成本甚至低于成本的价格进行商品销售的策略。

通过细致的市场调研并合理地运用了多种新产品定价策略，小米手机最终定价 1999 元，实践证明这个价格发挥了其应有的作用。

从目前小米取得的市场业绩来看，小米手机的定价策略是比较成功的，但小米手机的定价策略也存在一定的风险：

(1) 过低的利润率将导致小米在之后的市场运转中没有太多的回旋余地，无法支撑太多层次的渠道销售，更无法承担手机一旦出现问题所产生的大规模维修，更不用说召回了。

(2) 过于富有竞争力的价格，将导致整个手机市场的动荡，并鲜明地将自己摆在大多数手机厂商的对立面。

(3) 过低的使用门槛，将吸引大批对智能手机不了解，甚至从未用过智能手机的用户，这样的用户如果占据主体，很多智能手机相对传统手机所共有的问题——系统不稳定、后台占据内存过大、安全问题，都会被他们归结到小米的服务不到位上，这将使得小米在实质上要承担整个市场教育者的身份，负担很大。

案例 6.2.4　苏宁易购的主要定价策略

苏宁电器 1990 年创立于江苏南京，位居中国企业 500 强第 59 位、中国民营 500 强第一、中国最佳信誉品牌 100 强、民营企业上市公司 100 强第二、中国企业信息化 50 强（零售业第一位）、中国商业科技 100 强（零售业第一位），在电器连锁零售行业中处于领先者的地位。

苏宁易购（www.suning.com）于 2010 年 2 月 1 日正式上线，作为苏宁电器第四代电子商务平台，上线之后作为苏宁电器控股的独立子公司进行运作。它的出现也标志着苏宁电器正式进军电子商务领域。作为零售行业的网上延伸，苏宁易购成功的核心优势依旧是产品、物流和服务。尤其是强大的实体物流配送网络和售后服务网络给消费者带来的优质服务，是苏宁易购区别于传统 B2C 企业的特征和最核心的竞争力，与全球数万家厂商建立了高效的供应链关系，能够在这个平台上采购到更优质、价格更有优势的产品，为网站的货源、商品质量和商品品类提供有力保证。苏宁易购当前覆盖全国 90% 以上的城市和地区，有苏宁门店和苏宁服务网点的城市都能够享受本地化服务。

2011 年，据艾瑞发布的 B2C 数据显示，苏宁易购在第三季度成功超越亚马逊，以 3.4% 的市场份额，坐稳 B2C 第三把交椅，仅位列于淘宝商城和京东商城之后，苏宁易购正处于强劲的上升期，力争成为中国 B2C 家电行业的主导领导品牌。

苏宁易购的消费者集中在城镇等网络覆盖相对密集的地区，居民消费水平总体较高，消费重视质量，理性化；针对国内名牌如国美、美的网上商店、淘宝、京东的竞争冲击，苏宁易购在保证网站产品质量的基础上，走相对低价之路，主要定价策略如下：

（1）低价策略为主。一淘网的调查研究表明，在激烈的电商竞争中，低价策略一直是苏宁易购最主要的定价策略。苏宁易购依靠长久以来的合作厂商、遍布全国的门店及其强大的配送能力，能够制订对顾客充满诱惑力的低价策略，吸引消费者。同时，苏宁易购具有的"全球采购规模""成本集约"和"现金储备"优势，已为其赢得了近 20% 的价格下调空间。

（2）结合线下产品定价。虽然线上、线下是不同的商业模式，但是苏宁易购还是属于苏宁这个大家庭的。苏宁易购大部分产品价格低于门店的价格，尤其是电器类产品，进而增强了自身产品的价格竞争优势。但是，苏宁易购的低价策略也不能与自己门店的价格有太大差异。苏宁电器现在制订的低价定价策略主要是门店价格高于苏宁易购的价格，大多通过赠送抵用券来抵消，以弥补线上线下产品价格的差异。

（3）多样化的促销定价策略。为促进销售，苏宁易购采取了如下多样化的促销定价策略：

1）折扣策略，通过适当打折优惠来吸引消费者。

2）实施团购价格策略，苏宁易购通过各种方式进行团购价宣传，以此来吸引消费者的光顾，带动客流量上升，进而薄利多销。

3）实施尾数定价策略，苏宁易购通过将商品的价格以尾数 98、99 等定价方法来吸引消费者来购买。

4）实施招徕定价策略，即某种产品在一定时期或节假日通过促销，或者以同类产品中极低的价格热卖，招徕顾客前来，促进其他产品销售。

5）实施声望定价策略，针对消费者多有"一分钱一分货"的心理，质量高的产品定高价，尤其是名牌新功能产品以及别处少有或没有的新功能产品。

案例 6.2.5　哈尔滨"中央大街"药店大战

哈尔滨中央大街 2001 年上演了一幕药品价格大战。2000 年 12 月 7 日，位于中央大街南端的宝丰药品总汇刚刚开业，就扔出了一枚"重磅炸弹"——总体价位低于同行 40%～50%。与其相邻的两家老药店——隶属于哈尔滨市医药公司的同泰连锁店中央大药房和隶属于哈尔滨市药材公司的人民连锁店中央大街药房立即应战，首先是回应价格战，其次是大打店面战、服务战和质量战。

宝丰并没有获取什么高额利润，但却在这条街上同两家老店（后来医药公司又开了一家叫做康泰的药品超市）三分天下，并为以后企业的发展打下了良好的基础。当然，药品价格虚高是综合因素造成的，仅仅从零售终端来探讨药品价格问题是不公平的。我们只是希望透过中央大街的药品价格战案例，来提高业内外企业对竞争的更加理性的认识。

1. 中央大街"开战"

在宝丰出现以前，哈尔滨药品零售市场基本上是医药公司和药材公司的天下，两个公司旗下的零售连锁店——同泰和人民，分别拥有40多家的零售网点。宝丰开业的第二天，同泰和人民分别打出大幅广告，宣布所售药品全线降价，让利于民。2001年5月，医药公司又在宝丰对面开了一家面积在2000～3000平方米的康泰药品超市，针对宝丰竞争。

在价格战中，跟进者的成本要远远高于发起者，但在一个高度同质化的市场，竞争者发起价格战，除了跟进，别无选择，这就注定了价格战中的参与各方是一个长期博弈的过程。同泰中央大药房打出的广告是："全场商品最低价销售"，宝丰的广告是："为老百姓节省每一分钱"，人民药店的广告是："全场药品进价销售"。

统计部门提供的资料显示：仅2001年1—9月，哈尔滨市西药价格累计比去年同期下降8.3%，其中，在人民药店，一盒双黄连口服液，原价18元，现价是7.2元；一盒急支糖浆，原价7.4元，现价4.2元；在同泰中央大药房，一盒同仁堂的乌鸡白凤丸原价16元，现价是11.5元，在宝丰，一盒7.8元的逍遥丸卖4.8元。

另外，在康泰药品超市和宝丰，一楼的各个药品展示台前是人来人往，二楼付款处还要排队，据说在周末和每天的高峰时间，人比平时还要多一倍。

2. 价格战外的"大战"

人们都说价格竞争是商战中最低级的竞争，建立在价格竞争之上的，必然是质量的竞争和服务的竞争。

（1）店面战。中央大街上的几家药店像百货商场一样宽敞、明亮，留有足够大的顾客浏览和休闲空间。顾客进门来，如有需要，分立两厢的导购小姐会热情导购。在康泰，还辟出大片店面，作为顾客健康咨询中心。宝丰也准备辟出三楼空间，成立一个老年健身中心，为老年人提供健身、娱乐设施和健康保健咨询。宝丰和康泰的商品摆放非常新颖，说超市不是超市，说封闭式柜台又不是柜台。一楼的展区将5000余种药品充分展示，有整齐的开放式货架排列，也有环岛式的商品展示，给顾客充分贴近商品的机会。

（2）质量战。同泰连锁店早在2000年就通过了ISO9002质量体系认证，2001年又顺利通过GSP认证，成为全国首批、黑龙江省首家通过GSP认证的企业；宝丰也于2001年10月通过了ISO9001（2000版）质量体系认证，并正在积极准备2002年申报GSP认证。

（3）服务战。购物完毕，顾客都会得到一张信誉卡，凭此卡顾客可以无条件退货，发现假药可以索赔。人民药店还承诺顾客买到一次假药可获得2万元赔偿。在中央大药房，有免费煎药，24小时售药、免费邮购药品等14项服务措施，这样的服务也是哈尔滨市各大药房的共同承诺。

3. 为什么要打价格战

率先发动价格战的轰动效应是把牌子打响了。在哈尔滨的药品价格战中,宝丰无疑是收获最大的商家。民营药店率先打破游戏规则,让同泰和人民两家国有连锁公司猝不及防,只有仓促跟进。

4. 药价是如何降下来的

(1) 压缩中间环节,直接从厂家进货。

(2) 店面上规模,进货批量大。除了同泰、人民两家具有连锁的规模优势外,哈尔滨市新开的几家药店规模都在1000平方米以上,宝丰、康泰药品超市均有2000~3000平方米的营业面积,经营药物品种有4000~5000个,门店众多,人气旺,薄利达到多销。销售量大,库存少,资金高效运作,形成良性循环。

5. 价格战的底线在哪里

价格战是把双刃剑,它可以克敌,也可以伤己。主动挑起价格战的宝丰认为,价格战是市场竞争的必然阶段。同泰连锁店是全国较早开展连锁经营的药品零售企业,也是黑龙江省首家通过GSP认证的企业,经营上的亏损局面使公司的发展计划成为泡影。人民连锁店虽然在价格战中竭尽全力,在服务举措上推陈出新,比如免费送药等,但已显露颓势。一直坚称自己是良性运作、有利可赚的宝丰也不得不承认,10%的毛利对药品经营企业是太低了点。

6.3 课外思考案例

案例6.3.1 宜家营销之道

1943年,17岁的瑞典人英格瓦·坎普拉(Ingvar·Kamprad)创立了宜家公司。最初,还只是做些卖笔、圣诞卡和自家农场种子的小生意,如今宜家已经成为家居用品的零售巨头。宜家本身也成为一种全球性的文化现象,被《商业周刊》称为"一站式购买时尚家居用品的圣地"和"典型的崇拜性品牌"。宜家拥有忠诚的顾客,平均每天的顾客人数达到110万人。2005年,伦敦的新店开张时,6000人在店门没开时就开始排队等候了。宜家在亚特兰大的新店曾举行了一次名为"快乐大使"的比赛,最后产生了5位获奖者。为了获胜赢得宜家优惠券,他们得在还没开业的宜家店铺里生活了整整3天。对此,他们欣然做到了。

宜家如此成功是因为它给顾客提供了独特的价值——时尚的北欧设计风格以及便宜的价格。宜家的时尚廉价品包括249美元的克利帕(Klippan)沙发、120美元的比利(Billy)书架,以及13美元的拉克(Lack)边桌。在北欧市场上,宜家甚至卖出了2500个价值大约4.5万美元的组装房屋,宜家的价格如此便宜,部分原因是大部分的商品都是需要顾客自己组装的。这意味着更方便运输,占货架面积小,极少需要送货,因此降低了成本。

宜家的使命是提供价值。创始人坎普拉曾说:"人们并不富裕。我应该考虑他们的利益。"宜家一直遵循着这一理念,每年都将产品的价格降低2~3个百分点。宜家以价值为中心的战略也让自身受益:宜家的利润率有10%,高于其他竞争者,如塔吉特(7.7%)

和 Pier 1 Imports（5%）。

宜家的很多产品在全世界都是相同的，但也有一些是用来满足当地的需求。例如，在中国，宜家配合鸡年主题推出了 25 万个塑料餐桌垫，很快就在春节时脱销了。当宜家意识到美国顾客认为一般的喝水杯太小，转而购买花瓶当做水杯时，宜家马上为美国市场推出了更大的杯子。

宜家的经理们亲自拜访欧洲和美国的家庭，了解到欧洲人一般喜欢将衣服挂起来，而美国人喜欢折叠起来存放。因而美国市场的衣橱被设计成有更深的抽屉。在美国加利福尼亚州，宜家拜访西班牙裔家庭之后，增加了厨房设计中的餐桌座位和用餐空间，采用了更明亮的色调，在墙上挂了更多的画框。

到 2005 年，宜家发展成为拥有 226 间店铺，年收入达 177 亿美元的零售帝国，而且仍然有很好的成长空间。宜家计划到 2010 年将美国的零售店数目翻一番。2005 年，宜家在全世界已经新开了 19 家零售店。

思考：
1. 宜家给顾客提供了什么独特的价值？
2. 宜家如何做到低的产品价格的？

案例 6.3.2　"价格杀手"——国美的真面目

提起国美，在我国家电零售业可算是一块响当当的金字招牌。它成长过程中的每一步都引起社会各界的广泛关注和极大兴趣：国美怎么会有那么大的实力四处扩张？它的价格优势从何而来？它下一步还会有什么大动作？国美电器有限公司副董事长张志铭讲述国美的"幕后故事"。

1. 一个人格化的企业

张志铭说："从我加入国美那一天起，就深深地感受到它是一个非常人格化的企业，它向大众展现的是诚实、豁达、谦恭、宽厚、勇气与进取的人格化魅力。"

早在 1987 年，国美创业之初，创始人黄光裕便确定了"坚持零售，薄利多销"的经营策略，这种策略很快为国美赢得了商品便宜的口碑。生意火了，国美在得意之余，也深受启发："做别人没有做过的事，领先一步，就意味着更多的商机。"于是，国美确立了"人无我有，人有我优，敢创人先，追求卓越，拒绝平凡"的经营理念，并乘胜出击，抢占市场，不久国美连锁分店"国豪""亚华""恒基"相继开业，连锁经营的思路逐渐明晰。

从 1993 年下半年开始，国美开始对已有的门店进行调整，关闭小店，集中资金开大店，形成规模，并统一命名为"国美电器"。1996 年，以新理念包装的"国美电器"王府井商城开业，营业面积 3000 平方米，经营范围也从电视机扩大到多种家电，从而确立了国美电器的形象。

2. 南征北战开先河

随着国美在北京的分店越开越多，在吸取国际连锁超市的成功管理经验，结合中国市场特色的基础上，一个大胆的念头在国美诞生：立足北京，占领直辖市，入驻中原，闯进东北，开辟华东，加盟网络，渡江南下，走全国性家电连锁之路。

经过 4、5 年的精心准备，1999 年国美走出了我国家电销售企业跨地区扩张的第一步。其首站先在天津，随即又进军上海。随后，国美又将目光转向了西部地区。2000年8月，国美开始在成都、重庆招兵买马，积极准备，当年年底，两地国美连锁店相继开业。

占据西南市场后，国美又马不停蹄地挥师北上，入驻西安，以此为基地向四周扩张，随后在咸阳增设又一处立足之地。与此同时，他们还跃马出关，挺进中原，先后进入沈阳、济南、郑州。自此，京、津、沪、西南、西北、东北、中原等地的中心城市中都出现了国美的身影。刚过而立之年的张志铭雄心勃勃地说："预计到2003年，国美将在全国范围内建成200家连锁商城，年销售额将突破200亿元，成为全国最大的家电连锁企业。"

3．"价格杀手"的真面目

在市场竞争异常激烈的今天，国美何以能够急剧膨胀，四处扩张，越做越大？其实国美的秘密武器十分简单，这就是低价营销。为此，国美有了"价格杀手"的称谓。

同样经营家电，国美怎么能把价格压到最低，这主要归功于国美独特的供销模式。从创业初始，国美就把薄利多销当做立身之本，并率先采用新的供销模式，即摆脱一切中间商，直接与家电生产厂家进行合作，把市场营销的主动权牢牢控制在自己手中。近年来，国美与多家生产厂家达成协议，厂商给国美最优惠的政策和价格，国美则承担其产品的经销责任，保证最大的销售量。而向生产商订的货越多，拿到的价格就越低；拿到的价格越低，国美向消费者推出的售价就越便宜；售价越便宜，来买货的消费者就越多；销量越大，向厂商订的货就越多……这种令供需双方相得益彰的良性循环模式，给国美带来了无与匹敌的强大竞争力。反映到市场上，就是国美家电产品的价格普遍比其他零售商低出几十元、几百元，甚至上千元，从而使其始终掌握着市场的主动权。

对此，张志铭认为：勤进快销，以销定进，注意库存的合理性，以明天能卖多少或到后天中午能卖多少，来决定今天的进货量。只有这样快速周转，才能一直站在市场的最前沿。

此外，国美还在经营上尽可能地节约成本，如商城选址一般避免商业繁华地区，场地一般都是3000～5000平方米的适度规模，租期在5年以上，10年以下，租金自然也可以压得很低。如此运作经营，使国美每到一处都能傲视群雄，超然胜出。

4．让消费者成为股东

作为一个对大厂商在价格上说三道四，在零售市场上呼风唤雨的大企业，国美一路风雨过来，上演过一幕幕或风光，或惨烈，或极为轰动的营销佳作和价格火拼。然而，他们早已感到仅凭价格这一杠杆已是力量有限，并将目光锁定在资本市场上。尽管现在不是海内外资本市场最佳的上市时机，然而，上市融资已成为国美的现实选择。

国内家电企业考虑到提高知名度的缘故，上市大多首选内地。而国美之所以远赴香港，而不选择内地上市，主要是鉴于当时国内股市低迷状态，以及期冀已久的二板市场迟迟无望，因此选择香港市场可能更容易获批；第二个原因是先在H股上市，将来可以再回到内地，这样就可以获得更大的融资空间。张志铭还给记者算了一笔账，全国有近5000万股民，如果代表5000万个家庭，股市至少影响着1亿人的生活，这正是国美未来连锁经营选定的目标顾客，让消费者成为股东。

事实上，国美、苏宁、三联等大商家之间的竞争早已从价格战竞争、一城一地的争夺，发展到品牌的竞争。然而，打造品牌需要雄厚的商业资本，因此无论是加快资金流动，还是上市融资，资本依旧是决定连锁零售企业快速发展成败的关键，张志铭能否带领国美在"三国演义"中胜出，今后将会有一场更精彩的表现。

思考：
1. 国美成功的关键是什么？
2. 国美对价格策略的应用如何？

案例 6.3.3 家园玫瑰鲜花汁

1996 年小康食品有限公司控股的徐州市家园食品有限公司在市政府的支持下和法国国际饮品有限公司合作，组建了江苏家园集团。江苏家园集团是一家专业从事玫瑰花卉种植和深加工的企业。公司已经研制、开发并形成产品的有玫瑰鲜花汁、玫瑰鲜花酒、玫瑰花保健茶、干制玫瑰花等系列无污染绿色食品。该公司于 2000 年 9 月通过了 ISO9002 国际质量体系认证及中国进出口商品质量体系认证。目前该公司拥有年产 900 万瓶装鲜花汁生产线及 1000 万听装鲜花汁生产线各一条，年产鲜花汁 60 万件、鲜花酒 20 吨、干花蕾 10 吨，年处理玫瑰鲜花 500 吨的能力。

位于徐州市南郊的汉王乡，有着悠久的玫瑰花种植历史。该地区特有的微酸性土壤，适宜的阳光、气候及丘陵地貌极适宜玫瑰花生长，这一气候特点也决定了玫瑰花在此地能够得到广泛的种植。汉王乡曾被提名为"全球生态五百乡镇"，被评为"中国绿色种植基地"。家园集团结合汉王乡过去种植玫瑰花的经验并与中国农业科学研究院、南京农业大学、无锡工学院等科研院所联合开发、研制了一些新的玫瑰花品种和新型的种植技术。

家园玫瑰鲜花汁是公司开发出来的一种新产品。它是精选天然上好玫瑰花原料，结合现代食品科学技术配以上等枣花蜂蜜精制而成，保存了玫瑰鲜花独有的天然色，具有养颜姿容、润喉生津、健脾降火、柔肝醒胃的作用。

思考：
公司的营销部门准备将此产品推向市场，如果你是营销部经理，你将如何为这种新产品定价？

第 7 章

渠 道 策 略

7.1 教学导入案例

案例 7.1.1 苹果 iPhone 的分销渠道策略

苹果创始人乔布斯认为，IT 公司主攻的战场应该是消费者的右脑与左心房，科技产品应该参与到消费者的生活之中，与他们一起激动、幻想和创作。基于这种理念，苹果公司提出了以用户为中心的数码生活、数字生活（中枢）战略，该战略的主旨就是搭建一个由消费者主导的产业生态圈。

在这样的战略指导下，苹果的渠道策略也是基于用户体验搭建的。目前，苹果在全球 15 个国家建有 423 个 Apple Store（苹果零售店），Apple Store 打造的是数字生活全面体验的空间，店内的区域都以"方案解决区域"与用户进行直接、有效的交互，而不是推销产品，形成较好的口碑及品牌形象。在此基础上，苹果搭建了以整合第三方销售渠道为主的体系，国外主要通过与运营商合作方式销售产品，中国主要是以授权方式销售产品。无论是哪一种方式，苹果体验店所塑造的绝佳的用户体验是前提。

对苹果而言，在哪里销售，由谁销售并不重要，重要的是让用户以体验的方式感受到苹果产品的魅力，并尽快购买到产品。塞尼赫咨询建议，海尔可通过搭建线下、线上一体的高品质体验馆的方式，将与用户交互变得更加个性化、即时化。

1. 企业战略：用户需求决定企业战略

（1）用户才是产品的创造者。

2001 年，iPod 的推出不仅改变了音乐播放器的市场，同时改变了整个音乐产业，是最成功的电子消费产品之一。iPod 在推出大约 5 年半的时间内已经突破 1 亿台的销量，"成为世界上销售上升速度最快的音乐播放器"（当时音乐播放器销售量纪录保持者是索尼公司，从 20 世纪 80—90 年代初的 15 年内，索尼随身听的销售总量为 3.5 亿台）。

2001 年 iPod 发售时，苹果公司开设了一个 iPod Lounge 网站，iPod 的用户可以建立自己的用户信息，定制自己的 iPod 附件，给改进 iPod 提出建议和点子。这个论坛由苹果公司的员工维护，整理建议，并把最好的点子推荐给苹果公司。让用户成为产品改进的设计者和研发者，这符合了乔布斯与消费者"共创"的理念。

（2）搭建开放式共赢的商业生态体系。

在一系列创新产品的带动下，苹果创建了硬件加软件的开放平台，软件上的内容和硬件设备的附件产品提供则由参与生态圈打造的第三方提供，苹果公司承担了看护者的角色。

iTune 音乐商店是第一个将版权音乐集成联网的商业平台，客户端可以个性化管理，同时与便携设备"即插即用",操作简单,奠定了"数码生活"用户体验的基础。iTunes在音乐发行方集成了EMI、SONY等主要版权音乐发行方,同时因为支持用户购买单曲,很大程度上降低了购买版权音乐的门槛,将付费数字音乐推向主流而iPod和iTunes的集成使用户音乐资源与播放器之间的传输实现了"即插即用",操作简洁,优化了数字音乐播放器的用户体验。

iPhone加App Store与iPod加iTunes是完全一样的模式,App Store的第三方是更广泛的软件开发群体。iPhone拥有基于iTunes的影音内容提供,内置Google互联网服务,以及近5000个应用软件。App Store没有资质限制,任何软件开发商或者个人都可以在App Store上销售软件,但是苹果公司有审查和批准在App Store发售的软件质量的唯一裁定权。苹果搭建的这种开放式的共创平台,纵向上是供应商(比如提供存储硬件的三星)和苹果产品用户,横向上包括附件生产商(如iCase)和内容提供商(如软件开发群体)。苹果在这个生态圈中的核心地位既便于其管理iPhone的用户体验,同时保证了其对生态圈内收益的提取。

2. 渠道策略:体验为王,体验即交互

为了尽可能地贴近更多的消费者,扩大"果粉"以外的消费者对苹果产品的认知,App Store精心设计了呈现"数字生活中枢"的用户体验场。目前,苹果在全球15个国家共建立了423个体验店。

App Store打造的是数字生活全面体验的空间,店内的区域都以"方案解决区域",与用户进行直接、有效的交互,而不是推销产品。

体验一:为了实现产品与顾客生活体验的契合,店里没有晃眼的灯光、嘈杂的音乐或者推销产品的售货员,顾客可以摆弄各种机器。

体验二:店里设有一对一的零售店会籍,包括面对面地培训Mac使用的基础知识、从旧电脑到苹果电脑的转换,或者指导使用其他高级别的项目。

体验三:天才吧(Genius Bar)是苹果店的另一个创新,让顾客可以与维修人员面对面地进行问题检修。

苹果体验店实际上就是苹果与用户零距离交互的场所,它提供了一种企业与用户之间最便捷的通信方式,在用户体验中收集需求,体验即交互,实现了企业与用户最大程度的无缝对接。

3. 苹果在美国、欧洲等海外的销售渠道体系

(1)运营商渠道。

1)运营商独家代理渠道。在独家代理商合作框架的约束下,无论是苹果自有渠道销售的产品还是运营商渠道销售的产品,都需要用户与运营商签订一定时限的网络使用合同,以提升iPhone绑定用户的作用。

2)未来可能采取:运营商定制。随着苹果发展iPhone的核心战略逐渐从以盈利增长为核心向以用户基数增长为核心的转变,未来苹果有可能改变其现有的运营商合作策略,放开其产品同意以运营商定制的方式来销售iPhone。

(2)苹果自有渠道。

1)直营店。实体渠道即苹果在各个国家或地区建立的自有产品销售渠道,主要包括

苹果产品的专卖店、体验店等多种实体店面，当然这样的店面的数量不会很多，主要是根据地区的用户需求和市场环境来确定专卖店的建设布局。目前苹果在全球共有420家直营店。在美国总共有200家的苹果产品专卖店。在中国内地共有10家苹果直营店，北京、上海各4家，深圳、成都各1家。由于苹果正在加强自营零售店的发展，苹果在欧洲的授权经销商普遍表示，他们在苹果眼中的优先级已经大大下降。

2) 网络商店。网络渠道即苹果的网上商店，也就是苹果建设的电子商务B2C商城，当然其销售的都是苹果自有的一些商品。

4. 苹果在中国的销售渠道体系

苹果在中国的销售体系搭建方式如下。

(1) 总代理方式。

苹果授权在某地区的代表，代行使苹果公司的一些职能，并经销苹果产品，所经营的产品可以现金购买，也可以是销后结账。

目前，中国区共有两家总代理：长虹佳华和佳杰科技。2013年初，苹果对中国总代理商做出调整，取消了方正世纪、翰林汇的代理资格，只保留了长虹佳华和佳杰科技两家全国总代理。不管是被取消代理资格的神州数码，还是其他4家代理商，苹果业务都不属于核心业务，更何况苹果在中国市场的地位上还是苹果自身产品的强大，代理商在其中做的贡献有限。苹果理想的合作伙伴有两类：一类是真正触角伸向全国的大型连锁商超；另一类就是苹果业务占营收较高的优质经销商，如英龙华辰、酷动、新亚等公司。

(2) 经销商方式。

直接经营苹果产品的客户，经营的产品需要现金购买。苹果经销商全国共有两家，分别为中国邮电器材总公司和深圳天音公司，两个经销商在各省省会城市、直辖市分别建有自己的分公司，是苹果公司在中国内地的指定渠道经销商。通过这两家公司的营销网络，能够覆盖全国各地、市、县、乡的各级零售店。

(3) 零售终端方式。

零售终端方面，苹果采取了授权专卖店、卖场连锁店以及网上授权零售三种方式相结合的路线。在中国主要有电器零售公司国美电器、苏宁电器、迪信通电器及全国其他各省共80家左右当地最大的电器零售商或手机零售商，这些零售商和苹果公司签有直供协议，不通过代理直接从苹果公司进货，比普通零售商享有更大的价格优势和市场支持。

案例7.1.2　LG电子公司的渠道策略

LG电子公司从1994年开始进军中国家电业，目前其产品包括电视机、空调、洗衣机、微波炉、显示器等种类。LG把营销渠道作为一种重要资产来经营，通过把握渠道机会、设计和管理营销渠道，拥有了一个高效率、低成本的销售渠道系统，提高了其产品的知名度、市场占有率和竞争力。

1. 准确进行产品市场定位和选择恰当的营销渠道

LG家电产品系列、种类较齐全，其产品规格、质量主要集中在中高端。与其他国内外品牌相比，最大的优势在于其产品性价比很高，消费者能以略高于国内产品的价格购买到不逊色于国际著名品牌的产品。因此，LG将市场定位在那些既对产品性能和质量要求较高，又对价格比较敏感的客户。LG选择大型商场和家电连锁超市作为主要营销渠道。

因为大型商场是我国家电产品销售的主渠道,具有客流量大、信誉度高的特点,便于扩大 LG 品牌的知名度。在一些市场发育程度不很高的地区,LG 则投资建立一定数量的专卖店,为其在当地市场的竞争打下良好的基础。

2. 正确理解营销渠道与自身的相互要求

LG 对渠道商的要求包括渠道商要保持很高的忠诚度,不能因渠道反水而导致客户流失;渠道商要贯彻其经营理念、管理方式、工作方法和业务模式,以便彼此的沟通与互动;渠道商应该提供优质的售前、售中、售后服务,使 LG 品牌获得客户的认同;渠道商还应及时反馈客户对 LG 产品及潜在产品的需求反应,以便把握产品及市场走向。渠道商则希望 LG 制订合理的渠道政策,造就高质量、统一的渠道队伍,使自己从中获益;LG 还应提供的持续、有针对性的培训,以便及时了解产品性能和技术的最新发展;另外,渠道商还希望得到 LG 更多方面的支持,并能够依据市场需求变化,及时对其经营行为进行有效调整。

3. 为渠道商提供全方位的支持和进行有效的管理

LG 认为企业与渠道商之间是互相依存、互利互惠的合作伙伴关系,而非仅仅是商业伙伴。在相互的位置关系方面,自身居于优势地位。无论从企业实力、经营管理水平,还是对产品和整个市场的了解上,厂商都强于其渠道经销商。所以在渠道政策和具体的措施方面,LG 都给予经销商大力支持。这些支持表现在两个方面:利润分配和经营管理。在利润分配方面,LG 给予经销商非常大的收益空间,为其制订了非常合理、详细的利润反馈机制。在经营管理方面,LG 为经销商提供全面的支持,包括信息支持、培训支持、服务支持、广告支持等。尤其具有特色的是 LG 充分利用网络对经销商提供支持。在其网站中专门设立了经销商 GLUB,不仅包括 LG 全部产品的技术指示、性能特点、功能应用等方面的详尽资料,还传授一般性的企业经营管理知识和非常具体的操作方法。采用这种方式,既降低了成本,又提高了效率。

然而经销商的目标是自身利润最大化,与 LG 的目标并不完全一致。因此,LG 必须对渠道商进行有效的管理,以提高其经济性、可控制性和适应性。渠道管理的关键在于价格政策的切实执行。为了防止不同销售区域间的窜货发生,LG 实行统一的市场价格,对渠道商进行评估时既考察销售数量,更重视销售质量。同时与渠道商签订合同来明确双方的权利与义务,用制度来规范渠道商的行为,防止某些经销商为了扩大销售量、获取更多返利而低价销售,从而使经销商之间保持良性竞争和互相制衡。

4. 细化营销渠道,提高其效率

LG 依据产品的种类和特点对营销渠道进行细化,将其分为 LT 产品、空调与制冷产品、影音设备等营销渠道。这样,每个经销商所需要掌握的产品信息、市场信息范围缩小了,可以有更多的精力向深度方向发展,更好地认识产品、把握市场、了解客户,最终提高销售质量和业绩。

5. 改变营销模式,实行逆向营销

为了避免传统营销模式的弊端,真正做到以消费者为中心,LG 将营销模式由传统的"LG→总代理→二级代理商→⋯→用户"改变为"用户→零售商→LG+分销商"的逆向模式。采用这种营销模式,LG 加强了对经销商特别是零售商的服务与管理,使渠道更通畅。同时中间环节大大减少,物流速度明显加快,销售成本随之降低,产品的价格也更具竞争力。

7.2 课堂讨论案例

案例7.2.1 雷士照明:渠道变革制胜

10年前,当吴长江在惠州成立雷士照明公司,在一栋略显简陋的厂房墙上打出"争行业第一,创世界品牌"的长期目标时,许多员工都认为这是天方夜谭。"2003年,当公司连续三年实现产值翻一番,销售额达到3亿,2005年销售额达到8亿时,我们对未来的蓝图越来越有信心。"2002年加入雷士,现为品牌总监的石勇军回忆说。

2005—2008年,雷士经历了股东纷争、市场、技术、管理等发展瓶颈,但每次都在总裁吴长江的带领下,在主动变革的过程中将困难转化为机会,迎来了企业的快速发展期。2008年,在照明全行业70%的企业出现亏损的不利环境下,雷士逆市实现50%的业绩增长,海外销售增长300%,成为2008年中国照明行业的领跑者。

10年销售增长超过110倍,年均复合增长率达到70%,雷士公司超越了大部分的竞争者,实现了跨越式的发展。10年里,雷士发挥了自己的长处,在应对市场变化的时候进行了有效的转型,从渠道、产品、速度三个纬度全面展开,并最终形成了协同效应。

2005年,是吴长江记忆深刻的一年。他推动的渠道变革遭遇到来自股东和经销商的质疑,但最终凭借着5年多来与经销商合作建立的信任,凭借着先期三个省试点的成功,最后坚定了大家的信念,推进了渠道变革的进程。

2000年,在创业初期资金有限的条件下,雷士采取了定位细分市场的战略,主攻商业照明。为了给外界展示一个统一的形象,并且在不占用过多资金的情况下迅速打开自己的销售渠道,雷士首创了国内照明行业品牌专卖店的销售模式。当时它给每个加盟的经销商提供3万元的补贴,用于其进行店面装修和样品展示,并给店员发放基本工资补贴。经销商几乎在没有太多前期投入的前提下,拥有了自己的销售终端。这一年7月雷士在沈阳开设了第一家专卖店,2003年达到800家,2005年超过1000家。

5年中,雷士的渠道基本覆盖国内大部分省市一二级市场,但向县乡第三级市场扩张时,专卖店体系自身的弊端也充分显现。首先是专卖店门槛低,经销商因为逐利的心理忠诚度低;其次,同一区域内的经销商为了提高销量,频繁打价格战或进行窜货,渠道良性发展受到影响。

此外,对专卖店的管理和支持也耗费了雷士管理层大部分的精力。公司要实现从销售型企业向国际化企业转变,管理层必须将精力集中在产品制造、研发、品牌运作和开拓新市场等方面。为了提高资源配置效率和加快对市场变化的反应速度,渠道管理模式的变革已经迫在眉睫。

2005年4月,雷士召开经销商大会,吴长江宣布建立以运营中心为主体的渠道变革新政,变革的重心是营销权集中,管理权下放。担当运营中心管理职责的经销商,刚开始管理区域内其他经销商,可能赚不了多少钱,但当他通过努力把平台做大,渠道销售网布好了,在发展过程中管理能力提升到位了,就可以赚大钱。

早在 2005 年 3 月中旬，雷士已经在试行变革，第一批试点作业在江苏、山东等省份同时展开。第一期试点战役持续了 15 天，雷士的营销队伍在试点省份 109 个市、县实行拉网作业，走访了上千个终端销售网点。经过 15 天的共同努力，使雷士在试点省份的有效销售网点新增了 100 多个，首批销售回款近 1000 万元。

看到试点省份的运行业绩，雷士的营销团队增强了变革信心。渠道变革全面展开，由各省市较大的经销商组建了 36 个运营中心，各运营中心除继续原有销售终端外，还负责区域内的产品配送、品牌服务、市场秩序维护和销售规划。雷士在各地设立办事处，协助运营中心管理经销商和专卖店。

2008 年，当一些同行在研究如何获得现金流，继续生存的时候，雷士拿出 2 亿元市场授信与经销商共发展。这个数字几乎等于很多国内中等规模照明企业 1 年的销售业绩。授信的对象涵盖全国 36 个运营中心、2200 多家品牌专卖店和超过 1500 家经销商，形式包括现金和货物。大额授信额度可以帮助渠道商做大做强，提升渠道竞争力和销售业绩。

"让经销商先赢，雷士才能赢。"吴长江说，"我们和经销商是战略合作伙伴关系，合作的基础是价值观认同，公平对等地保障经销商权益。"雷士一位经销商曾说，在加盟雷士十年间，最大的收获就是从一个买卖人，变成了一个有事业心的人。

案例 7.2.2 利用海外代理在目标市场创品牌

深圳高新奇电子有限公司成立于 1997 年，专营各种型号电话机的生产出口。短短的几年工夫，高新奇巧妙地利用各个市场的代理，迅速地将自己的产品和品牌渗透到这些市场。

1. 巧用代理：埃及市场逞威风

许多电话机出口商都向往埃及市场。虽然埃及也不过有 600 万线的用户，但那里电话机的销量非常大。行家们常开玩笑说：埃及人不是买电话，而是在吃电话。在埃及，用户装电话不要钱，打电话收费也很低，有的埃及家庭用户一家有 20 部电话。许多埃及人喜欢"煲"电话粥，因此，那里的电话市场非常活跃。

埃及电话市场多年来控制在 ABC 兄弟电讯公司手中，他们的客户占埃及市场的 3/5。每当 ABC 兄弟电讯公司来中国买货，一挥手就是 5 个 35 米的大柜，抛出几万美元的定金。有时，他们来提货时甚至带上几十万美元的现金。1999 年 7 月，一个叫 M.H. 的埃及人来中国访问一家深圳电话机出口商。那时，M.H. 是埃及国内的小商人，常从 ABC 兄弟那里拿货。

据说，他的办公室只有 13 平方米，他从环球资源网站上知道了这家深圳公司的名字，并很喜欢这家深圳公司的产品。M.H. 先生买了几次货后，就向这家深圳公司提出代理的要求。1999 年 9 月 8 日，在深圳宝安名典咖啡屋，这家公司的许总与 M.H. 先生反复讨论，并签署了为期一年的代理协议。

从那时起，大量在深圳生产的电话机，通过 M.H. 先生来到了埃及市场。几个月过去了，埃及人迅速地认识到这些电话机质量很好，做工精细，包装考究。与此同时，这家深圳公司免费赠给 M.H. 先生的电话机展品、彩色的喷绘图也到了埃及。M.H. 先生也丝毫没有犹豫和含糊，差不多每 15 天就在埃及最有名的报纸上登出 30cm×20cm 的产品广告。

半年过去了,这家深圳公司的一种大液晶来电显示电话成为了埃及人的至爱,M. H. 先生也不负所望,把大部分产品卖到了日本产品的价钱。虽然埃及人把这家深圳公司生产的电话机当成日本产品去买,但实际上全部贴的是中国邮电部的入网证,是货真价实的中国产品。

这使 ABC 兄弟感觉到,在他们独霸的电话市场上出现了大的对手,他们的客户 M. H. 先生已自立门户,越做越好。他们当即给这家深圳公司传真订单,一次就订 5 万台,并马上付定金。但是,这家深圳公司婉言谢绝了 ABC 兄弟。

如今,在埃及,通过 M. H. 先生已建立了十几家这家深圳公司品牌的电话机专卖店,那里洋溢着这个深圳品牌的企业文化:有该品牌分销商的铜牌、大幅的产品喷绘画、产品旗帜、广告灯饰。M. H. 先生也已成为那家埃及企业集团的董事会主席,每个月起码给这家深圳公司下 25 万～30 万美元的订单,经常开着他的宝马车巡视他的在埃及市场 1/3 的天下。每个季度飞来中国一次与这家深圳公司商讨如何进一步扩大市场,并声称有信心占领埃及市场一半的天下。

上述故事里这家"深圳公司"除了在上述埃及市场获得如此瞩目的成功外,在泰国市场、沙特阿拉伯市场都获得同样的成功,在韩国市场的战线也已全面拉开。所以,在他们出口呈跳跃式上升的同时,由于通过代理,在当地市场的合理定价,出口业务利润也好过同行。该公司主管出口的臧友松副总经理在讲述上面的故事后,接着介绍说:"创品牌的目的是保持稳定的价位,没有品牌卖不了好价,但只有通过当地代理,品牌的规划才更全面,经营才能更踏实,而我们作为生产出口方也会感觉越轻松。"

2. 选择代理:细微之处识大节

代理对品牌推广的贡献如何取决于代理自身的素质。深圳高新奇选择他们在埃及的代理时特别分析了 M. H. 先生的个人品质和能力等情况。出口商还要注意的是,要想确切地了解代理商的能力和资信状况,需要在业务交往中通过观察客户方方面面的表现,特别是许多细节,来进行分析和判断。臧先生在总结一个合格的代理商应该具有哪些主要特征时说:"他应该是能力突出的商人,有成熟的市场运作经验、现成的销售网络、完善的售后服务系统和能力、两年以上的专业经验等。"

他说,现在与外商联系基本是通过 E-mail 方式,非常方便,他每天起码要收到 10 个以上的 E-mail 查询。在长期处理大量新老客户的往来函电中,臧总对下列类型的新查询是不会委托他们做代理的:如只使用 Hotmail、Yahoo 等免费邮箱与他联系的商家;来函上显示该公司的电话和传真是同一个号码;只愿或只能做公司产品中一两个型号的公司;声称要经过 3 个月评估后才会购买产品的客商;没有自己 URL 地址的商家;在 E-mail 中体现出英语水平不好的商人;要样品但不想支付任何费用的公司。因为从这些表现来看,上述外商要么没有诚意,要么实力较小,要么对公司产品兴趣不浓,说不准是竞争对手来摸行情的,所以,臧先生最多将其视作普通的交易伙伴,有机会做些实际买卖再说。

只要收到同一位客户的 3 封邮件,就能感觉得出这家公司或这个商人是否有能力成为他的产品代理。臧先生说,通常来说,外商在来电中表示,他想与你立即建立业务关系,立即通知你他需要你的样品和产品目录,并愿意支付样品费和 DHL 费用,很快制订日程来考察企业，了解生产、质量控制、老板的为人等情况，会比较快地下试订单，进一步检验了解你的公司业务运作情况等，就说明这些外商积极性高，很有诚意，并且对产品和企业兴趣很浓。

这些都是细微的事情，但正是从这些具体细节和信息中，才可以了解到与你打交道的外商做生意的风格、实力、诚意和决心如何。所以，出口商无论是想从现有的合作伙伴中挑选出有潜力的对象作为自己的代理，还是从刚认识的客户中培养一些好的代理出来，从这些方面进行分析和考察是成功的关键。

3. 分工合作实现双赢

利用代理推广自己的品牌，就是要充分利用代理在当地市场的营销网络、产业群或客户群推广自己的品牌，扩大品牌在当地市场的影响力和占有率，并有效地在当地挖掘和培育新市场，请代理及时提供市场信息，共同开发和创新产品。

充分发挥代理在当地的作用是一个牵涉到多方面的、长期的工作，必须与代理分工合作。高新奇的经验是，作为供应商，首先要保证产品质量，没有质量也就没有品牌；其次，与代理经常见面商讨品牌推广战略和策略，臧先生说："每年起码要见面两次，开会商量如何推广发展市场的计划。"再次，就是许多具体工作要细致、主动，比如在代理那边设立一个样品陈列室，免费向代理和客户提供一些样品和产品目录；在代理的销售网络中加入产品图片、产品标识、产品品牌的广告灯箱；及时向当地市场推出新产品、新型号；帮助代理完善他的产品售后服务系统等。

将企业的产品卖一两批出去容易，真正要在某国或某地市场做开，将牌子打响却不那么容易，其中有相当难度的业务工作就体现在如何找一个好的代理、如何跟他们打交道、如何充分利用代理推广品牌等。因此，代理商质量的好坏往往能决定你的产品在当地市场的命运和前途。

案例 7.2.3　李宁公司的网络营销渠道建设

1990 年，李宁有限公司从广东三水起步。1995 年，李宁公司成为中国体育用品行业的领跑者。1998 年，公司建立了本土公司第一家服装与鞋的产品设计开发中心，成为自主开发的中国体育用品公司。李宁公司拥有中国最大的体育用品分销网络。据 2008 年李宁公司的财务报表显示，截至 2008 年年底，李宁牌北京电影学院图书馆共计有 6245 家。同时，李宁公司的国际网络也在不断拓展，目前已进入 23 个国家和地区。目前，李宁公司正在全国范围内建立以 ERP 为起点的信息系统，全面整合产品设计、供应链、渠道、零售等资源中国童装品牌电子商务，进一步提高运作效率和品牌形象。2004 年，李宁公司在香港联交主板成功上市，成为第一家在海外上市的中国体育用品企业。2008 年李宁公司营业额同比增长 53.8%，至 66.90 亿元人民币。

李宁公司目前旗下拥有的品牌包括李宁品牌、艾高 aigle、红双喜以及倡导"快时尚"的大卖场品牌——zdo 新动。李宁服装一致追求的是流行、时尚的元素，李宁的服装产品是很多年轻人喜爱的。李宁产品主要是以运动产品为主，每年的新品多达 8000 多个，其中运动装、鞋类非常适合在网上销售。

李宁产品的目标群体的特征为在 15～45 岁等距分布的基础上，以 24～35 岁为主，二级城市，中等收入，大众化而非专业运动消费。而李宁公司目标消费群的特征为 14～28

岁、学生为主，大中城市，喜爱运动，崇尚新潮时尚和国际流行趋势。

2008年4月10日，李宁在淘宝商城开设的第一家直营网店上线。接着相继在新浪商城、逛街网、拍拍、易趣上通过直营和授权的形式开设了网店，可以看出李宁公司刚开始选择的渠道是网络商城模式。2008年6月，李宁推出了自己的意外惊喜服装加盟店商城——李宁官方商城，李宁公司而后又自建官方商城。

李宁公司刚开始在自己对网络营销渠道不是很了解的情况下，主要是通过利用现有的网络营销渠道资源，对一些网络店铺进行授权、整合，纳入自己的渠道内，同时也积极在各大商城上开设自己的网络直营店铺，接着在此推出了自己的网络直销平台。可见李宁公司在网络营销渠道模式的选择是网络商城的模式。

1. 网络商城模式实施

2008年初，李宁在涉水电子商务之前做的一项调研结果显示：淘宝网上的李宁牌产品的网店已达700余家，而2007年李宁产品在淘宝上的销售流水已达5000万元人民币。在此环境下，李宁开始于2008年4月在淘宝商城上开设了自己的直营店铺，接着通过直营和授权的形式开设了多家网络店铺。

（1）李宁官方直营店铺：李宁官方商城、李宁淘宝官方网店、李宁淘宝官方折扣店、李宁官方拍拍店。

（2）李宁官方授权店：李宁淘宝五洲商城、李宁淘宝古星专卖店、李宁淘宝古星折扣店、李宁易趣古星专卖店、逛街网李宁专卖店、新浪李宁专卖店等授权店。

2. 网络直接营销渠道的实施

随着我国服装行业网络直销的兴起，在网络经济环境下，网络消费者对服装的个性化需求快速提升。李宁公司于2008年6月推出了官方商城。

（1）网站建设。

网站是服装企业通向互联网的大门，网络消费者在网络购买服装时是通过网络来了解服装企业的信息，通过文字、图片和视频来了解服装产品的相关特性，网站建设者应该重视消费者在观赏网站时的视觉和心理感受，服装产品图片的色彩、搭配等。进入李宁官方商城后，人们可以看到，在用色上主要是黑白红的组合，给人以购买的冲动。顶部导航条依次是首页、我的李宁、主题活动、产品地带、兑换礼品、特价区、企业vip。

（2）功能系统的实现。

1）信息系统。信息系统主要是传递李宁公司和服装产品的信息发布、活动公告、消费者信息采集等。通过网站的信息系统，网站获得了网络消费者的个人注册信息，并在线向消费者推广了企业开展的各种优惠活动内容等，从而在美化网站前台系统基础上，完成了信息的流通和对消费者信息的采集。

2）购物系统。主要是提供给消费者服装产品、方式等信息，记录购物车信息、消费者选择支付和配送。购物系统是服装企业实施网络直接营销渠道的核心部分，网络消费者在进入到购物系统后，吸引消费者的首先是其服装产品的色彩和款式，所以此时服装的图片布局和效果都非常重要。

数据库系统：主要是有机记录系统传递的信息，并与外部接口（银行系统、认证机构、物流配送中心）连接，同时将实时数据传送至企业内部各个系统，供企业实施相应的内部管理、客户资源管理等。

支付方式：李宁公司官方网店的支付方式有三种分别是网银在线、快钱、支付宝。

配送方式：申通快递、顺风快递、EMS。快递的选择由李宁公司与快递公司签订的线路为依据来做安排，申通优先，如遇前者无法到达的区域由 EMS 送达。

3. 网络渠道推广

（1）和门户网站的合作：李宁公司在网易首页上投放的旗帜广告直接连接到官方网店，以及和新浪网合作开设的李宁俱乐部板块。

（2）通过搜索引擎推广：李宁公司购买了 google 的相关关键字的广告。例如在 google 搜索李宁，李宁公司的官方直营店排在第一位。

（3）通过主题活动方式：在李宁公司的官方网店里面有个栏目是主题活动，会不定期地举办一些活动，例如举行的注册会员送 500 积分、购买奥尼尔的战靴赠送"大鲨鱼"玩偶等。

4. 渠道协调

为了更好地协调好网络营销渠道和传统渠道之间的关系，李宁公司主要做了以下事情：

（1）在销售的商品上进行区分：李宁公司在线下各专卖店的销售以正价新品为主，而在专门的打折店中销售库存产品为主。网上商城主要以正价新品的推荐和限量商品为主，包括明星签名的商品，这些商品瞄准的是少数消费者；而淘宝商城的网店则进行一部分库存商品的销售。

（2）网络渠道和传统渠道产品价格一致：李宁公司把各种网店纳入自己的价格体系中。在 B2C 方面，李宁沿用地面渠道与经销商的合作方式，与网上的 B2C 平台签约授权李宁的产品销售；对于 C2C 中的，李宁虽没有与之签订正式的授权协议，但通过供货、产品服务以及培训的优惠条件，将其纳入自己的价格体系中。据李宁电子商务部林力介绍，目前已有 400 余家 C2C 网店纳入了李宁的管理体系。

（3）整顿网络渠道和传统渠道：为了协调好网络营销渠道和传统渠道之间的关系，李宁公司对很多网店及传统渠道进行了一次整顿，目的是杜绝线下经销商和制造商违规出货。

李宁公司是一家以传统渠道为主的企业，有自己的品牌，在进行网络营销渠道建设时，网络上已经有一些自发形成的网上商城渠道，李宁公司采取的策略主要是整合现有的渠道资源，通过授权的形式收编现有的网络渠道资源，同时也在各大平台上开设自己的网络直营店铺，这可以看成是李宁公司对网络营销渠道的试水。紧接着李宁公司以自建平台的形式开通了自己的官方商城。在渠道协调上，李宁公司主要采取的策略是区分出线上和线下产品销售的种类以及统一产品的价格。在网络营销渠道的推广上，主要是通过在一些综合型门户网站上做广告以及搜索引擎营销的方式。总体来看李宁公司所采取的网络营销渠道战略是成功的，但同时还有一些问题，比如没能很好地协调好两种渠道，依然存在渠道冲突的问题；在网站的建设方面还有些需要改进的地方，比如网站打开速度较慢，官方商城的建设没能很好地体现和用户之间的交互。总而言之，李宁公司的网络营销渠道建设对于服装企业是具有极高的参考价值的。

7.3 课外思考案例

案例7.3.1 格力自建渠道掌握终端市场

珠海格力电器股份有限公司是一家集研发、生产、销售、服务于一体的国际化家电企业，拥有格力、TOSOT、晶弘三大品牌，主营家用空调、中央空调、空气能热水器、手机、生活电器、冰箱等产品，2015年排名"福布斯全球2000强"第385名，家用电器类全球第一位。

公司自1991年成立以来，始终坚持"自主创新"的发展理念，秉承"百年企业"的经营目标，凭借领先的技术研发、严格的质量管理、独特的营销模式、完善的售后服务享誉海内外。2005年至今，格力家用空调产销量连续11年领跑全球，2006年荣获"世界名牌"称号。2015年格力电器实现营业总收入1005.64亿元，净利润126.24亿元，纳税148.16亿元，连续14年位居中国家电行业纳税第一，累计纳税达到683.38亿元。

2010年是格力空调畅销的第15个年头。这一年，格力空调以销售收入600亿元的成绩继续领航国内空调业。在家电领域，很多品牌都踌躇不前，而格力却能逆势而上，并且保持较高的利润率。总结格力电器取得的这些成就，总裁董明珠认为应该归功于其20多年来建立起来的分销网络，"我们创造出'格力专卖店'这一独特的渠道模式，通过多年经营，逐渐形成了以城市为中心、以地县为基础、以乡镇为依托的三级营销网络，从而保证了在空调市场格力自建渠道提升了对供应链终端的掌控能力。竞争激烈、家电渠道商挤压厂家利润的形势下，销售连年增长。"格力建立起的渠道优势成为其他竞争对手难以追赶的关键所在。

1. 通过区域性销售公司形成渠道利益共同体

格力掌控渠道终端，是被逼无奈的结果。1997年，格力在湖北的四大经销大户，在整个行业空调大战中，为了抢占地盘、追求利润，搞竞相降价游戏，结果导致格力在湖北的市场价格体系被冲得七零八落。格力和经销商两败俱伤。

情急之下，时任格力销售总经理的董明珠，提出一个大胆的想法：成立以利益为纽带，以格力品牌为旗帜，互利双赢的联合经营实体，由此，湖北格力空调销售公司诞生。区域销售公司由企业与渠道商共同出资组建，各占股份并实施年底共同分红。它的核心理念是渠道、网络、市场、服务全部实现统一，共同做市场共谋发展。在这其中，格力只输出品牌和管理，在销售分公司中占有少许股份。湖北格力空调销售公司在成立后的第二年就使销售上了一个新台阶，增长幅度达45%，销售额突破5亿元。此后3年，格力空调的销售实现了飞跃式的增长，销售额从1997年的42亿元增长到1999年的60亿元，2004年时已达138.32亿元。

凭借这些区域公司的支撑，格力对零售终端的掌控力度越来越大。2004年3月，格力电器与国美在格力空调的销售上发生争执，格力电器认为成都国美擅自降价破坏了格力空调在市场中长期稳定统一的价格体系，决定停止向国美供货。国美则称由于格力电器在价格上不肯让步，与国美"薄利多销"的原则相违背，要求各地分公司将格力空调的库存清理完毕。争执最终导致格力电器脱离国美的销售渠道。不过，格力销售额并没有受到太大影响，那时他们的专卖店已近万家，遍布全国。

格力渠道体系自上而下分工明确，组织严密。格力空调省级合资经销商由省内最大的几个批发商同格力电器合资组成，负责对当地市场进行监控，规范价格体系和进货渠道，以统一的价格将产品批发给下一级经销商；各地市级批发商也组成相应的合资分公司，负责所在区域内的格力空调销售，但格力在其中没有股份。此外，格力公司负责实施全国范围内的广告和促销活动，而当地广告和促销活动以及店面装修之类工作则由合资销售公司负责完成。格力专卖店体系是区域渠道联营体直接管理，由区域联营体或下级经销商自建而成。格力先后在32个省市成立了区域性销售公司，这些多分支机构开拓了近万家专卖店。

格力的"股份制区域销售公司"模式，通过相对清晰的股份制产权关系，很好地解决了利益的创造和分享的问题，同时培养了各经销商对格力品牌的忠诚度，统一价格体系，成为利益共同体。

2. 用资本的方式控制经销商

2000年之后，格力各地经销公司的实力壮大，控制权也随之增强，与格力的"摩擦"又多起来。为此，格力采取了强有力的措施。

2001年，格力先后在湖北和安徽清理了原有的经销商。2003年8月，格力开始主动对渠道动手术。第一步，首次向广州和深圳分公司注入资金，增持两个分公司的股份，达到控股目的；第二步，直接从总部派驻董事长和销售主管，总经理也由新股东担任；第三步，重新划分销售区域，将从化、番禺、花都和清远等分公司直接划入广州分公司，惠州、东莞等分公司被划入深圳分公司。由此，广州和深圳销售公司势力范围得以加强。此后，在湖北、安徽、广西也采取类似方法。

格力渠道简单说来是"三级体制"规划，厂家—厂商联营体—渠道体。这里面，厂家是决策层，厂商联营体是执行层，渠道体是格力到达最终消费者的平台和桥梁。格力以专卖店作为主导的零售形态，是想让格力专卖店未来的服务走向专业化、标准化。这种专业化、标准化的要求按照董明珠的话来说就是只要某一个消费者在格力专卖店买一台空调，格力全国营业网点都知道他在哪一家专卖店买了什么型号的空调、什么时候装的机，该消费者所购的空调无论什么时候在什么地方出现质量问题，只要打个电话，格力的服务就能即刻到位。

区域销售公司在品牌以及服务方面的投入按照销售额的比例可以迅速在货款中扣减，这大大增强了经销商层面投入"品牌与服务"的动力。对于格力品牌而言，更是良性推动。有了品牌和品质做支撑的格力专卖店渠道模式不仅有利于提升厂家品牌形象，而且专店专营的营销模式有利于整合优势资源，为消费者提供更为周到和专业的售前、售中和售后服务，从根本上保障了厂家、商家、消费者三方的利益。2007年，格力在专卖店的基础上成立了"4S+1"专业店，通过"4S"的专业服务打造强有力的零售终端。

3. 多元渠道共存

在区域销售公司辖区内，格力空调的终端渠道除了有专卖店，还有家电连锁企业、商场超市，以及批发商、零售商等其他形态，形成以专卖店为主的"多元渠道共存"的销售模式。

家电连锁企业覆盖中国一级城市市场的70%左右，二级和三级城市的30%左右，因此，虽然在2004年，格力"忍痛"割舍了国美，但又曲线实现了与家电连锁企业的合作。格力电器通过家电连锁继续保持在一级市场的增长，2006年除了继续强化与五星的全面合作外，又与永乐实现了正常合作。同时在区域市场还通过格力电器的代理商进入了苏宁、国美的卖场。对此，董明珠表现出精明的变通："格力最大的成功在于它能够适应市场的变化。格力选择的是一条能够适应市场需求的路。"

格力空调通过对终端渠道的整合，实现了制造、物流、销售、服务各个环节之间信息的透明共享、风险利益的共担，从而避免了供应商与家电零售企业之间以"价格谈判"为核心的挤压竞争关系，提升了自身对供应链的控制能力。厂商联营的渠道管理模式提高了供应链的整体效率，进而让格力保持较高的利润率。

思考：

1. 家电制造企业能够完全脱离家电零售企业的"大卖场"，依靠自建渠道保证市场份额的增长吗？
2. 格力渠道模式是否能够复制？
3. 制造业延伸供应链上下游存在哪些机遇和风险？

案例7.3.2　高露洁持续发展之道

高露洁公司是美国一家生产经营洗涤品、牙膏、化妆品的跨国公司，据统计，2016年净销售额为151.95亿美元，居美国最大500家工业公司的第77位。占据世界口腔护理品总销量的近50%。

高露洁公司是以经营牙膏为主的企业。创业的头几年，尽管其产品质量不错，但销量总上不去，因此业绩平平。公司的决策者为了本企业的生存和发展绞尽脑汁，但一直想不出一种有效办法。后来老板横下决心，公开征集良策。他在媒介上登出告示："谁若能想出使高露洁牙膏销路激增的创意，即赠送10万美元奖金。"

10万美元的奖金是充满诱惑力的，来自世界各地的应征者数以万计。这些应征"创意"中有不少是很有见地的，但高露洁公司决策者仅选中一个。他的创意只有两行字，很简单，只要把高露洁牙膏的管口放大50%，那么消费者每天在匆忙中所挤出的牙膏，自然会多出一半，牙膏的销路因而会激增。高露洁公司按照该创意办了以后，果然销量急速上升。

高露洁公司能够持续地发展，与它坚持产品质量和卫生有很大的关系。高露洁的生产车间密布如蛛网的管道，各种大大小小的储存器都是圆弧状的，光可鉴人的地面没有一个接缝。这种圆弧状设计和无接缝的地面，是为了不让粉尘原料有藏身之处，以保证高露洁的产品卫生和质量，从而保证消费者在使用产品时，不会造成任何人身的伤害和损失。而这些又是高露洁GMP作业制度的一环。所谓GMP，就是良好的生产作业制度，它对生产过程中有关人员、材料、建筑、设备、仪器、程序、安全、品质卫生、清洁、记录和培训等都有具体要求和规范。实现GMP目标就必须做好避免污染，保证产品品质和安全可靠等方面的工作。高露洁的生产作业制度不只是写在纸上的制度，每年总部都要对高露洁遍布世界的生产基地分等级，从11个方面对生产环节中的250项进行严格GMP制度审核。

据了解，GMP 为美国最先用于药物生产的质量管理标准，是作为政府对药物质量控制的规范标准。高露洁公司将其引入牙膏生产领域，目前已被许多牙膏生产企业所接受。

高露洁公司的发展，除了因上述各种招法外，还与其有效的行销策略有关。高露洁公司十分重视销路的选定，它确定销路时，首先分析各种因素，依据客观允许的条件及自己经营的产品性质等选择最佳的销路。它确立销路的主要依据有以下几个方面：

（1）产品特性。包括时尚性、技术性、共用性或通用性，产品的体积、重量、包装、价格和保存条件等根据这些特性区别选定行销道路，比如该公司经营的科学器材属时尚性强、技术性高和专用性突出的产品，就直接卖给用户。价格较低的产品，如牙膏，选定的行销道路就长些。

（2）市场特性。一般说来，市场需求潜力越大，顾客的购买频率高而数量不少，就需要选择较长销路，利用中间商，如牙膏就属这类；如果市场潜量少，顾客又集中一次性大批购买，就可不用中间商，直接进行销售。另外，消费的心理、传统购买习惯或消费方式、消费兴趣的转移，都应成为选定销路的考虑因素。

（3）竞争情况。竞争情况对选择销路影响较大，特别是同类产品竞争，竞争对手选用何种销路，是值得研究的。有时候可采用与竞争对手同样的销路，这样比较容易进入市场和占领市场，因为消费者已习惯这种购买行为了。有时候各种销路被竞争者利用或垄断了，就需要换一种销路开展竞争，以新奇的销路产生不同的效果。

（4）企业实力。企业的财力、规模、信誉、管理经验、销售、财务的能力等，都对销路的选择产生重大影响。一般说来，企业实力强，可以在国内外市场设立广泛的销售网点或连锁点，这比交给中间商销售效果要好。即使选择中间商进行销售，要有较大的优势对中间商实行控制。

（5）社会环境。一些国家对某些产品实行配额许可证管理，这些配额许可证不是任何企业都可以领取的。还有些国家或地区流行超级市场销售方式，而有些国家或地区则不兴这种方法等。如何根据这些情况及其他变化作出销路的选择，对企业经营是严峻的考验，善者胜，不善者败。

高露洁公司的决策者认为，企业的行销渠道的选择依据确定后，还必须进一步根据经验把渠道明细化，即明确行销渠道的宽度。具体来说，必须从以下几种形式中选择渠道和分销：

（1）密集型分销渠道。它的核心就是尽可能多地使用中间商销售其产品，让自己的产品到处可以见到，以便市场上现有的消费者和潜在的消费者到处有机会购买其产品。

（2）有选择的分销渠道。是指在目标市场中选用少数符合自己产品特性以及经营目标的中间商销售其产品。有些商品专用这种渠道。因为这些产品的消费者对产品用途有特殊需求或对品牌有偏爱，而广泛分销渠道不一定能推销这些产品，或起码效果不那么好。

（3）独家分销渠道。是指在特定的市场区域选择一家中间商经销其产品。这种渠道有利于维持市场的稳定性，有利于提高产品身价，有利于提高销售效率。

高露洁公司由于在决定市场需要的渠道、选择行销渠道的形式及管理各级渠道上，有战略化的思想和措施，所以其产品，特别是牙膏，畅销于美国乃至全球，迅速发展成为大型跨国企业。

思考：
1. 企业选择销售渠道要考虑哪些因素？高露洁依据哪些因素来选择渠道？
2. 渠道类型有哪些？高露洁选择哪种渠道类型？
3. 请评价高露洁的渠道类型。

第 8 章

促 销 策 略

8.1 教学导入案例

案例 8.1.1 百事可乐：独特的音乐推销

音乐的传播与流行得益于听众的传唱，百事的音乐营销成功正在于它感悟到了音乐的沟通魅力，这是一种互动式的沟通。好听的歌曲旋律，打动人心的歌词，都是与消费者沟通的最好语言，品牌的理念也就自然而然深入人心了。1983 年，百事可乐与美国最红火的流行音乐巨星迈克尔·杰克逊签订了一个合约，在当时以 500 万美元的惊人价格聘请这位明星为"百事巨星"，并连续制作了以迈克尔·杰克逊的流行歌曲为配曲的广告片。"百事可乐，新生代的选择"这一宣传计划获得了巨大的成功。百事可乐从美国市场上名人广告的巨大成功中尝到了甜头，于是在世界各地如法炮制，寻找当地的名人明星，拍摄受当地欢迎的名人广告。

在香港，百事可乐推出张国荣为香港的"百事巨星"，展开了中西合璧的音乐营销攻势。不久以后，百事可乐更是聘请美国的世界级走红女歌星麦当娜为世界"百事巨星"，轰动全球。

郭富城与百事的合作始于 1998 年，其"雨中飞奔为邻家女孩买百事可乐""百事蓝罐包装上市""与国际巨星珍妮·杰克逊合作""与王菲合唱百事主题曲""为百事可乐中国足球联赛主唱首支主题曲""森林中智取可爱猩猩"等版本广告，成为百事广告的扛鼎之作。在全国各地百事饮料的销售点上，我们永远无法回避的是"郭天王"执着、坚定、热情的渴望眼神。"郭天王"高人一筹的号召力和感染力获得了百事的一致认可，并升格成为亚洲区品牌形象代言人。

1998 年，百事可乐百年之际，百事推出了一系列的营销举措。1998 年 1 月，郭富城成为百事国际巨星，他与百事合作的第一部广告片，是歌曲"唱这歌"的 MTV 情节的一部分。身着蓝色礼服的郭富城以其活力无边的外形和矫健的舞姿，把百事一贯的主题发挥得淋漓尽致。此片在亚洲地区推出后，引起了年轻一代的普遍欢迎。1998 年 9 月，百事可乐在全球范围推出其最新的蓝色包装。配合新包装的亮相，郭富城拍摄了广告片"一变倾城"，"一变倾城"也是郭富城新专辑的同名主打歌曲。换了蓝色"新酷装"的百事可乐，借助郭富城"一变倾城"的广告和大量的宣传活动，以"Ask For More"为主题，随着珍妮·杰克逊、瑞奇·马丁、王菲和郭富城的联袂出击，掀起了"渴望无限"的蓝色风暴。由郭富城和珍妮·杰克逊联袂演出的主题广告片"渴望无限"投资巨大，场面恢弘，是百事近年力推的作品。歌曲"渴望无限"由珍妮·杰克逊作曲，音乐从慢节奏过渡到蓝色节奏，最后变成 20 世纪 60 年代的 House 音乐，曲风华丽。郭富城美轮美奂的表演和性感的造型、珍妮·杰克逊大气的唱功,使整个广告片充满了浪漫色彩,尤其由来自不同地区、不同肤色的两位巨星共同演绎,更加引人注目。

2002年1月,乐坛天之娇女——郑秀文正式加盟百事家族,成为新一代中国区百事巨星。2002年,F4的"百事可乐"广告成为备受中国消费者欢迎的广告。

2013年,百事获得"中国好声音"校园内活动的专属使用权,百事品牌将接力好声音的平台,在最擅长的高校领域强化与消费者沟通,推动品牌建设,打造国内的音乐盛宴。2013年,百事可乐将全球同步展开"Live For Now"(渴望,就现在)品牌活动,意在全球范围内进行盛大的主题推广活动并全新诠释百事精神,将品牌与流行文化建立紧密联系。在中国地区,2013年3月百事品牌将携手"中国好声音校园最强音"在年轻人所钟爱的音乐平台率先燃起渴望激情,以"百事最强音"中国好声音校园推介会的形式,鼓励怀揣梦想的年轻人,以"想唱,就现在""渴望,就现在"的敢为精神,实现自己内心的激情渴望。

8.2 课堂讨论案例

案例8.2.1 "爱她就请她吃哈根达斯"的冰淇淋

哈根达斯(Häagen-Dazs)作为美国冰淇淋品牌,1921年由鲁本·马特斯(Reuben Mattus)研制成功,并于1961在美国纽约布朗克斯命名并上市。在世界各国销售其品牌雪糕,在54个国家或地区共开设超过700间分店,产品于1961年正式命名为"Häagen-Dazs"。哈根达斯的冰淇淋有多种不同味道,也被称为"超级品牌",因为其冰淇淋密度较高,在生产时混合的空气比较少,也有较高的牛油脂肪。哈根达斯通过独特的营销策略,在中国已经成为了顶级冰淇淋品牌,月饼冰淇淋口味深入人心,甚至成为某种生活标志,哪一个"小资"不知道它的大名呢。高端的消费阶层固然是它的忠实顾客,中低端的消费者也被它所吸引,一旦有了闲钱,也会奢侈一把。哈根达斯在已经成熟的冰淇淋市场取得了高档次消费者的认可与欢迎,其"奢侈品"营销手段成为业内经典案例。

如今,不仅在美国,哈根达斯在全球都是极受欢迎的品牌。无论在哪里,一提到"哈根达斯",人们就会想起极其美味诱人的冰淇淋。而在中国,比起单纯的冰淇淋品牌,哈根达斯似乎更像是某种优质生活和品位的象征。

哈根达斯提倡"尽情尽享,尽善尽美"的生活方式,鼓励人们追求高品质的生活享受。消费者在消费冰淇淋的同时,更是在消费一种氛围,这种营销理念使得哈根达斯赢得了市场先机,在众多冰淇淋品牌中脱颖而出,取得了巨大的成功。其著名的广告词"爱她,就带她去哈根达斯"可以说是家喻户晓,将商品与表达爱意联系在一起,不得不说是一种创新和突破。

独辟蹊径,抢占市场先机。20世纪50年代,由于冷冻技术和科技的发展和冰淇淋市场的日趋饱和,很多冰淇淋制造商在产品中加入更多的空气、稳定剂和防腐剂以延长产品的保质期限和降低经营成本,因而使冰淇淋的质量大不如前。此时,哈根达斯的创始人马塔斯意识到冰品市场的发展现状,低价冰淇淋市场已渐趋成熟,小作坊式的冰淇淋生产商根本不可能在大公司的竞技规则中发展壮大,更别说在竞争中获胜。

鲁本·马塔斯瞄准了当时高价冰淇淋的市场空当，决定将赌注压在质优价高的冰淇淋市场上。马塔斯走出的这条"曲高和寡"路线无疑具有风险性，但同时又极富前瞻性，他制造的冰淇淋——哈根达斯一炮走红，在全球带来了一场"冰淇淋革命"。尽管后来哈根达斯几易其主，但其矜贵形象却从未改变。马塔斯独到的商业洞察力和其后对其高贵品牌的坚持，让哈根达斯在几十年后，仍独步顶级冰淇淋行业。连通用磨坊的CEO斯蒂芬·森格也承认："在哈根达斯的经营中，现在应该说还没有真正的竞争对手。就这个产品的品质和质量来说，还没有其他竞争对手达到这么高的品质和标准。"

亮点一：以"高贵"为卖点，贩卖理念。

产品好，质量过硬，自然好卖，但要做成品牌，而且是深入人心的国际顶尖品牌，质量还只是一块跳板。哈根达斯让年轻人对它趋之若鹜，这还得归功于其成功的营销策略。哈根达斯的品牌营销策略与德国大众的甲壳虫汽车和苹果电脑一样，均将一种生活理念注入品牌生命，成为品牌营销学的成功典范。

首先，哈根达斯自设专卖店，绝不在人流熙攘的普通超市和杂货店里"抛头露面"，与廉价冰淇淋混成一堆。哈根达斯休闲小店均设于时尚繁华路段，店里店外由设计师精心布置，极力营造高雅情调，有时，一间旗舰店的布置会耗资数百万美元。富有浓厚时尚气息的哈根达斯专卖店一开张，不少年轻人就会慕名而来。

哈根达斯几乎不做有广大受众群的电视广告，这不仅是一种资源浪费，还有损哈根达斯苦心经营的高贵形象。所以在广告宣传上，哈根达斯相对而言显得吝啬，它的广告大部分是极富视觉冲击力的平面广告和顾客们无数的口头宣传。更重要的是，其努力营造的高品质生活理念本身便是一种更为强有力的宣传。

哈根达斯另外一大杀手锏是将产品贴上爱情标签，一句"爱她就请她吃哈根达斯"的广告词，几乎令所有的女生对哈根达斯衍生出对冰淇淋以外的诸多美好遐想，使哈根达斯超脱了普通的一款冰淇淋，俨然成为情人们的爱情信物和感情见证人。

亮点二：对准中国市场，更加的"高贵"。

哈根达斯的中国策略完全沿袭了欧洲的传统，是极品的冰淇淋。产品定位是追求高贵的消费心态的群体。

（1）建立品牌的旗舰店，在消费者的心目中创造一个品牌知名度和品牌形象。在选址的时候，哈根达斯会特别聘请专业的、熟悉当地生活形态的房产代理来挑选旗舰店的地址。譬如在上海的旗舰店就选在了繁华的南京东路，这里人流量非常大，广告的效果非常明显。在上海的第七家店设在有众多高档楼盘的古北新区，吸引周围的高收入人群。在广州和深圳分店的选址，也都是依据房产代理的建议来做，选在了当地最繁华的地段。

（2）所有的旗舰店都不惜重金装修，竭力营造一种轻松、悠闲、舒适，具有浓厚"小资"情调的氛围。

旗舰店的投入可高达数百万元，而一家小小甜品屋的装修资金可能也要几十万。在相对购买力旺盛的北京、上海、杭州、广州和深圳等重点城市，富有浓厚时尚气息的哈根达斯专卖店一开张，不少年轻人就会慕名而来。

（3）创造口碑，不断保持注意力。为了让消费者觉得物有所值，哈根达斯走的是情感路线。冰淇淋市场是相当成熟的市场，不仅有和路雪，国内的企业如伊利、蒙牛等在各地市场都有相当的影响，但哈根达斯的确是创造话题的高手，始终让自己的品牌永远在注意力的中心，这是哈根达斯的另一必杀技。

哈根达斯成为高贵时尚生活方式的代言人。最初在切入上海市场的时候，哈根达斯认真地分析了上海年轻人的心态。当时上海人认为，时尚生活的代言人是那些出入高档办公场所的公司白领、高级主管和金发碧眼的外国人。哈根达斯就邀请那些人士参加特别组织的活动，吸引电视台做了一个"流行风景线"的节目，一下子把自己定义成流行的同义词，引起了一场小小的轰动。随着第一批过完"高贵时尚生活"的人的口碑宣传，很快会有更多人蜂拥而至。

"爱她就请她吃哈根达斯！"哈根达斯给自己贴上了永恒的爱情标签，把自己的产品与热恋的甜蜜链接在一起，吸引恋人们频繁光顾自己的旗舰店。其店里、店外发散的浓情蜜意，更增添了品牌的形象深度。在情人节的时候，哈根达斯又大大发挥它原有的罗曼蒂克风格，除了特别推出由情人分享的冰淇淋产品外，还免费给情侣们拍合影照，让他们对哈根达斯从此"情有独钟"。

企业购买市场。中国巨大的企业购买市场也吸引了哈根达斯的目光，他们针对中秋的礼品市场，专门开发高价、高质的冰淇淋月饼，向各大公司推销，作为给普通员工的节日问候，哈根达斯此次更大的收获就是接触到了更广泛的目标消费群体，又一次将其品牌推广做得有声有色。

案例8.2.2 御泥坊的网络口碑传播

御泥坊是中国知名矿物护肤品牌，取名源自慈禧御用特有美容泥浆贡品。"御泥"意为以前"皇家专享贡品美容泥浆"，"坊"字意为"纯正物理手工提取，含有独特秘传的加工工艺"，这一名称正是御泥坊产品独特加工工艺的反映。这种护肤产品是以湖南湘西边陲小镇——滩头古镇所特有的矿物泥浆（也称御泥）做原料而开发研制而成的系列天然矿物护肤品。如今，通过新兴的电子商务销售模式，该品牌产品依靠网络口碑相传，受到大量时尚知性女性的追捧成为网络标杆性口碑品牌，成为2007年度淘宝网化妆品终评榜最佳面膜。

网络口碑是网络技术迅速发展的背景下产生的新的口碑传播方式，传播范围之广、速度之快，是线下口碑传播所不能比拟的。网络口碑传播不受时间、空间的限制，消费者能通过网络方便地搜索品牌信息，减少信息搜集过程，为消费者做出购买决策提供重要的品牌信息资源。

御泥坊主要的销售平台是网络，网上商店是御泥坊产品销售、品牌传播的主要阵地，在世界最大的网购平台面膜类热卖品牌排名第一。进入御泥坊淘宝网官方旗舰店，消费者不仅可以看到琳琅满目的产品，还可以看到各种产品的销售记录、消费者对各种产品的评价。好产品会说话，产品销量、顾客评价是产品品质最好的证明。御泥坊实实在在、不掺假的网店销售数据向消费者表明御泥坊的受欢迎程度，受到消费者的青睐。顾客评价是消费者心声的真正体现，一条条评价详情为御泥坊撰写了最好的广告语，体现出御泥坊的良好口碑。

案例8.2.3 《舌尖上的中国》的完美收官

《舌尖上的中国》为中央电视台播出的美食类纪录片，主要内容为中国各地美食生态。

通过中华美食的多个侧面，来展现食物给中国人生活带来的仪式、伦理等方面的文化；见识中国特色食材以及与食物相关、构成中国美食特有气质的一系列元素；了解中华饮食文化的精致和源远流长。2012年5月在央视首播后，在网络引起了广泛的关注。

2012年5月22日，7集央视纪录片《舌尖上的中国》完成了它的首轮谢幕。"舌尖"首轮播出的平均收视率达到0.5%，第4集《时间的味道》收视最高，达到0.55%，这个成绩已经和BBC纪录片所能达到的收视率差不多，并超过了所有同时段的电视剧收视率。虽然没有超过《故宫》播出时的0.6%，但由"舌尖"引起的排山倒海般的蝴蝶效应仍在继续。

该片于2012年7月在中国台湾公视播出，2012年9月在新加坡星和都会台播出，2012年10月起在中国香港TVB翡翠台播出。

一部纪录片是如何火起来的？除了纪录片本身的艺术效果，"舌尖"在营销策略的运用上有以下特点：

特色一：亮眼的好名字。

国内各电视台拍摄的美食纪录片不少，多个美食节目也长年播出，《舌尖上的中国》能脱颖而出，和其片名让人眼前一亮不无关系。有句英文"you are what you eat"（人如其食），就是这个意思。

片名非常重要，就像网络上的"标题党"一样，不在瞬间抓住眼球，就不容易引起关注。其实央视有个节目《乡土》，也是介绍各地美食的纪录片，而且拍得非常好，不少人评价甚至比《舌尖上的中国》更好看，但有多少人听了"乡土"这个名字，谁会想到是介绍美食的片子呢？

特色二：运用网络工具推动。

《舌尖上的中国》的成功，网络推动作用力很大，很多人在微博上的传播起了很大的作用。制片人陈晓卿在新浪微博的粉丝数超过16万，其中更有许多名人粉丝，经过口口相传，一条节目预告的转发率和评论率就相当可观。配合纪录片每天一集，每集一个主题的讨论，更是形成了持续效应。

"舌尖体"的走红更是让片子人气大增，《舌尖上的中国》火了，地方版的"舌尖"系列应运而生。上海、四川等地的网友也在网上图文直播"舌尖上的家乡"，各个版本"舌尖上的母校"在高校BBS上纷纷出炉，目前北京大学、清华大学、人民大学的学生都自制了"舌尖上的"系列。

网购也间接给这纪录片"加温"了不少，双方达到了共赢。每天晚上《舌尖上的中国》的每一集播出结束后，不少网店卖家乡特产时，已经打着"舌尖"的旗号了。

特色三：央视一套改版提供平台。

片子走红，除了网络营销以外，还有两个先决条件，那就是央视纪实频道的成立，让许多纪录片导演有了一个很扎实的平台去拍摄；另外，央视一套从4月改版，给出了最好的时间段放纪录片。中央电视台纪录片频道通过多种渠道，打造国产纪录片播出平台，国产片播出比例占70%，目前覆盖人口超过6.5亿，收视人群从开播之初的每天2700万增加到4200万。

海外片商关注《舌尖上的中国》主要因为这次拍摄就是按照欧美流行纪录片的拍摄模

式，用碎片式的叙述方式来介绍美食。

《舌尖上的中国》中的美食并不是拍得有多么精致诱人，而是因为整片中透露出来的浓浓的人文主义的情感，它是把美食同文化、同人结合在一起，所以这是一个创新，是片子本身的吸引人之处。

案例 8.2.4　洽洽食品：惊艳世界杯的黑马

洽洽公司作为坚果炒货行业的领军企业，综合实力强，规模优势明显，是行业内唯一一家销售规模超过 10 亿元的大型企业。公司 2007—2009 年度各年销售收入均居全行业首位，综合市场占有率排名居行业第一位。公司先后荣获了"中国农产品加工企业 50 强""中国食品工业百强企业""中国食品工业质量效益先进企业奖"等荣誉称号。

2014 年，品牌进入了世界杯时间。赞助、签约、打擦边球或"凑热闹"，一场所有品牌都不愿缺席的商业世界杯，既是耐克、阿迪达斯等传统强队的"常规赛"，也是营销新面孔的"突围赛"。在这场商业竞技中，洽洽食品成功突围，成为了世界杯营销的最大黑马。

在世界杯开赛前几个月，洽洽就联合 PC 端、移动微信端发起了"狂欢巴西"猜胜负、猜冠军赢 4999 现金活动。与其他品牌相比，洽洽的活动亮点在于创新性地将产品变成"赌球"筹码。

洽洽将瓜子变身虚拟货币瓜子币，50 个瓜子币算一注，只有持有瓜子币才能参与"赌球"。而洽洽的世界杯小游戏以及洽洽世界杯促销装产品，则为参与者们提供了瓜子币的获得途径。其中，购买洽洽世界杯促销装产品会先得到一张世界杯狂欢卡，输入卡上的 13 位串码就可以兑换瓜子币和其他奖品。

从线下到线上，从 PC 端到移动端，洽洽利用世界杯狂欢卡和瓜子币，成功地将产品、网站、微信紧密联系起来，完成了一个 O2O 闭环。

消费者眼中的活动精髓就是奖品要大。洽洽显然深谙吸引之道——以只比姚明矮一点的 2 米高"史上最大袋瓜子"作为活动奖品，消费者想不关注都难。

结合巴西队的比赛，洽洽推出了"靠巴西赢大洽洽"活动，巴西队每赢一场比赛，洽洽就送出 2 米高的超级大瓜子。前期，洽洽发布网感十足的搞笑海报和视频对活动进行宣传造势。然后，在微博、微信上发起比赛预测，号召网友猜比分赢大瓜子。而中奖网友在网上晒出巨型"战利品"，又一次品牌曝光的好机会。

洽洽已送出的 7 袋大瓜子，并且每袋大瓜子中装有 88 袋洽洽香瓜子、巴西正品球衣及世界杯正版足球。先不计"逆天"大瓜子在线上造成的吸睛效应，光是这 88 袋香瓜子抵达中奖者手中，然后又被分享给更多人，就可以想象出洽洽此举将为自己积聚多少粉丝。

世界杯一来，地球人就被自动分成了球迷和伪球迷。不过，有调查数据显示：世界杯球迷中 54% 是伪球迷，女性球迷数量超过球迷总数的一半，占到 55%。而且比起足球比赛，她们对帅哥、场外花边以及与世界杯相关的奇趣新闻要感兴趣得多，我们可以将这些兴趣点统称为世界杯八卦。

说到八卦，恐怕没有哪个品牌像洽洽一样，与八卦有着天然不可分的密切关系。瓜子之于八卦，就像炸鸡啤酒之于韩剧，少了它就不够味儿。

洽洽推出的"洽洽扒西队"活动正是以世界杯八卦为切入点，32 天比赛每天一张漫画海报，连续深挖世界杯趣味新闻。这些海报采用了巴西队的黄绿两色，3名萌版巴西队球员化身洽洽解说员，每天调侃世界杯八卦。例如，当荷兰队被传靠"假摔"赢得比赛时，"洽洽扒西队"毒舌点评：昨晚最腹黑！恭喜荷兰队距离世界杯亚军又近了一步！

本届世界杯又被称为互联网世界杯，它的优势在于互动性和社交化，没有观众只有参与者。像"洽洽扒西队"这种实时营销，不仅帮助品牌参与其中，在世界杯期间始终保持热度，也让球迷与品牌互动起来。事实上，实践类似营销的品牌也不少，其中表现比较突出的，除了洽洽之外，还有基于大数据平台的腾讯和近年来表现尤为活跃的脉动。

只有找准合适的切入点，使营销与品牌气质相吻合，品牌才能从商业世界杯中实现突围，洽洽瓜子很好地抓住了占世界杯力量一半以上的伪球迷们——女性球迷。世界杯营销，不是品牌在选择世界杯，而是世界杯在选择品牌。

案例 8.2.5 故宫博物院的创意促销

2015年10月10日，故宫博物院迎来了90华诞，建成于明代永乐十八年（1420年）的紫禁城此时已近600岁。截至2015年年底，故宫博物院共计研发文化创意产品8683种，获得相关领域奖项数十种。故宫博物院文化产品中的创意研发精神无处不在，例如以"萌"为设计理念且充满故宫元素的"宫廷娃娃"家族系列产品，以及以紫禁城内生活的野猫为创意的"故宫猫"系列产品，一经推出就受到了观众的青睐。

故宫博物院每年接待1500万观众，每天面对着世界上结构最复杂的观众群体，中外观众不同的文化需求，决定故宫文化创意产品研发的多样性。

以往故宫文化产品注重历史性、知识性、艺术性，但是由于缺少趣味性、实用性、互动性而缺乏吸引力，与大量社会民众消费群体，特别是年轻人的购买诉求存在较大距离。一般性的旅游纪念品，已经很难满足博物馆观众不断增长的期望。因此必须在注重产品文化属性的同时，强调创意性及功能性。通过观众期望与文化创意产品升级的互动，使人们真实感受和正确理解故宫博物院所传递的文化信息。

让文物藏品更好地融入人们日常生活之中，发挥其文化价值是博物馆的追求。由此故宫博物院确定了将故宫文化通过文化创意产品的形式，进入现代生活中的研发思路。例如故宫娃娃系列，因具有趣味性而受到少年观众的喜爱。手机壳、电脑包、鼠标垫、U盘等，因具有实用性而持续热销。

2014年9月，故宫博物院推出时尚文化创意产品"朝珠耳机"，迅速引起了广泛的关注，也带动了故宫在淘宝的销售，并且在"第六届博物馆及相关产品与技术博览会"上荣获了"文创产品优秀奖"。

这么有意思的文创产品，观众们又怎么能不被吸引呢？据统计，故宫博物院的文创产品销售额从2013年的6亿元增长到2015年的近10亿元。故宫博物院院长单霁翔表示，未来故宫的文创产品将从"数量增长"走向"质量提升"。

8.3 课外思考案例

案例 8.3.1 东京迪斯尼乐园的经营魔法

东京迪斯尼乐园位于日本千叶县浦安市。1983年开业后，商界许多人认为它将失败。

结果令人大吃一惊:从开业至1991年5月,游客累计为1亿多人次。现在该园每年约吸引1600多游客,年营业额约1470多亿日元,成为日本企业界的奇迹。

"让园内所有的人都能感到幸福"这是东京迪斯尼乐园的基本经营目标。这不仅针对游客,也包括游乐园内的工作人员。东京迪斯尼乐园得以持之以恒地为数以亿万计的游客提供令人感动、难忘、乐于传颂的高质量服务,依靠的是对全体员工存在价值的认同。在这一基础上,他们注重感情作用的企业内情感经营,努力营造"享受工作、快乐工作"的企业文化氛围。

日本商业服务业企业的高质量服务水准有口皆碑,其中尤以东京迪斯尼乐园的服务表现最为出色,有关东京迪斯尼乐园的服务神话层出不穷。人们相互传递着在东京迪斯尼乐园的感人经历,东京迪斯尼乐园的服务理念与水准已成为各类企业、社团组织乃至政府部门争先效仿的目标。

该园的成功,是运用独特的经营技巧,全方位满足游客旅游心理动机。为了吸引游客,提高"重游率",从规划、建设到经营,处处体现出心理诱导策略。

东京迪士尼的经营特色如下:

(1) 地理位置。该园选址在距东京约10千米,乘电车20分钟便可到达的浦安市。

(2) 占地面积。该园面积大到游客无法在一日内游完。但也不能过分大,最恰当的面积为46.2公顷。

(3) 景观环境。聘请农学博士专家协助建园,使该园一年四季能呈现不同的景观,始终维持花草繁茂的状态。

(4) 适应国情。该园商店街建有屋顶,而美国加州、佛罗里达州的迪斯尼乐园却没有,主要原因是日本雨水较多。

(5) 商品奇俏。该园游客的平均消费远高于传统乐园游客,主要原因是园内销售的商品经过仔细挑选,许多商品在外面买不到。

(6) 设施常新。该园几乎每年都增添新的游乐设施,1987年建"雷电世界",1989年修"星际之旅",1992年推出"米奇胜过滑雪"节目。

因此,东京迪斯尼乐园重游率高达85%。

思考题:

1. 东京迪斯尼乐园经营魔法的宗旨是什么?
2. 以上所列的6项经营手段应用了什么策略?

案例8.3.2 《致我们终将逝去的青春》的明星营销

赵薇导演的处女作《致我们终将逝去的青春》(简称《致青春》)上映三天票房已经过亿,首日票房超过了《人再囧途之泰囧》,为国内类型片的探索之路增添了不少经验,而且造就了一个新的票房奇迹。

微博上80%的影响力是由20%的人创造的,事实上微博的影响力是由2%的"大V"所左右的。而在《致青春》的社交网络营销中,起主要作用的还是"大V"的力量,而这次更是达到了空前的水平。赵薇在影视圈内的朋友为她呐喊助威,就连商业圈的史玉柱、草根圈的天才小熊猫、文化界的张小娴、宗教界的延参法师等人也都参与了微博营销。据统计,电影于2013年4月末上映,上映之前官方微博早已建立,并迅速积累了超过18万

8.3 课外思考案例

的粉丝,而在上映之后,以赵薇和光线传媒为核心的娱乐媒体圈开始在微博上广泛传播关于电影的话题,据不完全统计,几个参与转发的微博"大V",区区24个账号,粉丝总数已经接近3.7亿,在没有去重的情况下已经占了微博总用户量的80%。文章、何炅、黄晓明、陆毅、王珞丹、韩红等影视明星的帮助,发行方光线传媒的大力推广,还有最终在网络上形成了一个巨大的话题和影响力,有力地助推了电影的知名度。另外韩庚等演员也有很高的人气,这些演员本身的粉丝不少,他们为影片吸引了不少关注度。赵薇自从《还珠格格》以来积累的粉丝成为了最主要的观众。

在距离电影上映10天前,片方又公布了天后王菲献唱的主题曲《致青春》,一时间成为网络热点。王菲主唱的《致青春》片尾曲通过电影官方微博首发,转发超过6万,这是歌后王菲13年来首支单曲,为电影加分不少。赵薇近20年积累的人气和人脉,在这次电影的营销过程中发挥了不可忽视的力量。电影上映前夕,新浪微博、人人网等社交网络平台上纷纷扩散着一个"有一种感情叫赵薇黄晓明"的段子。在一幅长微博中,赵薇和黄晓明的所有互动细节全部被一一记录:同喝一瓶水、接过水瓶拧盖子、双方默契凝视、赵薇生日黄晓明拄着拐杖赶节目为赵薇庆生、黄晓明忍着腿伤抱起赵薇……这是在电影上映前1个月,赵薇做客鲁豫的《说出你的故事》后在微博上转发的一篇文章。"有一种感情叫赵薇黄晓明"本身说的也是属于赵薇黄晓明的青春故事,与电影《致青春》有着某种程度上的相似度。而黄晓明祝赵薇生日快乐并同时"致青春"的微博,被转发5万多次。看似不经意的与老同学缅怀了一下青春,回忆了共同的大学生活,其实也是关于影片《致青春》上映前的网络营销行为。

思考:

请分析本案例所采用的营销策略。

第 9 章

网 络 营 销

9.1 教学导入案例

案例 9.1.1 三只松鼠的电商之道

成立仅一年，营业额就达到 3 亿元，2013 年"双十一"当天就销售 3562 万元，2014 年"双十一"进一步登峰造极，达到 1.02 亿元的单日销售额，如果不是在互联网时代，则不可能诞生这样的奇迹！创造这个奇迹的就是名为"三只松鼠"的电子商务公司，其标签是第一个互联网森林食品品牌，代表着天然、新鲜及非过度加工，主要销售坚果，上线仅 65 天销售就在淘宝天猫坚果行业跃居第一。奇迹是如何诞生的？

1. "哥"不是卖坚果的，"哥"是卖萌的

三只松鼠的奇迹是如何诞生的，归根结底是农产品营销上的创新，借助电商这个宽广的平台，在短期内爆发。可以说，三只松鼠营销的结果是大家可能已经忘记了三只松鼠是干什么的，只剩下关于那三只没完没了卖萌的松鼠形象，这正是品牌营销入脑、入心的成功标志。其卖萌的成功，有三条十分关键的因素。

（1）品牌形象选得好。对一个做坚果的企业而言，选一个动物做形象标志是有一定风险的，因为坚果是给人吃的，如何让动物的代言成为人们的美食，是要认真琢磨的。而松鼠的选择就十分恰当。一者，松鼠这个小动物没有什么负面新闻，也似乎从童话到现实世界没有做过什么坏的事情，在众人的眼里基本上就是可爱、机敏，非常讨人喜欢；二者，松鼠就是一个喜爱吃坚果的动物，各个动画片里，差不多都有松鼠找松果吃的片段，松鼠爱吃的坚果，你不爱吃吗？三者，一只松鼠有点寂寞，来三只，一个比一个萌，包装袋、微博、微信上，到处是三只松鼠萌萌的可爱形象，而且客服、微博一开口就是"主人"长"主人"短的，很容易让少男少女动心。

（2）市场地位选得好。许多做电商的，总想着老少通吃，以期扩大市场覆盖面，结果是谁也不待见。三只松鼠在这方面想得比较明白，就是紧盯"85 后""90 后"这一时尚青年群体，只要把这一个细分市场做好了，网上的空间依然是很大的。所以，三只松鼠产品虽然并不特殊，只是松子、山核桃、碧根果等干果，但是做得很时尚，一定要让网上的年轻人达到"只因为在人群里多看了你一眼"的效果。

（3）产品体验做得好。光有概念好还不行，产品体验更重要。互联网思维下的产品营销无非是三部曲，首先讲好的故事，然后要抓住消费者的"痛点"，最后要让顾客"尖叫"。传统商业，产品卖到顾客手里可能就结束了，而电商的营销这时才开始，好的产品自己会说话，就体现在顾客的评价与自发传播上。三只松鼠显然深谙此道，产品细节十分周全，很有特点。一是大胆选择了森林绿色和高端黑色做主打色，突破了一般农产品包装

大红大绿的通俗色调，配上童真、可爱的动漫小松鼠，形成基础、直观的品牌记忆点；二是以时尚文化延伸与三只松鼠有关的东西，比如，产品的包装上撰写松鼠卖萌的小故事；加上倡导"慢食快活"的微杂志、绿色封口夹、剥壳器；将果壳垃圾袋命名为"鼠小袋"，擦手用的湿纸巾叫做"鼠小巾"，新春推出的松鼠系列表情……所有这些随同产品出现，明显有别于一般干果产品，自然能引起消费者的满足感和喜感，迅速形成品牌认同和口碑传播。

2. 松鼠的运营管理秘籍

如果说以松鼠的卖萌占得市场的先机的话，则运营管理是松鼠能不断获得市场份额的硬功夫。在这一方面，关于三只松鼠的评论已经相当多，关键因素可以归结为三条。

(1) 突出主导产品。前面已经讨论过，过于宽泛的市场定位等于没有定位，而在产品管理上，也存在同样的问题，并不是产品琳琅满目就更能吸引消费者，在一个细分领域主打什么产品、推出什么样的爆款十分关键。打开三只松鼠旗舰店的页面，可以看到坚果的主导地位十分突出，一切以坚果类产品为主，其他都处于配角状态。

(2) 与顾客的密切互动。电商第一次可以让一个企业与自己的顾客实现低成本的密切对话，而根据顾客的反馈及时调整产品结构、改进产品质量更是互联网思维的关键所在，甚至在有些时候，生产什么产品、产品什么风格，也完全可以交给顾客来主导，小米手机就是一个典型的例子，参与感也成为今天互联网营销的重要法宝。三只松鼠以精良的客服实现与客户的密切互动，把简单的"B2C"模式演化为"B2C2B"，实现产品质量的不断改进。目前，三只松鼠有一套基于互联网技术的大数据系统，可以每天把顾客评价用关键词筛选出来，得出一些结论，哪些不好、哪些有待改善，然后传递到相应的部门进行改进。比如，坚果炒制过程中的火候问题，还有加盐、加糖的轻重问题，如果仅靠加工车间的师傅把控，则显然众口难调，但依据顾客的反馈来调整，显然就有底气得多了，消费者口味不适合、椒盐味太重……就可以根据信息，改进品质；如果消费者说物流发货太慢，那也可以调整快递公司。

(3) 产业链的控制。电商是一个轻资产模式，特别是对"淘品牌"而言，能轻装上阵，全靠生产委托这一招，把握好产品设计与营销即可。但农产品的标准化程度低，无法套用一般淘品牌的模式，所以三只松鼠采取了中庸之道，既没有走从头到尾的全产业链经营，也没有单纯的外包生产，而是把原材料供应外包，审验达标后精选分级包装，从而实现了轻装上阵与产品质量控制的良好结合。

三只松鼠带来的启示：互联网时代的产品销售，不要妄想包打天下，而是要深入研究行业规律，以特色迅速起步，特别是要重视时尚文化的运用，那些年轻的买家们，可能表面买的是东西，实际买的是文化，是一种感觉。谁给了年轻人想要的那一种感觉，谁就会赢得市场！

当然，松鼠也会有烦恼。互联网时代没有秘密，而且传播速度极快，这就意味着一个创新的模式很快就会被抄袭、改进甚至超越。对于坚果这个行业而言，产品没有高科技，一旦市场爆发，就必须会进入同质化竞争，低价营销成风，对于付出巨大创新成本的三只松鼠而言，显然是有压力的，一个是盈利的压力，另一个是继续创新的压力。对此，"松鼠老爹"章燎原的回答是："一种核桃好吃与否，并不能决定企业的生死，因为消费者也知道，你的质量不会比别家的好太多。那么顾客认的就是能比的品牌和用户体验，所以企业必须把品牌的识别度作为一个很大的差异化内涵去建设。当你的品牌被顾客记住，那么他们未来的选择不会有任何被迫性。每次上网，就直接点击购买。这就是'粉丝'经济的效果。"三只松鼠是否还能继续创造奇迹，拭目以待。

9.2 课堂讨论案例

案例 9.2.1 可口可乐台词瓶社会化营销传播案例

1. 案例背景

继"昵称瓶""歌词瓶"之后，2015年可口可乐再次在标签上玩出新花样，将消费者熟知的台词印在瓶身上，和生活场景紧贴在一起，表白神器、道歉神器、孤独神器……每个人都能在台词瓶中，找到自己的专属回忆，让这个夏天更有戏。可口可乐以亲民路线，全面营造一种新式的双向沟通，通过一系列的策略、互动、创意和执行，带动消费者发现可口可乐台词瓶让分享更有戏，使消费者内心产生情感共鸣，让可口可乐台词瓶走入消费者的内心，旨在让更多的消费者关注台词瓶，加深品牌好感度，通过独具洞察力的创意互动策略，引发粉丝自动转发、评论和回复，取得出色的营销传播效果，最终将互动成果转变为商业价值，增加销量。通过对市场的洞察，可口可乐展开了一场"可口可乐台词瓶"社交媒体战役。

2. 策略

以社会化媒体如微博、微信、优酷等实现营销传播，台词选取了中外经典、热门电影电视剧中的49句台词，全面考虑不同性别、不同性格的人群喜好，其共同点是非常具有正能量、感情充沛、充满青春活力。希望通过这些耳熟能详的台词，例如"臣妾做不到啊""万万没想到"等，凭借创意营销和互动策略，如视觉营销利器——创意微动图、借势热点营销、HTML5互动等并结合新电影推出台词瓶，联手当红自媒体集体发声，使可口可乐瓶化身情感交流的媒介，真正让消费者分享和表达感情。

3. 创意

（1）使用视觉营销利器——创意微动图技术，将静止的图片和视频结合在一起，"解冻"了尘封在图片中的某一个片刻，一静一动具有如电影般优质的画面，向受众展示了静止时空的魔法，体会"刹那芳华"的视觉效果，通过走心文案与消费者展开互动交流。

（2）借势热点营销，抓取热点事件速度延展，创意发挥，从情感入手，吸引粉丝自主讨论和传播。

（3）结合节点推出HTML5，通过创意的互动和内容，有效地传播台词瓶。

4. 执行

（1）Big Day当天推出一系列使用不同艺术表达形式重新演绎的影视剧经典海报，开启本次台词瓶营销战役。风格突出的电影海报，围绕同一主题——"让夏天更有戏"，再现经典，运用社交媒体，多平台传播。

当红自媒体集体发声，以不同形式宣布台词瓶来了，通过社交媒体传播，官方微博发起话题"可口可乐台词瓶"攀升至当日最热话题第二名，引起网友关注，激起消费者的自发分享和传播。

（2）在传播形式上，使用了视觉营销利器——创意微动图技术。总计 30 多张的创意微动图，官方微博每日一张，带来视觉震撼。微信每周一期内容推文中也运用了创意微动图图片，给受众不一样的视觉体验。当然，在官方微博以及微信中，可口可乐还注重于消费者的双向交流，通过趣味互动以及有奖机制的设置，引发消费者自动大量转发、评论以及回复。

（3）抓取热点事件，吸引粉丝自主讨论和传播。例如：范冰冰李晨公开恋情，官方微博实时推出"我们"文案以及其配图；黄晓明和 Angelababy 领证，官方微博第一时间借势而上引发好评；高考期间，官方微信推出图文消息并配以原创手绘图为高考考生加油助威；周杰伦升级当爸爸，官方微博及时推出文案以及配文图给予祝福；以及张亮女儿出生，周星驰、孙燕姿生日等。

另外与电影《煎饼侠》《命中注定》《我是路人甲》结合，推出电影的台词瓶，借势营销。

（4）在节日期间通过创意的互动和内容，有效地传播台词瓶。端午节，官方微信推出了"小可电影院"端午粽子大片 H5 互动游戏，选取了三部经典电影、电视剧，将里面的经典场景变换为与粽子相关的互动小游戏。例如将《疯狂原始人》改名为《疯狂水果粽》，只要动一动手指，将太阳点到一定亮度就可顺利通关，并出现《疯狂原始人》的经典台词：骑着太阳去明天，掀起了互动狂潮；父亲节，则是推出挑战与爸爸亲密指数的小测试，共设置了 10 道有趣的题目，每道题目各有三个选项，做完所有题目后统计分数，不同的分数对应不同的亲密测试结果。通过这一系列的举动，成功地向消费者传达可口可乐台词瓶信息。

5. 效果

通过台词瓶让产品本身产生社交属性，可口可乐台词瓶掀起一轮互动热潮，通过台词瓶真正与消费者进行沟通，将互动成果转变为商业价值，促进销量的提升。

案例 9.2.2　网店第一村——义乌青岩刘村的电商之路

义乌青岩刘村位于义乌市江东街道，素有中国"淘宝网店第一村"之称，凭借着"全球小商品集散地"的货源优势，彼时的电子商务犹如雨后春笋，在义乌遍地开花。来自全国各地的网商纷至沓来，进驻青岩刘村。有形市场与无形市场的互动融合，使义乌商贸业跃至千亿元级规模，他们要做"东方商谷"，成为全球最大的日用消费品网货采购中心和全国网商的集聚中心。这个原本仅有 1486 名村民的村庄容纳了 8000 多人，开出了 1800 余家淘宝网店，2013 年，该村电商销售总额突破 20 亿元，成了"中国淘宝村"中的领头羊，成为中国名副其实的第一淘宝村。

1. 青岩刘村的电商之路，是典型的传统经济转型之路

青岩刘村的电商发展某种程度上是逼出来的。原来的青岩刘村是一个典型的城中村，背靠驰名中外的义乌日用百货批发市场，大多数村民主要是依靠旧城改造时形成的空房出租来生活，是名副其实的房租经济。但 2008 年这个村子同时发生了两件大事：一是全球金融危机来袭，批发经济收到巨大影响，房租收入也受影响；二是义乌日用百货批发市场另签新址，对于依赖房租生活的青岩刘村更是雪上加霜，租金一路下滑，原本悠闲的村民

们开始焦虑。当时任村支书的刘文高在调研中发现，村里一共有124家做淘宝网销生意的租客，在外贸批发受阻的背景下，这些以内需为目标的淘宝客们没有受到丝毫影响，反倒是生意越发兴隆，于是开始推动村上利用淘宝平台进行经济转业和创业机会。他一方面把当时的100多家淘宝网商集中起来，进行培训，然后在村上普及开网店创业的知识和经验；另一方面，积极为网商们营造更好的发展环境，实现4兆光纤入户，无线网络全覆盖；成立网商协会，降低物流成本等。一家家纸箱店、摄影公司、网页设计公司、广告公司就能满足工作、生活的一切需求。经过几年的努力，青岩刘村逐渐吸引着来自各地的年轻人来到这里创业，也使得青岩刘村的房租租金日渐攀高，如30平方米的地下室，月租金就从3500元跃升到6000元。朝淘宝村的转型，使每个村民提高了3万元的年收入。

2. 青岩刘村的电商之路，也体现着"互联网＋传统产业"的创新之路

青岩刘村的电商如此成功，真正原因是其扎根于义乌小商品城这一个庞大的实体经济旁边，正所谓近水楼台先得月。在号称没有什么买不到的义乌，才能让网商的经营变得这么轻松，成熟的产业配套、便捷的交通物流、先进的研发设计，让网上卖什么、怎么卖基本不成问题，只剩下网商们想着办法怎么卖得更好。由于义乌是一个典型的外向经济，无论是小商品城也好，还是聚集在这里的网商也好，都是眼睛向外，瞄准着国际国内的大市场，而且商品种类极其丰富，所以在青岩刘村同质竞争的情况也比一般的淘宝村要轻。青岩刘村网商经营的行业也是百花齐放，突破了"日用百货"单一优势行业的局面，玩具、十字绣、假发、五金工具等都成为新的交易热品。但更重要的是，由于网商的大量生产，义乌的小商品生产配套体系开始随着电商而变革，出现了"网批"这个新名词，即专门为网商提供商品服务的网络批发商，网商们基本不用考虑生产、仓储甚至是物流的问题，卖多少就在网络批发商那里取多少，甚至不用取，直接通过后台系统，让网络批发商代发货；而网络批发商则可以依据网商的需求，灵活调整生产系统，加快研发适销的产品，并实现了订单生产，小批量多批次，满足市场的个性化需求。一个小商品的产业体系因为电商而发生深刻变革，这正是"互联网＋"与一般传统产业融合的充分表现。

3. 青岩刘村的电商之路，也展示了一条新经济背景下的全民创业之路

每天的下午四五点开始到晚上八九点，大概是青岩刘村最忙的时刻，每天的这个时间里，快递公司开始搬货，也正是在这样的环境中，青岩刘村诞生了不少创富神话。

"我见过很多业内大佬，他们都和我说这样一个段子，早年去这学校（指义乌工商学院），看到一个打着赤膊、穿着拖鞋的高职生，开了一辆敞篷车在学校里，然后这群商业精英就被深深触动了。"甘小虎说，他选择离职创业也受此触动。

杨甫刚大概是义乌最知名的淘宝创业榜样，在复读两年后，他才勉强考入义乌工商学院，入学后捡过矿泉水瓶、摆过地摊、打过各种工。最终开网店淘宝兼职让他找到了感觉，2009年毕业时，他开着红色凯迪拉克离开。

财富故事一经传播，立刻就趋之若鹜，这几年的青岩刘村，更是弥漫着类似的财富故事。义乌网商协会的会长华强是安徽人，用3万元起家，他创造了"混批"这种网络销售模式，顾客可以在网上自由搭配选择商品，不限单品数量，达到100元便可起批，这种创新模式在解决了大批小网商难题的同时，也成就了华强个人的互联网创业奇迹。

李克强总理多次举出青岩刘村的案例，一个重要的原因是淘宝村侧重的青年创业热

潮,这恰恰是总理提倡的"全民创业、万众创新"的典型代表。这些从青岩刘村起步的草根创业者,目前已成为义乌当地电子商务行业举足轻重的任务。电商正成为青年可以充分依靠的创业新领域,并还蕴藏着巨大的空间。

4. 发展:筑巢引凤

青岩刘村股份经济合作社与中国电信举行了打造"浙江首个智慧数字村"的签约仪式,投资大量资金用来建设网络基础设施服务。同时,设立电子商务办公室,为电商个体户提供基础事务服务,开办电商培训学校。2015 年,青岩刘村电商发展迎来又一个里程碑——"网店第一村"电商船业实验室正式启动,这是全国首个电商创业实验室。根据《义乌商报》报道,创业实验室由青岩刘村与义乌工商学院联手打造。青岩刘村为创业实验室免费提供位于黄金地段的房屋,义乌工商学院派出相应领域资深教师负责创业实验室的运作。目前已开通了 15 个电商创业实验室,每个实验室都由一名专业教师和数名在校大学生组成。创业实验室的投建,预示着青岩刘村的电商创业服务将进一步升级,会变得更加专业、更加全面,也更加值得期待。

案例 9.2.3 "土豆姐姐"营销现象浅析

在吾谷网组织的 2013 年十大农产品营销事件评选中,来自陕西的"土豆姐姐"赫然与"褚橙柳桃"同列。与"褚橙柳桃"的"高大上"相比,"土豆姐姐"显得有些"土气"了。但为什么一个种土豆的可以走红,其中的缘故值得深思。

1. 让人记住是营销的第一要素

俗话说,酒好不怕巷子深。但在一个信息爆炸的时代,要让人找到巷子去,前期的营销宣传依然得下硬功夫。为了宣传自家的土豆,"土豆姐姐"可谓下了功夫,报纸上办专刊、高速路上打广告、广播栏上办专栏等。但最终的传播效果却是"土豆姐姐"唱的陕北民歌最好。唱陕北民歌是"土豆姐姐"从应酬场合逼出来的,作为一个生意人,不会喝酒怎么办?她以唱陕北民歌来代酒。谁知这一唱,比敬酒效果还好,一嗓子唱出去,大家纷纷叫好。从此以后,每逢公众场合,"土豆姐姐"都会不失时机地唱上一首陕北民歌,无论是在培训班上讲课,还是在电商大会上演讲,只要时机合适,陕北民歌总会及时响起,让台下观众如痴如醉。而且还配有一句话:她不是陕北民歌唱得最好的妹妹,但一定是土豆种得最好的妹妹。可以说,一首陕北民歌让"土豆姐姐"名声大震,大家记住了一个唱着陕北民歌卖土豆的,印象一下深刻起来。

2. 简单易记是营销的基本诀窍

其实"土豆姐姐"并不是其创办公司的本来品牌。其所在公司是陕西靖边涌泉居现代农业科技有限公司,"涌泉居"是其祖上传下来的一个品牌,寓意"滴水之恩,当涌泉相报"。但这个富有文化内涵的品牌,并没有在营销中引起更多注意,虽然有文化内涵却并不一定在营销传播中更具特色。事实上,这种情况屡见不鲜,营销传播自有规律。当年香飘飘奶茶也试过许多广告,结果发现,最通俗的一句广告是效果最好的。那为人诟病的脑白金广告,虽然恶俗之极,传播却相当广。再说"土豆姐姐","涌泉居"虽然没喊出去,"土豆姐姐"却意外走红。2012 年,冯小燕受邀与星光大道 2010 年度总冠军刘大成一起在央视的舞台上演唱庆祝土豆丰收的歌曲,量身定做的信天游《我们的土豆圪蛋蛋》一唱走红。在演出中,央视一位导演最先叫起"土豆姐姐"的称呼,并得到现场观众的接受和附和。随后，这个独特的称呼开始传播到大江南北。"土豆姐姐"的迅速传播，让她意识到这其中的品牌价值，便很快将"土豆姐姐"注册成了公司子商标，正式推向市场。"土豆姐姐"表面像"有心栽花花不开，无心插柳柳成荫"，实际上是营销规律的内在体现。

3. 产品定位十分重要

吆喝起来了，卖的东西就非常关键了。"土豆姐姐"将公司产品定位为打造"中国生态土豆第一品牌"，种出中国好土豆。在生产中，按有机认证的标准来抓生产，但却以生态马铃薯的名称卖出去，看似吃亏，却也避免了种种质疑，主要顾客反映好，就是最大的成功。在包装设计上，改变土豆大堆卖的做法，装进纸箱，打上品牌，配放刮皮器、陕北民歌CD和文化手册，让产品档次一下子提升起来。在产品的组合上，改变传统的单一品种出售的局面，根据不同的需求，引进种植各类品种，进行灵活搭配，比如形状有长的、圆的、扁的，颜色有白色、黄色、红色、紫色，口感也有脆的、粉的，还有蒸出来开花的土豆，用途上也区分出做土豆丝的、土豆泥的、土豆片的，既体现了专业，也满足了个性消费。

4. 多元化时代的多元化营销

以一曲陕北民歌火了之后，"土豆姐姐"及时开通新媒体，而且进行全媒体营销，报纸、广播、电视等传统媒体不放弃，如广播电台每天直播3分钟；微博、微信、APP全上；产品全网络营销，淘宝、天猫、苏宁、线下专卖店、微店均有；全渠道营销，自营、代营、委托经营、超市，各种形式结合。并先后在网络上发起了"土豆姐姐"万元征集"土豆广告语"活动、"领养你的一亩三分地土豆"活动和"健康农产品陕西行"等活动，均吸引了大量粉丝参与，营造出一个营销的小高潮，加速了品牌传播。注意参加各类展会，精心设计，重装出阵，"土豆姐姐"亲自上阵，宣传公司产品，把线上、线下的优势结合起来，进一步提升了品牌营销效果。

5. 内容传播远胜于简单的广告

新媒体好是好，但如何运用是一门学问。很多人的做法是一用上微博，就急乎乎地发产品广告，结果效果很差。陕西省委政策研究室的董顺利处长在点评"土豆姐姐"营销现象时，一语中的，"别人卖产品，姐姐做品牌"。虽然冯小燕的微博、微信经常发，但却很少有硬广告。其主要内容一般是生产基地的土豆生长发育情况、与什么人见了面说了什么有关土豆的话、做电商与微营销的一些感受、新开发产品的进展等。这种内容安排，容易树立一个大品牌的形象，反而更容易促进产品的宣传与市场对接。冯小燕自己感慨地说，"她是真真正正尝到了微营销的甜头"。2013年，涌泉居公司来自上海市场的1.5亿元订单是通过新浪微博深圳粉丝前线搭桥促成的，北京华联的订单是通过陕西北京商会微信群里的企业家推荐得来的，淘宝网店的客户也主要来自微博、微信。所以，有人就总结，在微营销的时代，王婆卖瓜式的自我吹捧已经不流行了，而粉丝的口碑相传已经占据了主流，只要能树立良好的品牌形象，就会有粉丝跟进。

6. 执着与坚持是事业成功的最大法宝

如今的"土豆姐姐"，新浪微博粉丝已经有近10万人，微信也有近两万粉丝，在电商界也小有名气，各个地方的电商培训经常邀请她去讲微营销的心得，可以说，"土豆姐姐"真的火起来了。如果要问到"土豆姐姐"的成功秘籍，只用一句话来概括的话，那就是执着与坚持。"土豆姐姐"每天早晨醒来的第一件事就是发一条有质量的微博、微信,同时完成一些重要粉丝的互动。空闲时,她绞尽脑汁构思微博文字,一有空就发几条。正是这种执着与坚持,才换来了粉丝的认可与品牌的有效传播。再看一些新农人的微博,热心一两个月,发现效果不好,也就放弃了。世界上的事情,轻易地放弃比真正的失败有时还让人痛惜。如今,"土豆姐姐"又时尚地玩起了微店,这种与时俱进的学习力也值得敬佩。

案例点评:

"土豆姐姐"7大成功要素如下。

(1) 坚实后盾:"土豆姐姐"10多年的创业,有雄厚的资金积累;榆林地方和榆林商会对"土豆姐姐"的大力支持。

(2) 找对产品:土豆属于五谷杂粮之一,餐桌上常见的食品,日均消耗大,产品需求量大,耐运输、耐储存,可深加工。

(3) 个人影响力:"土豆姐姐"个人形象的包装和宣传非常有创意,与名人唱民歌,上中央电视台和本地电视台,深入人心。

(4) 品牌化:注册品牌运作,不是靠口碑再升级到品牌,而是直接由品牌到口碑进行宣传,口碑出来了,但品牌被人注册,算是白忙。

(5) 全网营销:从官方网店、微博自媒体、微信到电视、广播,只要是宣传工具,都一一全力使用,并从中取得成果,让"土豆姐姐"这一品牌在2013年一夜成名。

(6) 社会责任感:做推动中国现代农业发展进程的人,既能帮助农民朋友发展,又能给消费者提供健康农产品,这让跟着她做事的人都感到无上光荣,乐在其中,也赢得了社会各界的帮助。

(7) 资源整合:你可以不是专家,但你一定要借助专家的智慧和力量,重要的是你要具有今天与大家共谋发展,明天要与大家共享发展成果的胸怀。

案例9.2.4 麦包包的网络营销成功秘诀

麦包包是中国领先的时尚箱包在线直销网站,诞生于2007年9月,由意大利近百年历史的箱包家族集团VISCONTI DFFUSIONE SNC投资成立。随着信息化经济时代的来临,人们的生活节奏也变得越来越快,箱包在能够人们装生活物品的同时也寄予它一些其他的要求。为满足不同层次和不同用途的消费需求,麦包包从年龄、种类、地区和风格上对自身产品做了市场细分,通过多品牌战略基本满足了不同消费者对箱包产品的不同需求。当前麦包包的12个团队正致力于不同品牌的开发,其中强调可爱元素的"飞扬空间"品牌,其目标客户为25岁以下的可爱小女生;经典风格著称的"阿尔法"则主打30~40岁的成熟女性市场;"戈尔本"定位于追求简约、经典的商务男士群体。目前,麦包包网上陈列了90多个箱包类品牌,其中22个自营品牌、37个合作品牌和31个代理品牌。麦包包利用淘宝网借鸡生蛋、借船出海,大浪淘沙之后终成金光灿灿的"淘品牌",现在的麦包包做得风生水起、势如破竹,成为众多线上、线下企业的标杆。

1. 快营销:打响全网营销大战役

麦包包并没有满足自己"淘品牌"的角色,而是进一步发挥互联网成本低、受众广、速度快的优势,上演了一场全网"快营销"大战。

B2C企业当下主流的做法是通过各种网络营销手段,先将用户从四面八方引到自身的官方网站或 B2C 平台，再对订单进行统一处理和发货，区别于这种传统做法，麦包包所奉行的是遍地开花的"anywhere"政策。创始人叶海峰对"anywhere"的解释是：哪里有消费者，我们就去哪里卖包。也就是有人的地方就有市场，有市场的地方就有生意。基于这点，麦包包广铺渠道来满足人们的消费习惯，但成功"出淘"的麦包包并没有因此荒废在淘宝上的渠道建设，官方渠道与淘宝渠道并不存在主次之分，麦包包淘宝旗舰店依然吸引着大批量的淘宝买家，它们发挥着同等重要的出货功能。事实上，除了官方平台和淘宝，麦包包还进一步拓宽出货面，通过与麦考林、乐酷天、当当网等一系列网上商城合作，牢牢占领着各大线上的咽喉要道。麦包包进驻网上商城的方式，一方面有效提升其知名度，让更多的网购达人了解并认知这一品牌；另一方面，还能充分利用网上商城聚合而来的巨大流量，最大限度地挖掘潜在顾客。

除了搭建四通八达的出货渠道外，麦包包还整合了大量资源做品牌推广。首先是返利网站。返利网站是一个成本低、效果稳定的渠道，其价值在于为发展中的 B2C 企业创造新的客户流量，而成熟的 B2C 平台为了激活老用户，在一定程度上也有"返利"的需求。麦包包通过与返还网、易购网等返利网站合作，为消费者提供 10%～15% 的返利优惠，将返利网站上的流量快速引入官方平台。相关数据显示，返利网目前的客户转化率是 25%，这是国内普通网站的 20 倍以上，是淘宝网的近 3 倍，能为 B2C 企业带来 1∶100 的资本回报，这从侧面证明了麦包包在返利网站上做投放实属明智之举。

其次，麦包包灵活运用网络传播工具，开通了官方博客和麦芽糖时尚论坛。作为麦包包的重要宣传阵地，官方博客以图文并茂的形式向信息受众传播"快时尚"的品牌理念，不断提升消费者对麦包包的价值认同感。而麦芽糖时尚论坛则是麦包包粉丝们的根据地，"麦芽糖"们在这里可以及时了解到时尚界的最新资讯，掌握潮流动态，麦包包通过这种形式与"麦芽糖"们分享生活、共赏时尚，加强了与"麦芽糖"们在情感上的联系，提高了消费者对麦包包这一品牌的黏着度。

2. 快速供应链：开发订单驱动新系统

近年，电子商务的快速发展导致"爆仓"事件频发，供应链正成为制约电子商务发展的短板，也是电商企业与对手拉开差距、打造核心竞争力的关键环节。对致力于打造"快时尚"箱包的麦包包而言，供应链的建设依然以"快"为核心。

2009 年，在麦包包获得联想投资和 DCM 的一轮投资后，叶海峰开始极力拉拢人才，当当网前副总裁邱玉栋走马上任，他上任后烧的第一把火就是供应链升级，把学习标杆直接对准了全球最大零售商——沃尔玛。

麦包包结合沃尔玛模式和自身特点，创造了一套独有的基于网络订单驱动生产管理所形成的供应链管理模式，即 M2C（工厂至终端）模式，麦包包从采购、生产、仓储到物流配送等各个环节都由网络订单驱动着，这种模式不仅加快了各环节的反应速度，也有效降低了库存。目前麦包包平均每个月的库存占比不超过 1%，库存周期也由原来的 12 周缩短到 6 周。麦包包的一款产品从放上网页、客户下单一直到物流，每份订单的处理时间不超过 10 分钟。

"快"已经成为麦包包供应链的核心竞争力，并且这种优势已扩展到精细化管理、成本控制等多个方面。这一供应链系统使麦包包不仅仅作为一个网上销售平台，同时还扮演着网络营销专家的角色，它不是简单地为供应商提供一个产品销售渠道，而是利用自身庞大的数据库，将消费者的点击情况、销售情况、购后反馈等信息传递给合作伙伴，让他们了解市场状况、掌握消费者行为变化。麦包包的快速供应链不仅很好地支撑了其"快时尚"定位和"快营销"手段，也使其与上下游合作伙伴保持着良好的联动关系，实现多方共赢。

3. 轻装上阵破茧而出

麦包包前身是一家专做箱包贴牌生产的企业，随着贴牌毛利率的下降和同质化竞争的加剧，企业于2007年开始由OEM企业向品牌企业转型。然而，麦包包的品牌之路并不平坦，起初除了建立自己的B2C网站外，麦包包还以加盟的形式在全国开设了60家连锁店，采取线上、线下相结合的方式。但实体店的投入产出比大为失衡，此时的麦包包迅速转变商业思维，从这种过"重"的实体模式向越来越"轻"的线上转移，将战略眼光投向当时占有网购80%市场份额的淘宝网。

麦包包迈出的这一步，让其成功躲过了品牌创立初期被互联网淹没的命运。借助淘宝，麦包包凭借质优价廉的商品和优质的服务，短时间内积累了较高的人气和万级数量的购买用户，达到数千万甚至上亿的销售规模。随着"魔方包"的成功运营，麦包包品牌在淘宝上迅速走红，成为"淘品牌"大家庭中的一员。但麦包包并没有止步于"淘品牌"，它进一步发挥淘宝网信息受众面广的优势，将自己的独立B2C平台和品牌通过淘宝双双推向市场，成功"出淘"，成为中国最大的箱包B2C公司。

4. 箱包电商唯快不破

纵观麦包包的发展历程，从最初利润低薄的贴牌生产到销售质优价廉的网货，再到形成自己风格的"淘品牌"，最后到占据电商标杆企业的高位，麦包包走出了一条从传统行业到互联网品牌的独特之路，而支撑它一路走下来的正是它以"快"为核心的商业模式。

5. 快时尚：打造快速时尚新模式

绝大多数品牌在成立之初都需要跑马圈地、砸钱宣传，以迅速扩大影响力，占领制高点。但对许多刚起步的电商而言，资金单薄恰恰是其面临的最大困境，麦包包也不例外。转型后的麦包包并没有充足的资金全面推广自己的品牌，叶海峰转变思路，选择了先做大牌的网上渠道商，凭借自己在传统箱包行业多年的关系，麦包包很快就获得了金利来、皮尔卡丹、米奇等十几个国际名牌的网上销售权。

向上对接知名品牌，麦包包扮演了渠道商的角色，但麦包包不会满足于渠道商的角色，而是通过授权代理商等多种渠道向下延伸自主品牌，这种渠道双向延伸的模式不仅使麦包包这个平台迅速扩张，也为自有品牌的延伸铺就了道路。目前麦包包有40多个细分品牌同时在线销售，单品达到1万多种，而麦包包的自有品牌占总销量的70%。

随着生活节奏的加快和人们消费观念的转变，箱包早已不再是单纯用来装物品的功能性产品，它不断向装饰性领域拓展，与服饰、鞋一起成为消费者张扬个性、表达时尚的载体。时尚行业的本质是"快"或"快速模仿"，国际知名时尚品牌ZARA就是一个典型例子，ZARA每款产品的上架时间不超过3周、补货不超过1次。麦包包正是在ZARA模式基础上进行的微创新，如今麦包包每天会推出30个箱包新品，库存周期为6周，致力于打造箱包界的快速时尚新模式，为中国消费者提供高性价比的品牌时尚箱包。

6. 品牌之巅，路在何方

麦包包"出淘"成功，并且已经成为一个引领世界箱包时尚的品牌，然而，随着企业规模的进一步扩大，某些阶段性的战术问题逐渐显露出来。因此，麦包包应对其阶段性的发展策略进行适时调整，只有这样才能保证其战略目标顺利实现。

7. 促销之殇

处于高速成长期的麦包包，若想有效传递其"快时尚"的品牌理念，快速抢占消费者心智资源，促销则是其不二之选。然而，当前麦包包的促销手段过于单一，基本局限在价格促销范畴，"抢先价、震撼价、限时抢购价、特价专区"，各种价格促销不断，更值得注意的是这种价格促销并不是短期行为，它已成为麦包包长期刺激消费者需求的工具。

我们知道，在判断产品质量的时候，价格是一个直观可感知的因素，消费者普遍存在"高价格＝高质量"的认知模式，价格折扣在一定范围内能有效刺激消费者的需求，使其产生购买意向，但当价格下降幅度过大时，消费者就会对产品的质量产生怀疑，从而损害品牌的感知质量。另外，长期重复使用价格促销策略，消费者可能会对产品价格产生"这个东西到底值多少钱"的疑问，会认为"这还不是最低价"而产生观望心理，从而产生购买的"滞后"，使得价格促销策略失去其短期的激励作用。

在市场开拓期，价格促销策略的确能够帮助企业扩大销量，迅速抢占市场。但是，随着品牌的逐步成熟，泛滥的价格促销无疑会损害企业长期以来建立的品牌权益，不利于品牌的进一步成长，因此，麦包包不应过度依赖价格促销。事实上，麦包包应该把更多的精力放在非价格促销上，重视品牌的长期建设。哈根达斯以"华尔兹的浪漫""幸福相聚"等制作精美的食品免费赠送给消费者品尝，推出"哈根达斯环球旅行家"的浪漫历险活动，强调哈根达斯销售的不是冰淇淋，而是浪漫的感觉，强化了品牌的独特联想。麦包包应该根据细分品牌自身的特点和目标消费群体的需求特点，设计策划一些非价格导向的活动和事件，这样做不仅不会损害品牌的感知质量，而且能够给消费者带来某些意外惊喜，增加购买乐趣，培育和巩固品牌的独特联想，增强品牌权益。

8. 品牌阵痛

品牌细分固然能帮企业有针对性地响应市场需求，但对于一个尚未完全成熟的企业品牌而言，过快的品牌扩张步伐有欠稳妥。作为一个新兴电商，麦包包对外界的宣传几乎都是围绕着"麦包包"这一企业品牌，尽管麦包包有40多个产品品牌，但针对它们的宣传却是凤毛麟角，绝大部分消费者是冲着"麦包包"去的。由此可见，消费者对麦包包的产品品牌并没有建立起真正意义上的忠诚度，他们买某个包只是出于对其样式或价格的偏好，并非出于品牌忠诚。

麦包包在如此短的时间内就将40多个品牌囊括在旗下，未免显得过于冒进。铺天盖地的广告能让消费者知道有个卖箱包的叫麦包包，如果只靠质优价廉来拉动消费，那么当另一个更优质、更低价的平台出现时，消费者就会毫不犹豫地舍弃麦包包。当一个品牌缺乏强大的忠诚顾客作为支持时，品牌是有危机的，因此，麦包包应该放缓品牌在数量上的扩张步伐，把重心逐渐转移到质量上的建设，从需求导向型的市场经营策略转变到建立品牌的心智经营策略上来，只有这样才能培养起消费者的品牌忠诚度，才能有效规避品牌同质化，从而在市场中立于不败之地。

目前，麦包包平均每天的销量已破万，每个月仅在淘宝的销售额就近千万。可以预见，这个诱人的市场必将引来不断扩充品类的当当网、京东商城、凡客诚品等B2C巨头的进入。对此，叶海峰表示："麦包包对别的领域没有兴趣，但在箱包领域，别人也别想碰我们的奶酪，我们的愿景是让中国引领世界箱包时尚。"

案例9.2.5 甘肃成县的农产品网络营销

成县隶属于甘肃省陇南市，因古成州而得县名。成县素有"陇上江南""陇右粮仓"之称。2007年被联合国非物质遗产保护组织中国分部确定为全国33个"千年古县"之一、2011年被国家林业局命名为"中国核桃之乡"。

成县核桃栽植历史悠久，资源丰富，以其粒大、仁饱而驰名中外，是传统出口创汇农副产品，也是全县农村经济支柱产业之一。置身成县，最吸引人眼球的还不是美如油画的景色，而是那些大大小小、遍布城乡、状似蘑菇云的树冠，不仅改善着那里生存的环境，也为成县人缔造着一个美好的明天。它，就是成县上上下下挂在嘴边，引以为自豪的核桃。

1. 县委书记卖核桃

如果不是成县县委书记李祥的一手推动，很难想象成县能否像今天这样因为电商而声名斐然。而这一切看起来倒也简单，就是在县委书记的带领下，全县干部群众一起上手，共同吆喝同一款产品——核桃。

翻开县委书记李祥的新浪微博"成县李祥"的记录可以发现，在全部6200多条微博中，仅带"核桃"关键词的微博就达802条，这还不算转发的带核桃内容的相关微博，真正是名副其实的核桃书记了。县委书记对于核桃的痴迷程度表现在，核桃生长的每个环节都要通过照片和文字夸上一番，哪里有展销会、有销售窗口、哪个媒体做了报道都要炫耀一下，青核桃好吃、干核桃好吃、加工的核桃更好吃，如此这般，怎能不让人留下深刻印象，一个县因为"核桃书记"而迅速提升了知名度，而县委书记李祥也因为卖核桃一夜成名，不仅微博粉丝飞涨，而且成为各类论坛、讲座和媒体采访的常客，不断扩大着成县核桃的影响力。

2. 全县上手推核桃

在中国的县域政治中，县委书记亲自带头工作，其示范推动力度是相当大的，由"核桃书记"发动的核桃宣传攻势轰轰烈烈地开展起来。党政干部、县直各部门、乡镇村组、大学生村官、致富带头人等，全县上下全面开通微博，几乎异口同声地在集中宣传一个东西，还是核桃。在这样一种强大的合唱声中，媒体和社会各界被感染，也纷纷加入宣传成县核桃的队伍，一时间成县核桃满天飞。

3. 全线出击做核桃

宣传的目的还是为了卖东西，做产业。抓住成县核桃满天飞的宣传效果，成县核桃的形象展示店、营销窗口、展销厅也紧锣密鼓地开设起来，迅速铺货；一批网上销售窗口也迅速开通，淘宝店与微博链接，微营销有声有色，淘宝上的"成县核桃"相关产品已经达到292种；核桃系列产品生产线也在抓紧生产，形成青核桃、干核桃、核桃仁到核桃食品的系列化；围绕核桃开展的核桃树认领、核桃文化研讨等活动也相继举行，推动核桃营销；核桃标准化示范园也在加紧建设，产业规模不断扩大。

4. 功夫更在核桃外

仅仅一个核桃，终究县域产业规模有限，市场容量也有限，核桃只是成县电商的探路者，最终形成电商扶贫的县域经济之路才是目的。果然，在核桃站住脚跟之后，成县系列土特产品相继推出，成县樱桃、成县土蜂蜜、成县土鸡蛋、成县金银花、成县香菇、成县土猪肉等全面上线，甚至成县奇石也卖到了网上，目前仅带"成县"字样的淘宝店铺达到159家，经营产品1058种。为推动电商事业发展，县上成立了电商协会，县委书记当顾问，持续推动；频繁请来全国电商大佬，做培训、搞研讨、提建议，全面促进；四处奔走，走出去，请进来，吸引一批企业和人才加入成县电商队伍；启动筹建电商产业园和农产品交易中心，解决产品供应、配送、培训等问题，电商产业链全线运转起来。

案例9.2.6 携程借电子商务拓展线下用户

携程主打的仍是一个传统行业——旅游业，实现机票、酒店预订，旅行服务的销售，这个行业存在了好几十年了，不是什么新兴行业，而且这个行业普遍口碑不大好，回扣、强制购物、服务质量的问题层出不穷，这是不好的一面。好的一面是随着"有闲一族"的逐步壮大，旅游的市场膨胀的很快，航空业、酒店业这几年都是高速增长，携程赶上了这趟快车，但根本上，携程还是属于旅游行业。

为什么传统的巨头如中旅，地方的巨头如广东的广之旅、南湖国旅虽然也很风光，但在携程面前，品牌知名度和客户满意度始终上不来，携程却能做的风生水起，答案是电子商务。电子商务用信息化解决了以往很多繁琐、不透明的东西，例如机票的价格、全国范围的酒店预订，以前是很麻烦的事情，一般人独立解决不了，但携程借助电子商务把这些问题用信息化全部解决了，自助游潜力前所未有地被释放出来。

但携程的成功不仅仅是在简单的电子商务方面。"鼠标＋水泥"在第一轮电子商务浪潮退去后就已经被证明是失败的商业模型，基本上，第一轮电子商务浪潮剩下的就是新浪、网易这些门户网站和QQ这样的"准通信运营商"。为什么携程能生存下来，而且活得很好，答案是线下的用户拓展。经常外出旅行的朋友可能会有这方面的体会：在各大机场，都有携程的推广人员在不厌其烦地推广携程的会员卡，简单提供姓名、手机号码就可以加入携程会员。在这个会员制被滥用的社会，我们已经不记得自己究竟成为了多少企业的会员，但我们并没有额外享受到什么会员的服务，大部分人已经对"会员制"免疫了。携程也一样遇到这样的问题。但携程为什么乐此不疲地推广会员，相信在全国各大机场，甚至汽车站雇佣大量的推广人员费用绝对高昂，作为一个电子商务企业不是通过烧钱做广告，进行低价促销，而是发展会员，走传统推广的路子，的确很让人不可思议。人的成本是一块，雇佣这么多推广人员肯定需要管理成本，推广的场所大多都是机场、车站，这些地方的经营单位都是垄断巨头，要做多少工作才能进场，携程可不是国企、央企，可以动用很多的行政资源、裙带关系，要做出这种努力是很不容易的。携程这样做的原因是因为携程知道，虽然是电子商务企业，但他的销售市场并不在网上，而在线下，ctrip.com只是他最终出售的产品，而不是营销平台。只有在用户群集中的地方争取用户，而且是不厌其烦地争取用户，才是旅游业电子商务成功的关键。

旅游产品有三个显著的特点，也是三大问题：一是价格的不透明性，机票、酒店是个弹性很大的市场，不同渠道价格差距可能很大，产品的信息不透明度很高；二是产品同质化严重,机票、酒店的服务产品同质化非常严重,基本上,不同航空公司的服务差别不大,同星级的酒店,服务也不会偏差的很大;三是个性化要求复杂,由于个人的喜好和目的不同,旅游产品的个性化需求异常复杂,例如顾客不喜欢早起,不喜欢某个航空公司的服务,住的地方希望靠近亲戚家,最好边上还有一个超市能稍点手信回家,当然附近有酒吧能喝点小酒那最美不过了,这种个性化的要求层出不穷,需要销售人员掌握海量的信息,这一点,是传统旅游业人对人的服务方式无法满足的。旅游则更加复杂,旅行社设计的"黄金线路"已经无法满足游客多样化的个性化要求。

携程正是很好地解决了三大问题,它卖的并不是机票、酒店,而是购买机票、酒店过程的体验,电子商务只是实现的方式。

旅游行业的三大问题决定了消费者有尝试新渠道的冲动,携程着力推广的会员制为满足消费者的这种冲动提供了释放的平台。从概率上来说,大范围的推广一定能带来一定的"回头率",在这一点上销售人员推广和广告具有同样的效果,只是不同的行业适用不同的方式。在旅游行业,ctrip.com 提供了足够好的消费体验,也就是产品有足够的吸引力来从有限的"回头率"中挖掘"成功率"。商旅消费者具有聚合的特点,良好的购买体验会带来"口碑传播"。

携程的服务品质是非常有口碑的。一切以客户为中心,携程很早就安装了 CRM 软件。比如客户在成为携程的会员并订购机票后,留下了手机号,时隔几个月过后,帮朋友订机票,拨打携程的电话,呼叫中心直接识别出该客户的姓名,这一点,现在很多银行的呼叫中心能够做到,但在几年前,能做到这一点不容易,这种用户体验对提高用户忠诚度有非常大的帮助。再比如顾客去上海旅游,通过携程预订了酒店,为了便宜,预订了一晚外滩附近的商务酒店标准间,也就是类似 7 天、如家这一类型的酒店,但没想到房间会没有窗户,空调噪音也很大,感觉非常不好,顾客找酒店投诉要求换房,酒店以没房为理由不肯换,找到值班经理也不能解决问题,最后百般无奈之下找了携程,结果携程真的做通了酒店的工作,给顾客换了一间套房,而且是不另外加收费用的。可以看出携程解决问题的能力和为会员服务的态度令人惊讶。

正确地选择销售模式——面向直接用户不遗余力地进行推广以及准确的产品定位——销售"客户在购买酒店、机票、旅游产品"过程的体验,而不是将产品直接定位于机票、酒店和旅游线路才是携程真正的成功所在。

案例 9.2.7 天猫"双十一"的营销策略

经济之声《央广财经评论》公布了 2016 年"双十一"的全天交易数据:"2016 年天猫'双十一'全球狂欢节"成交金额为 1207 亿元。电子商务的不断发展为天猫商家"双十一"网络营销策略进行了创新,实现了"互联网+娱乐+消费"的营销模式。"2016 年天猫'双十一'全球狂欢节"不仅为人们制造了一场购物盛宴,而且将"双十一"变成了一种购物品牌,各种营销手段竞相应用,在带来巨额消费的同时背后也暗藏了一些消费隐患。为此,对"2016 年天猫'双十一'全球狂欢节"的营销方式进行分析,针对营销方式发现潜藏在背后的消费隐患,采取有效措施解决这种隐患,实现科学营销。

在社会的不断发展下,一种全新的营销模式——电子商务应运而生。电子商务的出现有效地将商务技术、信息技术、管理技术等进行融合,从而实现了一系列的网上购物、网上交易、在线支付等综合服务活动，显示出自身交易方便性、整体性、普遍性的特点。在电子商务的发展下出现了以淘宝网为代表的电子商务网站。在 2008 年的时候，淘宝网开展了 B2C 业务——天猫商城，在 2012 年的时候正式改名为天猫。近几年，在人们生活水平提升和电子商务发展下，天猫商城借助一系列的节假日开启了自己电子商务网络营销新时代，实现了"互联网＋娱乐＋消费"的营销模式。下面对天猫商城 2016 年开展的"双十一"营销方式进行分析。

1. 天猫"双十一"网络营销 SWOT 分析

(1) 天猫"双十一"的网络营销优势。

1) 对品牌知名度的借助。

天猫商家很多都是发展了很多年的大企业，比如雅诗兰黛、戴尔笔记本、华硕笔记本等。这些企业在实体店销售的时候就拥有了大量的用户支持。在天猫"双十一"活动的时候，商家可以利用顾客对这些品牌企业的认知来开展相应的促销活动。

2) 良好的网络宣传。

天猫商家在"双十一"活动开展之前就对自己的活动进行了相应的宣传，突出表现在借助微博的力量来打广告，找准适宜的时机宣传自己的产品，具体表现为通过在微博上向用户征求意见、征选图片等方式实现商家和消费者的充分互动。之后，天猫商家在网站首页上打出自己的主打销售品牌，加强消费者对产品的直观化了解，并根据消费者的年龄、特点、性别等为其提供想要购买的商品。

3) 能够对文化外延形式进行拓展。

天猫商家想要实现的发展需要抓住适当的发展时机，利用各种节假日进行产品的营销宣传，比如天猫商家抓住了"单身节"文化，在"光棍节"中开展相应的"双十一"活动。商家抓住消费者喜欢在"双十一""宅在家"的文化，为他们提供不用出门的消费服务。

4) 抓住了消费者的消费心理。

在社会经济的不断发展下，人们的生活节奏加快，人们的闲暇时间越来越少，由此人们加强了对快速消费的追求。天猫"双十一"抓住人们的这种消费心理，找准适当的时机进行打折促销，并采用支付宝付款、手机付款等多种付款形式，刺激了消费者购物消费。

(2) 天猫"双十一"的网络营销劣势。

1) 消费者对天猫商城质量的质疑。

天猫商家"双十一"的网络营销劣势在于很容易受到淘宝的影响，消费者将对淘宝商品质量的质疑转移到对天猫商品质量的质疑上。但实际上，天猫上的产品大多是正品，都是经过注册的一些品牌，拥有自己的经营团队，如果出现假货会面临较大的惩处。

2) 天猫商城没有形成属于自己的物流系统。

天猫商城是作为一种交易平台存在的，在发展上缺乏自己独特性的物流系统，由此导致失去了很多客户。天猫"双十一"期间销售的产品需要经过长时间的物流运输才能到达消费者的手中，由此导致一些缺乏耐心的消费者会选择淘宝和京东购物。

(3) 天猫"双十一"的网络营销机遇。

1) 快速发展的网络购物市场。

随着社会经济和电子商务的发展，一些大厂商、零售商为了迎合消费者的网络购物需要，应用了线上和线下结合的营销策略，基本保证了消费者对商品质量的要求，转变了消费者的购物理念。

2) 外部环境对天猫"双十一"营销的支持。

随着电子商务贸易的发展，我国逐渐出台了能够保证网络交易安全的法律，为人们的网络购物提供了法律环境的支持，同时也为我国电子商务网络安全认证体系和网络信任体系的构建提供了支持。

3) 消费则消费观念的变化。

随着社会的发展，网络购物逐渐成为一种新的时尚代名词，消费者在购买产品的时候越来越重视产品本身的个性化特点以及购物过程中的消费体验。网络购物这种购物方式的出现在很大程度上带动了我国网络购物的发展，为B2C的发展提供了机遇。B2C和C2C相比是由正规商家提供供货服务的，具有很高的信誉度和很好的质量保证。

(4) 天猫"双十一"的网络营销挑战。

天猫"双十一"的网路营销挑战集中表现在网络商店无法取代实体店的发展地位。网络商店虽然方便了消费者的消费，为消费者节省了一定的时间、金钱和精力，但是网络购物会引发一系列的问题，比如送货延迟、退货烦琐、出现假货旧货、网络诈骗、信息被泄露等。可见，在可靠性和安全性上，网络商店无法取代实体店的地位。

2. 2016年天猫"双十一"营销策略分析

(1) "明星＋直播"的营销策略。

2016年"双十一"晚会实现了"全明星阵容＋矩阵直播"的模式，在打造超级会员的同时拉拢新的客户，提升天猫平台的整体消费流量和关注度。2016年的"双十一"晚会采用了国际化的阵容，充分应用了阿里巴巴集团下的各个娱乐版块。同时，天猫"双十一"创新推出了手机电视直播的多屏互动模式，消费者能够一边看电视、一边抢红包。在天猫"双十一"晚会上推出了阿里鱼，阿里鱼还参与了IP关联销售的店铺，专门针对10万商家的IP变现平台。

(2) 个性化的营销策略。

2016年天猫"双十一"营销的一个重要亮点是个性化推荐服务的实现，通过千人千面的个性化推荐开放应用到相关的商家店铺中，为商家发展提供了更多的价值，加快了商家为消费者提供服务的效率。

(3) 全渠道的营销发展策略。

天猫全渠道的营销发展策略从2015年开始发展，一方面表现在阿里巴巴尽全力打通品牌营销的线上和线下，另一方面阿里巴巴旗下的大型品牌商也实现线上和线下商品的流通发展，构建会员服务体系，比如绫致集团、GAP、优衣库等品牌。但是这种线上和线下结合的全面营销渠道发展遇到了瓶颈，特别是对于服装销售来讲，由于缺乏线下体验式服务，使得消费者不愿意在天猫商城上购买服饰。在2016年的天猫"双十一"营销中，侧重实现了全渠道发展策略，打通了60家商家作为扶持家。

(4) "新制造、新零售、新技术、新金融、新能源"的营销模式。

马云于2016年提出"传统电商消失"论，用"新制造、新零售、新技术、新金融、新能源"的"五新"业态营销模式替代传统电商销售发展模式，以新零售、新制造和新金融为例分析这种营销模式。

1）新零售、新制造。

在大数据的快速发展和应用下，消费者对商品的种类提出了更高的要求，为此，天猫电商需要依托大数据资源对购买者的职业、年龄、偏好性别进行精确化区分，从而帮助全球商家进行销售商品的营销策划。经过新零售和新制造的研发，一些商家存在被买家"爆仓"的情况。同时，在2016年天猫"双十一"营销发展中也发布了农村地区"双十一"当天即时销售排行榜，可以发现2016年农村地区的生产消费水平得到了快速的上升。

2）新金融。

以往"双十一"营销会受到技术门槛的影响，即支付宝消费能够承受住消费高峰热潮。而在2016年的"双十一"购物节中，支付宝应用所需要解决的问题不再是这种技术性问题，而是怎么让"网商贷"发挥重要的作用。在这种情况下，由蚂蚁花呗、支付宝和余额宝组成的"大众消费金融"进一步拓展了支付、理财以及个人借贷的功能。

3. 完善天猫"双十一"营销策略

（1）加强对消费者消费心理的重视，提升服务品质。

在互联网时代，电商发展成功的关键是能否吸引更多的用户，只有吸引更多的用户才能实现个人更好的发展，从而为消费者提供物美价廉的商品，增强消费者的购物体验。在"双十一"消费购物的愈演愈烈下，一些电商会将平时普通商品伪装成"某购物节"打折商品，目的是提升消费者的消费力度，这种行为引起了消费者的消费反感。因此，为了提升电商对消费者消费的正向影响，在应用电子商务和节假日进行商品销售的同时要注重关注消费者的消费心理需求，通过努力为消费者提供良好的消费体验，提升消费者对商品本身的信赖度和忠诚度。

（2）消费者要科学、理性消费。

在天猫"双十一"购物节期间，消费者要做到理性消费，不能被电商的"便宜政策"所盲目吸引，以至于导致盲目消费现象的出现。第一，消费者在进行产品购物的时候要选择正规的厂商，即一些经营发展规模大、信誉度良好、交易大的电商。第二，消费者在购买商品之前要额外注意商家对各种优惠条件的限定条件，对于那些不支持7天无理由退换的商家要不予理睬。同时，消费者在进行网络消费的时候要注重对个人隐私的保护，不能在缺乏认证资格的网站下单购物。第三，消费者要做到先验货后签收。消费者在收货的时候要对货物进行检查核对，如果发现了商品的质量问题或者商品和实物不符需要及时联系商家退换商品。

（3）完善物流系统，提高配送速度。

在天猫"双十一"活动之后，天猫商城要联系相关物流单位对天猫商城的物品及时派发，从而保证在规定的时间内将物品及时送到消费者的手中。

（4）实现天猫和消费者之间的互动联系。

通过天猫和消费者之间的购物联系进一步凸显出"双十一"购物狂欢节的重要地位。天猫商城是和人们提倡生活密切联系的网络交易平台，为了更好地实现消费购物平台的发展，天猫商城要在平时的发展中加强自身和消费者之间的互动联系，加强消费者对消费品牌的正确认识,并将消费者注重的品牌作为生产发展的第一位。

4. 天猫"双十一"的购物狂欢对电商发展的影响

(1) 充分证明了消费的力量。

"双十一"的营销活动从 2009 年开始,在"双十一"消费的过程中,人们更多关注的是消费的能力,没有对消费意愿、消费场景、消费动机等问题进行关注。2016 年的"双十一"是周五,在这个特殊的时间点上和美国的"黑色星期五"不谋而合,为此,电商在线上可以缔造出一种和美国"黑色星期五"消费相似的消费场景和消费意愿。2016 年"双十一"的全天交易数据显示"2016 年天猫'双十一'全球狂欢节"成交金额为 1207 亿元,这样庞大的数字背后蕴含了我国消费者的消费力量。

(2) 线上、线下购物的双向发展。

马云在"双十一"购物节中曾说过:"电子商务就是一个摆渡船,今后不再提电子商务了。"这句话在 2016 年的天猫"双十一"购物中得到了充分的体现,表现在线下商家向线上的延伸发展和线上商家向线下的延伸,实现了线上、线下结合的营销发展。2016 年的"双十一"购物节不仅仅是京东商城、阿里巴巴、1 号店之间的竞争,而且在不同的商场也都采取了"双十一"营销活动。可见发展到今天的"双十一"不再局限在原来的线上活动,是实体商家和电商之间一起开展的购物狂欢节。

(3) 未来的跨境消费、跨境支付的模式凸显。

2016 年天猫"双十一"购物节期间,武汉卖家"梁龙"把自家制作的新款童装卖到了远在 15800 千米之外的巴西。通过这个事件可以充分说明在社会经济的不断发展下,我国消费者跨境消费的能力。在过去,出境购买许多物品,受超重的影响很多物品不能实现国内外的有效运输。

随着社会的不断发展进步,人们只需要轻点鼠标,就能在全球范围内购买心仪的产品。所以 2016 年阿里打出的口号是"买全球,卖全球",这一点也体现得淋漓尽致。在经济全球化的深化发展下,2016 年的天猫"双十一"购物节跨境购物更加通畅。

案例 9.2.8 百事可乐猴年广告营销分析

1. 营销背景

"把乐带回家"是百事中国区的年度春节营销活动主题,已经持续了 5 年,从 2012 年"你回家是父母最大的快乐"到 2013 年"有爱的地方就有家,有家就有快乐";2014 年"把乐带回家"倡导家不以远近,乐无为大小;2015 年,百事建立"众创大地图,一起把乐带回家"。每一年的春节,百事都给人们带来了不少欢乐。"把乐带回家"已经成为了百事可乐标志性的营销战役。

2. 营销目标与挑战

洞察:年轻人是爱折腾的一代,但是一成不变的过年对他们而言略显乏味。所以,如何启发和帮助年轻人重塑与家人朋友之间的过年快乐方式,把传统春节折腾出新意,是品牌最佳的切入点。

创意:《看我七十二变,把乐带回家》。在猴年之际,借力家喻户晓的美猴王形象及其灵活多变的人物个性,成为 2016"把乐带回家"的乐猴王,启发和鼓励年轻人把传统新年玩出属于自己的七十二变创意,真正地把快乐带回家人身边。

媒体表现：基于对年轻一代和老一辈的市场解读，此次百事可乐的新春广告，特邀六小龄童为其注入了中国文化元素，同时也将广告的本土化沟通进行到底。朋友圈和微博的病毒扩散，借由猴年顺势推出了"乐猴王纪念罐"，以实现线上传播与线下覆盖的全面配合。

携手六小龄童将传统玩出新意。从人物知名度、品牌契合度、与春节的关联度三个维度进行综合考量，最终甄选了1986版西游记主演六小龄童老师成为"把乐带回家"的美猴王形象演绎者。

3. 营销手段

(1) 走心美猴王广告"统治"朋友圈。

2016年12月29日，通过投放朋友圈发布了一段六小龄童的动态广告，百事可乐作为首个在朋友圈投放动态广告的饮品品牌，凭借对猴王精神的走心传递，广告一发出便引起了不少网友的热议关注。

(2) 将创意在产品上落地，推出限量猴王罐。

同时，为了唤醒并释放大家内心爱玩、爱闹、爱笑的"猴性"，启发年轻人创造新年的"七十二变"，百事可乐特别推出"乐猴王纪念罐"，并展开了一场关于"乐猴王纪念罐"的营销预热传播活动。

(3) 微博热门话题榜为猴王精神持续升温。

微电影曝光后，不少网友反应这个时代缺少猴王精神，百事中国官微迅速做出反应，在1月1日与新浪微博合作共同推广"六小龄童乐猴王"话题并荣登热门话题榜首页，将《把乐带回家之猴王世家》微电影和乐猴王纪念罐推向高潮。

(4) 明星接力六小龄童响应猴王精神传递快乐。

六小龄童率先发声，制造话题，在微博上晒出"乐猴王纪念罐"，并宣称将与百事可乐合作，通过六小龄童的明星效应引发关注，并号召大家把快乐传递给更多的人。

随后，百事家族的明星们以及当下最火的微博意见领袖们，吴莫愁、李易峰、《大圣归来》美术总监齐帅等明星发起响应，相继晒出收到"乐猴王纪念罐"的照片，并表示猴年一定要把乐带回家。在明星的号召下，话题热度不断提升，网民们不断评论、转发，并询问猴王罐的购买渠道。

(5) 乐猴王新年签，授权年轻人玩出自己的七十二变。

在六小龄童的美猴王广告热播后，百事上线了微信轻交互"乐猴王新年签"，让每一个年轻人都可通过抽签测试来获得当日的新年玩法创意，给你和家人一个不一样的过年方式，产生黏性大幅度提升了彼此间的互动。

4. 营销效果与市场反馈

百事中国于2016年12月29日晚9时推送的预热文章，在短短2小时内，累积阅读数就已破10万，截至今日已累积达到33万，这对许多品牌而言都是史无前例的突破，得到行业内外无数好评，更有《人民日报党报》和《钱江晚报》等纸媒的自发效应，共计约有数十家媒体自发报道，"乐猴王纪念罐"也成为猴年热销产品。微电影也在不停地刷爆朋友圈，这样不仅成功提升品牌好感度，也令所有国人感受到猴王精神，这才是2016百事"把乐带回家"的最终意义。

案例总结：

成功因素如下。

（1）紧扣时代，猴年抓住猴文化。

（2）洞察人心，将老一辈与年轻一辈相结合。

（3）利用网络媒体，以最快、最广的方式传播。

（4）推出产品，发售限量款。

案例 9.2.9　电影网络营销启示——电影这样火起来的

回顾近年来的国内电影市场，《人再囧途之泰囧》（简称《泰囧》）、《北京遇上西雅图》《101 次求婚》以及《致我们终将逝去的青春》（简称《致青春》），都不同程度地创造了票房奇迹。仔细观察，这些电影有一个共同点：都借助微博、空间等社交媒体进行营销，并取得了显著的效果。

不经意间，作为曾经电影营销的"三驾马车"：海报、预告片、电视广告，如今正在逐渐沦为配角。随着数字时代的来临，越来越多的电影开始依赖互联网进行营销，因为看上去，它们更廉价，也更有效。

这样一组数据或许更能说明事实：

《泰囧》总成本约 5000 万元，营销成本约 2500 万元，票房 12.66 亿元。

《失恋 33 天》总成本 800 万元，票房 3.6 亿元。

《北京遇上西雅图》总成本 3000 万元，票房 5 亿元。

《鬼影实录》总成本 1.5 万美元，票房 1.5 亿美元。

《饥饿游戏》总成本 7800 万美元，营销成本约 4500 万美元，票房 6.84 亿美元。

《致青春》制作营销成本 6000 万元，票房 6.41 亿元。

这些电影都无一例外地大肆借助互联网进行宣传。

1. 制作电影之外的小短片

央视《第 10 放映室》曾表示：《失恋 33 天》对中国电影的意义在于，它第一次挖掘了一个可以复制的市场营销模式。它把电影当成一个产品来卖，走完一整套的营销路线，并且运用了很多新招数。

《失恋 33 天》的营销团队以"失恋物语"为主题，让来自全国不同城市的年轻人讲述自己的失恋经历，然后通过各种社交平台扩散，引起了巨大的反响和共鸣，让"失恋"成为一个影响一大批年轻网民的流行话题，进而带动大家对电影的关注。

后面上映的《101 次求婚》，让"屌丝之父"、前国足运动员李毅拍摄宣传片《屌丝为什么找不到女朋友》，并推出明星、儿童、金婚老人等多版"全民告白"视频和三里屯"快闪求婚"视频。据透露，单是李毅的宣传片，百度贴吧的预告帖就有超过 1 亿次的点击量。

《泰囧》则分别针对徐峥、王宝强、黄渤三位主演以及"电梯人妖"做了 5 分钟左右的视频特辑，讲述了电影拍摄的台前幕后，并选取电影精华，半遮半掩地"剧透"一下，从而点燃了全民观看《泰囧》的热情。

2. 让观众主动要求电影上映

2009 年上映的《灵动：鬼影实录》正是这种策略的完美体现。这部电影制作成本仅为 1.5 万美元，却获得了超过 1.5 亿美元的票房。其中，电影发行方派拉蒙影业功不可没。

《灵动：鬼影实录》预告片的手法独具一格，将影院观众恐惧的现场反应捕捉下来。尖叫、逃避、捂嘴、闭上眼睛这类惊悚的表情本身，要比真正的电影画面更有说服力，让人充满了好奇和期待。

然而，最为重要的是，派拉蒙大规模地使用 Facebook 对电影进行推广，并在网上进行调查，收集影迷的意见，根据反馈制订放映计划，并让影迷投票来决定他们希望影片在什么地区上映，并宣称如果有超过 100 万人希望看到这部电影，就会扩大上映范围。

这一举措反响惊人，派拉蒙第一周就收到了来自美国各地影迷的请求，公司根据各地发送请求的人数逐步扩大院线规模。看过影片的人越多，上网投票的人也就随之增长，这种滚雪球式的效应一发不可收，很快《灵动：鬼影实录》便扩展到全美 159 家影院上映。

事实证明，这种策略最有效的地方在于，它让影迷们产生了一种电影的主人翁的意识。同时，它所产生的认知程度和关联，是无法从广播和电视节目中获得的。

3. 病毒式营销

2012 年 3 月上映的动作惊悚片《饥饿游戏》，可以看作新营销方式的一次探索。《饥饿游戏》的故事情节没有特别创新之处，演员阵容也都一般，但上映以来，却连破多项票房纪录，达到了 6 亿美元，风头甚至盖过了《暮光之城》。

《纽约时报》认为，《饥饿游戏》的票房成绩大部分要归功于狮门影业公司精密策划的营销方案。除了发放海报、投放横幅广告之外，该公司把全部的资金和人力都用在了 Facebook、Twitter、YouTube、雅虎以及移动游戏等平台上。

2011 年 3 月，《饥饿游戏》开始通过 Facebook 公布演职人员信息，指派专门负责人管理和关注跟电影有关的一切粉丝、博客，并推出"邀请粉丝看电影"等抽奖活动。

2011 年 10 月，《饥饿游戏》在 Twitter 推出一项活动：让所有之前在网站上注册过并拥有数字身份证的用户在网站上进行竞选，争夺电影中虚构的"施惠国"的政府职位，此举吸引了 80 万人参加。

2011 年 11 月，《饥饿游戏》营销团队在 iTunes 上公布了正式的电影宣传片，短短 24 小时内就吸引了 800 万的访问量。

2011 年 12 月，《饥饿游戏》推出了一张新的宣传海报，并将它分割成 100 个带有迷惑色彩的小碎片，并将这些数字海报碎片公布在了 100 个网页上，让网民在 Twitter 上公布他们找到的海报碎片，并将其拼接。

2012 年 3 月，《饥饿游戏》与微软达成合作，在 Facebook 上推出一款新游戏，通过网页让网民经历一次虚拟的国会大厦游，其中自然少不了与电影有关的元素。

狮门影业在电影上映前的一年内，联合知名平台，持续推出线上活动，以各种噱头，赚足了眼球，堪称电影病毒式营销的经典之作。

4. 宣传方利用多种方法对影片进行传播

赵薇及主创、主演等一众明星及其亲朋好友如黄晓明等高调地在社交网络上互动，在把所有阵容亮点呈现出来的同时，客观上也让微博用户产生"被包围、转发即参与"的感觉，营销传播方式的结果就是对电影先入为主的初步认知。

宣传方充分利用了以下三种效应来将影片的信息铺天盖地传播出去：

（1）明星效应——王菲献唱主题曲，为电影迅速预热；赵薇借助好友黄晓明制造话题，呼应"青春"主题。网络上的经典段子："有一种感情叫赵薇黄晓明"，甚至"你神经病啊"这句台词都无心插柳地成了新浪微博几天内的热点话题。

（2）粉丝效应——《致青春》借助明星做宣传取得的成功是其他新导演不可复制的，这些明星拥有很多粉丝，他们在微博上与赵薇的互动，对电影带来的宣传力度无法估量。

（3）共鸣反应——电影上映后掀起的怀旧风也助票房的"大火"烧得更旺，一时间怀念青春成了网络热门话题。看《致青春》，感觉那个时代、那一段记忆扑面而来，每个人的青春，似乎都能找到影子。

5. 移动应用的力量不能忽视

应用程序的发展为人们利用间隙时间进行娱乐提供了一种新的方式。对制片公司而言，移动应用也提供了一条吸引观众的途径，甚至可以直接出售电影票。

2010年，迪斯尼为科幻电影《创：战纪》在Facebook上制作了一款名为TRONi-Verse的应用程序。这个应用程序将与电影相关的评论、视频和图片上传到社交网络上，向更多的用户展现这部电影。

此外，迪斯尼为《玩具总动员3》开发了售票程序，而通过Facebook等平台卖电影票的一大好处就是你可以邀请朋友与你加入到其中来。

放眼国内，《致青春》已和游戏公司热酷达成协议，在热门游戏《找你妹》中打造"致青春"特殊关卡，增设了电影中几位主角的漫画头像，融入到年轻人生活的方方面面，使这部电影达到了全民普及的程度。

6. 总结规律

（1）引导用户主动参与电影宣传。

狮门影业数字营销部门高级副总裁丹尼尔·迪帕玛表示："以前，人们习惯了媒体告诉公众哪些电影才是比较好的，但现今已全然不是如此，现在公众的态度更为主动，我们愿意让公众来评论电影的好坏。"

《饥饿游戏》的营销关键点就在于，让观众自以为发现了一部电影，并主动自觉地融入其中，就像角色扮演的游戏，一旦介入就难以自拔。数以千万计的用户通过口耳相传，营造了电影的口碑效应。

一部电影在上映前，其官方微博是没有太大用处的：没有粉丝、没有口碑、没有影响力。这个时候，往往需要借助一些微博"大V"用户的宣传，并制造类似于"青春回忆""小三捍卫爱情"等互动性较高的话题，带动网友参与，并在社交媒体上掀起一股热议风暴，从而提高电影知名度。

电影的社交营销，起决定作用的并不是官方的主动营销，而是由电影延伸开来的话题、演员、故事、拍摄花絮等因素。如果这些元素都能符合用户深层次的需求，便能激发用户自动传播，而这种通过社交平台的传播，范围更广，成本更低，可信度更高。

对于微博"大V"的作用，一是起到了引导作用，引导用户参与到话题的讨论；二是在一定程度上起到了"洗脑"的作用，让用户在不同时间、不同地点都能获取到电影的信息，并实时参与到话题的互动。

IT评论家黑马良驹曾这样评价《致青春》的社交营销：①官方微博共发布微博2409条，记录了电影筹拍、开机等的全过程；②不完全统计，24个微博"大V"转发，粉丝总数接近3.7亿；③创造"赵又廷：你有神经病啊"的微博体，频繁让主创参与微访谈，延续微博热度；④大量影评专家评价很高。

（2）节奏把控必须适度。

杂志《成功营销》曾总结了《泰囧》在微博传播上的几个重要时间点：

《泰囧》官方微博结合"双十一"进行推广，以泰国游为奖励刺激网友参与，活动掀起第一个小高潮。

《泰囧》发布人妖版特辑，电影中的"美女"人妖身份引发网友疯狂吐槽，短时间内这个话题就被分享了3436次，参与讨论了5676149次。

《泰囧》宣布调整档期，视频预告激发网友奔走相告。

《泰囧》上映，第一波观影人在网络上讨论并二次创作，使得更多人关注电影。

电影的社交营销，应采取"先紧后松"的策略。在电影上映前的一段时间里，做出大量铺垫，例如对外公布拍摄花絮、人物特辑、主题曲等，以此吊足观众的胃口。而当电影真要上映的时候，电影制作方、发行方不需要再进行特别的宣传，让普通网友主动参与到话题的热议中，效果会更好。

总之，优质的内容与社交媒体的有效融合，满足了消费者的需求；同时在正确的时间，做正确的事情，控制营销时间点，才能持续地激发用户的喜好。

案例9.2.10　网约车平台——滴滴打车的网络营销策略

几年前，"滴滴"还只是个拟声词，现在，"滴滴"已经变成现代人出行的一种方式。2015年，滴滴和快的宣布战略合并，创中国互联网历史上最大并购案。2016年8月1日，滴滴宣布和优步合并，自此，滴滴一家独大，成为网约车第一平台。提起滴滴的营销，多数人第一个想到的就是砸红包，然而，这种烧钱方式并不是长久之计。在红包逐渐减少之时，滴滴也积极执行更有"互联网气质"的营销方式。这些营销方式做到了迎合用户情感需求、吸引好奇心，也做到了无孔不入。

1. 挖掘用户的情感需求

滴滴作为网约车平台，其提供的服务非常大众化、生活化。因此，其很适合挖掘用户的情感需求，引起大众共鸣。2014年12月，滴滴出行的视频广告"感谢自己篇"和"感谢最爱篇"上线，该视频广告通过主流视频网站贴片发布，进而溢散到微博等社交平台，在用户中引发热烈反响。这篇广告有一句直击人心的广告语——如果生活是苦逼的，至少梦想是牛逼的，全力以赴的你，今天坐好一点。这句广告语说出了芸芸众生的心声，在潜移默化中，使网友认为使用滴滴是对自己辛苦劳动的一种奖赏。

根据这句广告语，网友总结出"如果……至少……"的句式，并采用该句式造句，由此，网络出现了"如果冬天是寒冷的，至少被窝是暖和的，全力以赴的你，今天多睡一点"等"滴滴体"语句。可见，网络营销并不需要多么"高大上"的广告语、多么精美的画面，更重要的是站在用户的角度想问题，代表用户讲出他们的情感需求。

2. 引发用户的好奇心最大化吸引关注度

2015年9月4日，滴滴出行在APP挂出"再见"的海报，这种行为在互联网中掀起了一道波浪,行业专家和网友都在猜测,难道滴滴要被收购了,同时,微博也出现"滴滴打车再见"的话题,更是勾起了大家的好奇心。而后,滴滴通过辟谣、倒计时海报、创意H5等方式道出了真相,原来滴滴要换标志了,"再见"是对过去的标志再见。一个简单的"升级"行为,被打造成了一个社会化营销事件,赚足了眼球。

3. 跨界营销让用户无处可逃

滴滴出行创办至今,已经与奔驰、可口可乐、蒙牛等众多大牌实行跨界营销,足见其品牌的影响力。当然,这种跨界营销往往是线下活动,线上传播,归根结底还是网络营销。2016年六一儿童节,滴滴联合超过400家APP开通了打车功能,通过一支"400+APP下一盘大棋"的H5,用户可以很直观地看到各家APP的滴滴出行叫车入口位置,实现对用户入口普及,教会用户在不同APP中找到滴滴打车入口,旨在说明不管在哪里,用户都能够享受便捷的滴滴叫车服务。几百个APP配合滴滴进行营销,其编出的"大网"让用户无处可逃。这种营销打法能迅速拓展用户群,形成品牌及其核心社群。

在新媒体时代,滴滴出行已经逐渐跨越了"补贴时代",利用自身强大的自媒体属性构建场景,采用多样化的营销方式吸引潜在消费者,逐渐成为网约车首选APP,其营销方式也成为营销"模范"。事实上,无论是什么样的营销方式、多么深入人心、多么创新的方式,都是有章可循的。

案例 9.2.11   特仑苏"十年敢想"的内容营销

2015年是特仑苏品牌的10周年,特仑苏将以"十年敢想"作为4—7月的传播主题。在此期间特仑苏与媒体共同合作,与优酷、贾樟柯合作《我们的时代,十年敢想录》,共拍摄10部纪录片,用这10部短片真实记录江南春、王潮歌、吴晓波等不同行业里10位精英10年的所思所感,通过名人成长的故事讲述10年之间的变化,希望借助10位名人的影响力和成长历程,激励目标消费者向下一个更好十年迈进,并以此传递特仑苏品牌"更好十年"的相关信息。

深刻的主题和精良的制作让这一"小众"内容爆发出了惊人的生命力。每个视频的平均播放量已突破400万,KPI(关键绩效指标)超出预期50%,赞助商特仑苏与时俱进的品牌形象也随之深入人心,缔造了网络视频营销领域的又一标杆。

这是一次极具个性化的跨界内容营销。搜狐作为"十年敢想"的主要媒体平台,携手特仑苏,筛选伴随中国过去10年成长的具有时代影响力的巅峰人物,记录行业精英们随着时代前行的10年路途,引发用户的深度思考。这一内容营销,凭借高品质内容自身所具有的人文、社会价值,在多个行业和领域形成相当的冲击力,辐射到不同圈层,进而影响到各个行业的用户,并直击消费者内心。探究这次内容营销的成功原因,有以下方面。

1. 品牌介入内容生产

以往的销售路径是内容产品完全成型后,由销售人员推销给广告主。即使广告主感兴趣,但由于介入比较晚,对内容本身并没有多少"话语权"。可特仑苏却是在《十年敢想录》还只是一个想法时就决定参与进来,与导演组共同创作完成了"十年"心路历程。因为《我们的时代》纪录片从人文角度诠释的代表人物的"十年",这也正是中国品牌成长的10年。该纪录片的精髓,与特仑苏10年的感动融入其中,因此一拍即合,合力而为。

面对内容市场上浓厚的娱乐氛围,优酷、土豆决定做一些有思想内涵的事——邀请一些行业精英拍摄"时代录",以期在描摹社会变迁的同时给迷茫的大众指引方向。虽然这看起来有些"不食人间烟火",但身为视频行业领导者,优酷、土豆觉得自己有责任做这个"仰望星空的人"。

"特仑苏金牌十周年",这个有内涵的高端牛奶一眼就相中了同样有深度的《时代录》。双方一拍即合。所以当故事还处于酝酿阶段的时候,特仑苏就罕见地参与其中了。而延伸至内容链上游的好处显而易见:首先作为"创始人",它可以在源头上就与节目融为一体——"十年"+"时代"生成"十年敢想录"。随后在整个创作中,从基调到介质再到节奏,特仑苏也都可以表达自己的意见、建议,实现从里到外、由上而下的360°无缝对接。而这种共同创作的关系,也让特仑苏与优酷、土豆超越了传统的甲方乙方,成为一对"并肩打天下"的合作伙伴。

这也是很多营销人都明显感受到的——随着内容营销的发展,简单的冠名植入已经无法满足广告主越来越大的胃口。未来必将有更多的广告主介入内容生产,进行更深层次的结合,甚至打造"私人订制"的专属节目。

2. 内容精品化

所谓"内容营销",内容的重要性自然不言而喻。而英文世界中,一个和内容营销捆绑性极高的词是——Story Telling,即讲故事。

首先是多方合力,资源聚焦。提到网络视频,很多人的第一反应是粗制滥造,其实这种情况正在一去不返。优酷、土豆透露,整个纪录片从制作阵容到后期宣传,全部都是大投入,后期宣传更是举平台之力,总投入达到数千万级别。同时特仑苏方面更配合启动了大规模的传播活动,比如"百人百天十年敢想"专题、TVC、地铁广告等。强有力的经济支持是高质量内容的强心剂,虽然营销人都有个"小投入大产出"的梦想,但事实一次次告诉我们"大投入大产出"才是王道。

10个代表人物的选择也是煞费苦心。选择的标准,首先是多元化,因为要折射整个时代的变迁,10位精英必须来自不同的行业。所以在成片中看到了从事传统行业的书店老板钱小华、献身艺术事业的王潮歌、互联网弄潮儿周宏伟等。其次是有变化,是这10年间既守得住时代馈赠、又经得起时代痛击的人。比如改造传统书店、力挽颓势的钱小华,10年前用笔激扬文字、10年后用脚践行商业的财经作家吴晓波……

人选敲定,怎么才能敲开这些名人的心扉、挖掘他们真实的感想呢?监制贾樟柯给出的解决方案是:找一个擅长提问的人。"道理也简单,你问周鸿祎'这10年您有什么感触',他一定回答不上来,因为问题太大了。但如果换成'您工作后第一个月挣多少钱?',他说'29块',话匣子自然而然就打开了。"优酷、土豆项目负责人向记者讲述经验。《十年敢想录》把"讲故事不讲道理"奉为圭臬。

后期剪辑也是精益求精。每支成片只有3分钟,但每个人物的拍摄周期却长达三四天,一比几百的剪辑比例保证了内容的百分之百精华。此外3分钟的时长也正好适应了移动互联网时代受众的观看习惯。

长期以来,网络视频在很多人的印象里都是"粗制滥造"的代名词,而《十年敢想录》让大家看到,这种状况已经一去不复返了:它从资金到嘉宾再到具体执行的每一个环节,事无巨细,都毫不马虎,也只有这样才能锻造出大片级的高品质内容。

3. 理念的深度植入

内容营销一直是行业内的热门话题，但对于它的实践，还处于探索阶段，赞助商合同里的权益也更多停留在曝光上。

特仑苏决定实行"触及灵魂"的新玩法：纵览《十年敢想录》的每一支短片，特仑苏只在每个片头和片尾低调出现——"特仑苏 优酷，倾力呈现""让更好的十年，从更好的你开始，特仑苏 优酷"，除此之外的正片部分再也找不到任何痕迹。特仑苏没有按照内容营销普遍的做法，让贾樟柯一边喝牛奶一边讲述他的电影 10 年，虽然它可以。

它尊重内容，知道品质感不是浅层的频繁曝光能带来的，而必须依靠理念层面的深度绑定。作为一个牛奶品牌，跟"营养""人生"，甚至是更远的"敢""变""时代"这些词汇建立关联是对特仑苏的最大认可。这是经典和爆款的区别：爆款虽火，但只存在于当下，经典则拥有穿透时间的永恒价值。

案例 9.2.12 "万达广场就是城市中心"——万达微视频营销解析

1. 万达微视频大赛背景

作为老牌的房地产企业，万达集团在受众心中的定位，还停留在刻板、严谨的形象上。2014 年，在万达产业转型升级的重要阶段，如何能放下传统房地产企业的架子，缩短与消费者的距离，增加与受众的互动，成为万达要迫切突破的目标。

随着多年来微博、微信等社交平台发展趋近成熟，已经很难在通过标新立异的传播手段在新媒体平台上占得一席之地，所以相比较其他较早涉足营销传播的品牌，如何在众多声音中一鸣惊人、脱颖而出是关键点；同时将移动端应用微视和秒拍作为万达微视频大赛的主要传播平台，通过微视频的媒体形式更好地说服消费者，将活动口号"万达广场就是城市中心"深入人心。

2. 万达微视频大赛目标

万达集团购买在微视与秒拍平台中最重要的广告位 Top banner、热门板块、热门活动、热门标签、写环境操作等，同时万达集团提供价值 200 万元的奖品激励，征集带有"万达广场就是城市中心"主题的微视频创作要求，就是要成为自微视频业务开展以来平台声量最大、传播效果最好的商业活动。

在大多数的客户还停留在对广告入口及推广位置的需求，没有真正认识到微视频的核心本质的时候，万达提出微视频必须以"内容为王"。根据两微视频平台的活跃度，设立了微视平台征集原创高质量作品 10000 部，秒拍平台征集原创高质量作品 3000 部的目标。

优质内容进行二次传播，配合微博、微信、视频网站、媒体报道以及论坛等的扩散，使传播主题"万达广场就是城市中心"曝光量超过 8000 万。

3. 传播策略

在手机 APP"微视""秒拍"平台上，同步在 Web 端和 Wap 端的活动专题中举行线上活动。

Wap 端、Web 端：用户通过移动设备拍摄短视频，工作组以自然周、月为单位，由媒体、专家及主办方组成的评审组评选出优秀作品及月度冠军，分别赠送 iPad 及长白山等丰厚奖品，凡是参与的用户均有机会获得万达集团提供的全国 3D 电影兑换券 2 张，在这些奖品的刺激下，网友参与的积极性异常高涨，上传了大批的优秀创意视频作品，这些作品通过各种形式诠释了传播主题：万达广场就是城市中心，凭借着精彩的创意以及精良的制作，在微视频平台上就拥有非常高的播放量与转评值，同时它们具有极强的二次传播性，经过收集和整理，剪辑成推广视频，在以下渠道进行扩散：

(1) 各大视频网站上的关键位置推荐。
(2) 专题页面上最热视频推送。
(3) 微博、微信上"红人大号"转发。
(4) 视频相关的专业垂直论坛上的种子视频扩散。
(5) 线下颁奖礼和达人观影礼的活动的事件营销传播。

4. 微视频大赛执行过程

2014年3月15—31日，在《万达微视频大赛》正式上线前，选择预热效果最好的活动，并于开始前两周，通过新浪、腾讯以及官微三个平台交错配合推广，发布"10秒能说多少字儿"类似的4个预热话题，对活动进行话题预埋。

4月1—20日，《万达微视频大赛》正式上线后，邀请《爸爸去哪了》明星主持人李锐，以及24位平台最具人气达人拍摄种子视频，通过新浪、腾讯活动平台，微博微信红人转发，各大论坛信息的转载以及各大视频网站密集曝光，同时配合大量的广告资源推广，短时间内在将活动声量推至高位。同时内部拍摄了20部引导视频，通过官方账号发布对受众进行引导。利用线下10所大学的校园活动在广告横幅、背景板、易拉宝、宣传单中，体现品牌元素，同时进行用户引导拍摄分享视频。

4月21日至5月20日，在万达广场举办第一个月月度赛冠军颁奖礼，现场邀请新浪秒拍、腾讯微视领导、多位达人到场以及多家媒体到场，本次颁奖礼不但是阶段性成果的展示，更成为引爆第二个月活动的爆点，通过线上和线下对活动的配合报道，使活动被多家视频，娱乐媒体网站转载文章。

5月1—30日，《万达微视频大赛》为了吸引更多达人参与活动当中，成为微视频传播的中坚力量，特地打造了超级粉丝团计划，并为入围达人提供专属权利。

通过层层筛选和竞争，选定了最具影响力的20位达人成为《万达微视频大赛》第一批超级粉丝团专属达人，随后于5月29日在CBD万达索菲特大酒店举办了线下专属达人观影活动，到场达人的粉丝量总和已超过300万，大家对活动的现场情况都进行了直播，本次活动的视频在两微视和秒拍平台的播放量就达80余万次。

在2014年6月13日至7月14日巴西世界杯期间，《万达微视频大赛》拍摄了以"万达广场就是城市中心"为主题世界杯系列视频——罗纳尔多、梅西系列，男女看世界杯系列等。借势世界杯增加活动热度，同时创新活动玩法，引导网友拍摄系列创意作品来展现活动主题。短短的一个月内，系列作品上传600余部，总播放量累计超千万次。

7月4日，在武汉万达大戏台举办了第二个月月度冠军颁奖礼，因前期与微视达人组达成战略合作，本次活动邀请到微视粉丝量排名前30的达人到场，同时多家北京及当地媒体到场对活动进行报道。现场多位百万级粉丝的达人自发拍摄的活动视频，在粉丝中引起轰动效应，颁奖礼相关视频播放量超过百万。活动现场观众自发用手机拍摄微视，对颁奖礼进行主动传播。活动合作媒体有新浪网、腾讯网、网易、搜狐、凤凰网、和讯网、优酷土豆、爱奇艺、财经网、新京报等。

随后两个月开始将活动从线上转到线下，开始针对大学生定向征集视频作品，首届大学生微视频大赛从传媒大学电视台记者团开始发起，活动征集到精品视频600多个。活动的传播主题贯穿线上与线下，产生了联动效应，不仅让微视频大赛深入了大学校园，给线下大学生提供了参与创作的平台，而且在线下范围内传播具有品牌记忆性的微视频，最终形成一股新的微视频创意热潮。

从活动正式上线到截止，总曝光量达102270000次，据腾讯微视官方统计，网友上传参赛作品总数14721部，新浪秒拍官方统计网友上传参赛作品总数5566部。总共收集到的19738部作品。

据腾讯与新浪提供的数据，两平台活动专题页面总PV（页面浏览量）达到359万，UV（独立访客）达到212万。网友互动（转发、评论、点赞）183万次。

5. 活动创新价值点

万达微视频利用移动视频传播媒介的创新，通过最新手机APP"微视"和"秒拍"两个视频分享社交平台，在百万元大奖刺激下，受众拍摄以"万达广场就是城市中心"为主题的创意视频，并通过外围渠道进行强力的传播，使其产生病毒式扩散，最终让万达集团品牌深植于受众心中。

万达微视频大赛活动的技术应用创新，活动除了用主流文字和图片媒体，主要使用8秒或10秒微视频进行传播，创意视频画面更直观连贯，同时视频配音使活动主题更加立体。通过丰富的创意表现形式对活动主题进行诠释，活动参与用户主动拍摄符合"万达广场就是城市中心"活动主题的视频，具有高度的品牌记忆性，使活动主题深入到受众记忆之中。

案例9.2.13 "同程旅游1元门票"网络营销案例分析

1. 案例背景

2014年3月，同程旅游在移动端推出"1元玩景点"活动，并在此基础上推出了系列"1元游"产品，9月2日，同程旅游宣布一年内将在全国范围内送出1亿张1元门票，并在未来把1元门票这一活动常态化。

2014年7月23日下午，同程旅游在上海外滩源壹号举行新闻发布会，宣布启动"1元玩景点，百元游世界"暑期大型促销活动。同程旅游创始人兼CEO吴志祥、同程旅游创始人兼CEO吴剑出席了发布会，他们向在场的媒体介绍了本次暑期大促的详细信息，并系统阐述了同程旅游的无线战略等外界关心的话题。

"1元玩景点，百元游世界"是同程旅游本次暑期大促的主题，总投入5亿元，涵盖景点门票、自助游套餐、出境游和邮轮等产品。同时，同程旅游宣布追加2.5亿元预算暑期加推2000场"1元门票"活动，确保在整个暑期每天都会有30～40个1元景区推出。"1元门票"是由同程旅游率先在移动端推出的全国景点门票大型特惠活动，已累计举办了近千场，均为不限量优惠。暑期大促是在"1元门票"活动的基础上加上自助游套餐、出境游和邮轮特价限时抢购活动，首创从"1元玩景点"到"100元游世界"的旅游大促新玩法。

"1元玩景点，百元游世界"暑期大促在7月23日当天会有100元以内的超低价产品供网友抢购。例如，上海玛雅海滩水公园加上海大众国际酒店双人游抢购价只要10元，原价 10999 元每人的马尔代夫 5 日游限时抢购价只需 90 元每人，原价近万元的大西洋号邮轮抢购价只需 100 元，此外还有 30 元游香港、40 元游日本、50 元游泰国、60 元游韩国等特惠抢购产品推出。另外，作为暑期大促的重要内容，"1 元门票"不限量优惠活动也将继续，1 元景点包含常州淹城野生动物园、常州中华恐龙园、沙家浜、上海东方绿洲、扬州瘦西湖、无锡灵山大佛、西夏王陵、柯岩风景区、东部华侨城、长沙冰雪大世界、凤岭欢乐世界等全国知名景点。

2. 实施过程

(1) 利用社交软件微信推广同程旅游客户端 APP。

在同程旅游已经举办的近千场"1 元门票"活动中，微信是每场活动的合作方，微信支付被列为首选支付方式，而且"同程旅游联合微信请全国人民 1 元游×××"的广告语也出现在了同程所有的广告投放中。由此可见，同程旅游加大对"1 元门票"活动的投入，通过微信公众号以及微信好友间互相分享同程旅游 APP 并来获取 1 元景点门票，微信尤其是微信支付将是最直接的受益者。

(2) 利用纸质媒体宣传。

"小丽，我错了，请苏州人民旅游是应该的。再追加 1000 万预算，全场 1 元起，送红包！请苏州人民 1 元玩景点！请苏州人民 10 元度周末，住五星，包玩包住包开心！请苏州人民 100 元坐邮轮，游釜山，逛济州！"这是轨交 1 号线的广告，之后，逆天广告再现苏州轨交 1 号线，老板不但给员工认错，还加大预算，继续请苏州人民旅游！老板也登上了《城市早 8 点》头版，吸引了无数"铁丝"的眼球。

(3) 投放大量移动媒体广告。

同程旅游还发布了其最新版 TVC 广告片，主要用于在上海、杭州、宁波、苏州、无锡、南京等华东主要城市的电视台、公交（地铁）移动电视、楼宇电梯等媒体上的广告投放。暑期大促的线下广告投放活动将一直持续到 9 月，总投入超过 5000 万元人民币。这是同程首次针对促销活动投入大规模线下广告投放。

(4) 首单评价返现。

同程网通过其认证微博宣布将"返现"优惠扩大至其全部 8000 家合作景区，这是该网站首次将"点评返奖金"活动扩至全部合作景区，也是其针对当前业内门票价格战采取的主要措施之一。

3. 效果分析

2014 年，同程旅游成为继携程和去哪儿之后第 3 个下载量过亿的旅游应用。劲旅咨询发布的《2014 年 9 月国内旅游类应用（APP）市场监测报告》显示，携程和去哪儿安卓版客户端 9 月的下载量分别为 1.63 亿和 1.61 亿，同程旅游约为 1.1 亿，成为最新进入"1 亿俱乐部"的成员。

同程旅游客户端用户的增长很大程度上得益于其"1 元门票"促销活动。2014 年 3 月，同程旅游在移动端推出"1 元玩景点"活动和"1 元游"产品，受到众多消费者的热捧，门票市场呈爆棚状态，同程旅游客户端用户规模和消费频次大幅增长，这也是其客户端领先优势持续扩大的体现。

"1 元门票"活动普遍有使用限制，必须用手机客户端才能订票，促销的意图也在于把大量非手机客户端客户全部转换到线上。同程旅游新设立的"有票"频道还引入社交模式，用户可以向好友送门票，陌生人之间也可以发起搭车、拼饭、认识好友等功能。

作为送出1亿张门票计划的一部分，同程旅游6.5版客户端增加的"有票"频道提高了用户的活跃度。同程旅游官方数据显示，黄金周期间，"同程旅游"移动端景区日票量突破百万，占在线旅游预订量7成。

同程网的转化率是10%，主要集中在周边游。同程的优势是在商务旅游已经有大量机票和酒店的积累，采购不会从零做起。但即使是拥有大量机票、酒店资源的去哪儿和携程，面对市场的后来者发力休闲游并不轻松。在同程网大力推广期间，一个月的客户端激活用户已经增长了2000万。

案例9.2.14 小米手机的网络营销策略分析

2014年9月，在安卓手机活跃排行榜，小米手机的市场份额已经接近三星手机了。对2011年才正式上市的一款国产手机绝对是一个巨大的成就，而这样的成就是源自于小米手机成功的网络营销。

1. 信息发布

2011年6月底，小米公司内部和供应商爆料开始，到8月16日其关键信息正式公开，小米手机的神秘面纱被一点点掀开，引发了大量猜测，并迅速引爆成为网络的热门话题。

6—8月，关于小米科技的专题达到3个，分别在新浪科技、泡泡网、中关村科技。与小米相关的文章30多篇，分布在新浪网、搜狐网、网易、中关村在线网、泡泡网等主流门户网站和电子产品类专业网站，吸引了巨大的关注。网络营销组合分析：此阶段，小米科技处于起步阶段，正是通过名人效应（雷军）与微博互动、网站软文讲述相结合的方法让关注手机的网民开始知道小米手机，并在小范围圈内进行传播。

结论：小米科技成立之初，采用门户网站＋科技网站的方式，以软文和深度报道为主。

2. 病毒式营销（口碑营销）

也许你不关注IT产品，可是你仍然知道了小米手机，因为你的"手机控"朋友们都在讨论小米手机，出于好奇心，你也开始在网上去了解小米手机，了解到小米手机的种种优越性，于是你也不由自主地当起了"病毒传播者"，小米手机通过制造各种各样的"绯闻"：小米手机的创意是"偷师"来的，小米手机的发布是模仿苹果的，许多名人要把苹果手机扔进垃圾桶改用小米手机。通过人们之间各种途径的交流中，小米手机实现了品牌的输入与推广。

3. 事件营销

2011年8月16日，小米科技在北京798艺术区正式发布小米手机，小米手机的神秘面纱被全部揭开，超强的配置、极低的价格、极高的性价比，小米手机凭借这些特点赚足了媒体的眼球，而雷军也以乔布斯的风格召开的"向乔布斯致敬"的发布会而被媒体所八卦。现场吸引了包括新浪科技、中关村科技、凤凰网科技、泡泡网等一大批主流网站记者。与此同时，小米发布会还通过微博、优酷视频、官网BBS进行直播，其1999元的高配置低定价更让许多爱好手机的网民几乎在发布的同时就被这个突然冒出来的小米手机所吸引和关注。

结论：小米手机发布时，采用门户网站＋视频网站＋BBS 的方式，以软文和新闻报道为主。

4. 微博营销

小米手机在正式发布前，其团队充分发挥了社交媒体——微博的影响力。比如，在小米手机发布前，通过手机话题的小应用和微博用户互动，挖掘出小米手机包装盒"踩不坏"的卖点；产品发布后，又掀起微博送小米手机活动，以及分享图文并茂的小米手机评测等。在小米手机之前，雷军每天发微博的数量控制在两三条，但在小米手机发布前后，他不仅利用自己微博高密度宣传小米手机，还频繁参与新浪微访谈、出席腾讯微论坛、极客公园等活动。雷军的朋友，包括过去雷军投资过的公司高管，如凡客 CEO 陈年、多玩网 CEO 李学凌、优视科技 CEO 俞永福、拉卡拉 CEO 孙陶然、乐淘网 CEO 毕胜等，纷纷出面在微博里为小米手机造势，作为 IT 界的名人，他们中的每一个人都拥有着众多的粉丝，因此，微博的营销功能被小米团队运用到了极致。小米手机没有做任何的广告，但是凭借网络媒体，小米团体主要靠病毒式营销成功地实现了品牌的推广，让很多人认识了小米手机以及小米公司这个大家庭。同时也创造了国产手机的一个记录，仅仅用了 34 个小时，小米手机的预订量就超过了 30 万，用人气爆棚来形容一点都不为过。这其中，网络营销手段可谓是功不可没。

结论：小米手机多轮销售时，采用门户网站＋微博＋BBS 的方式，以及新闻报道和发售内容。

5. 饥饿营销

小米手机的发布是小米主动进行的第一次网络营销组合，全球首款双核 1.5G 手机只卖 1999 元是吸引眼球的因素，小米手机通过视频直播、微博互动、BBS 跟帖的组合形式让这个吸引眼球的因素为大众所知。虽然这个时候很多网民还不知道这些手机配置参数意味着什么，但是都知道小米是款高配置低价格的强悍智能手机。

2011 年 9 月，小米手机开始在官网上接受第一次订货，首批 30 万台。在不到 3 个小时的时间内，全部预订完毕。之后在 10 月 20 日进行首批发货，10 月 30 日接受第二批 10 万台预订，在半个多月之后发货。就以这种方式，截至 2012 年 3 月，小米一共进行了 5 次的网上限量预订，每次都在极短时间内销售一空，总共售出高达 200 万台以上。在每次预订之前，小米科技都会通过一些手机科技网站发布消息，并在官方微博上进行消息发布。对于注册用户，没有抢购到的，它也会发送短信提醒。这种精确的由面到点的网络营销组合形式，让其每一次的销售都能获得巨大的成功。

2012 年 4 月，小米和电信运营商的两次发布会，每次都有相当数量的媒体参加，微博上会进行直播，当然这也自然成为了各家主流网站的头条新闻，小米借着联通、电信的品牌开始走向大众的视野。

2012 年 5 月，小米手机在完成了 200 万台以上的销售之后，面对即将饱和的市场，推出了小米手机青春版。小米此次青春版发布从酝酿到结束可以说是一个完美的网络营销过程。5 月初左右手机科技网站透露相关消息；5 月 10 日左右，小米上传《我们的 150 克青春》视频，点击量很快破百万，引起巨大轰动；5 月 12 日左右，小米官方微博正式开展"小米新产品发布之不要错过青春"的微博转发活动；5月18日，小米青春版正式揭开面纱，微博开展每小时送一台青春版的转发活动，截至销售结束，转发次数达到上千万，取得了惊人的效果。

2012年6月，小米用回馈300万用户的名义提供了30万张300元的抵用券，还赠送了大量的手机配件，这么一来，小米又取得了火爆的销售，再加上这次的不限制购买就更加促进了小米的销售。小米的变相降价回馈活动依然通过微博与科技门户网站相结合的方式，获取了巨大数量的传播对象，同时短信通知会员的形式又具有很强的针对性。

结论：小米手机网络营销最为核心的组合为门户网站＋微博。

门户网站保证了信息的完整性、专业性，微博保证了小米的广告能够达到惊人数量的传播，两者相结合不管是在口碑上还是认知上都对消费者产生了很大的影响。

9.3 课外思考案例

案例9.3.1 世界上最好的工作——大堡礁网络营销案例分析

1. 大堡礁简介

澳大利亚大堡礁尽管久负盛名，但因为随着海洋升温以及游客增多，一度大堡礁的珊瑚虫濒临灭绝，经过一段时间的休养生息，大堡礁生态环境得到了恢复，知名度却已大不如从前。哈密尔顿岛素有澳大利亚"大堡礁之星"的美誉，岛上终年气候舒适宜人，活动多姿多彩，但由于当地旅游受金融危机冲击，旅客量大减。

为提升大堡礁的国际知名度，昆士兰旅游局策划了一次网络营销活动：2009年1月9日，澳大利亚昆士兰旅游局网站面向全球发布招聘通告，并为此专门搭建了一个名为"世上最好的工作"的招聘网站，招聘大堡礁看护员。网站提供了多个国家语言版本，短短几天时间网站吸引了超过30万人访问，导致网站瘫痪，官方不得不临时增加数十台服务器。

2. 大堡礁的网络营销过程

（1）发布"世界上最好的工作"招聘通告。

昆士兰旅游局搭建了专门的招聘网站，向全世界招聘大堡礁看护员，详细说明了看护员的具体工作。

探索和汇报：看护员工作时间比较有弹性，其主要职责是探索大堡礁的群岛，以更加深入地了解大堡礁。他/她须通过每周的博客、相簿日记、上传视频及接受媒体的跟踪访问等方式，向昆士兰旅游局（以及全世界）报告其探奇历程。

喂鱼：大堡礁水域有超过1500种鱼类。试想象各式各样珍贵鱼类蜂拥而上的场景会是多么震撼。

洗泳池：泳池虽然装有自动过滤器，但如发现水面上有一片飘落的树叶，那下水清洗泳池绝对是畅泳的好借口。

兼职信差：探险旅程期间，看护人可参与航空邮递服务，这将是在高空俯览大堡礁美景的绝佳机会。

这个工作，与其说是看护员，其实不如说是大堡礁的体验者——这正是昆士兰旅游局推出此活动的目的,通过体验式营销的方式来向世界宣扬大堡礁的美妙之处,同时充分利用招聘过程的吸引力成功进行营销造势,吸引全世界旅游者的关注,向全球推广大堡礁的知名度与美誉度。

(2) 强调工作的"高报酬"提高关注度和吸引力。

成功的申请者于 6 个月合同期内可获取 150000 澳元的薪金。此外,入职者可以免费居住在岛上一套 3 居室的"无敌海景别墅",室内电脑、电视、互联网一应俱全,还可享受室外水晶般的礁湖、婆娑的棕榈树影及银白的沙滩。另外,你还可以全额报销从居住地到哈密尔顿岛的往返机票和船票。旅游局还会给你配一辆电动高尔夫车,作为代步工具。

在澳大利亚,年薪 5 万~6 万澳元算是中产阶级。因为金融危机,很多澳大利亚人现在不是全职工作,而是同时拥有几份按小时计工资的兼职。因此,半年薪水 15 万澳元,在当地人看来也很高,算是"金领",有类似国内百万年薪招聘高管。

3. 大堡礁网络营销效果

招聘通告发出后,一度让为此专门搭建的招聘网站因访问量剧增而瘫痪。中国的电视、网络、报纸都进行了介绍,在国外,美国《纽约时报》、英国《独立报》等也都对这份令人难以置信的工作做了全面报道。接受申请两个月之后,共吸引来自全球 200 个国家和地区的近 3.5 万人竞聘,包括 11565 名美国人、2791 名加拿大人、2262 名英国人和 2064 名澳大利亚人,来自中国的申请者也有 503 位。

在中文搜索键入"大堡礁+工作",搜索结果有 36 万个;同样的关键词换成英文搜索,搜索结果高达 62 万个。无疑,这是一个创意十足的成功的网络营销。

思考:

1. 网络营销的优势有哪些?
2. 反观大堡礁的营销创意,总结大堡礁的成功经验。

案例 9.3.2　星巴克微信营销成功案例分析

星巴克是一家跨国知名餐饮业公司,在国外负有盛名,营销手段也是极具特色。但是,当这家公司进入内地市场后却发现,原有的宣传手段缺乏张力、宣传的力度不足、影响力不够,导致拓展内地市场缓慢,他们需要一个平台展示自身产品,开拓内地市场。

星巴克的消费群体被定位为"白领阶层"。这个阶层的消费者主要是高级知识分子,共同点是对精品、美食和艺术感兴趣,而且是收入较高、忠诚度极高的消费阶层。

在主流的餐饮服务业中,由于餐饮的差异化导致成本客,而顾客在认同一种服务之后,会在很长一段时间内不会变化,并且长期稳定使用该服务,这种特点在白领阶层表现明显,他们都有一种追求稳定的心理趋势。因此,星巴克采取"攻心战略"来感动顾客,培养顾客的忠诚度,集合这些特点,星巴克推出了具有浓厚咖啡特色的微信营销策略。

1. 利用二维码扫一扫衍生音乐效应

星巴克作为咖啡界的巨头,于 2012 年 8 月 28 日正式入驻微信平台,成就了一种全新的人际互动和交往方式。微信用户只需在搜索页面输入"星巴克中国",或者扫一扫二维码,就可以添加"星巴克中国"为好友。只需发送一个表情符号,星巴克将即时回复你的心情，让你即刻享有星巴克《自然醒》音乐专辑，获得专为个人心情调配的曲目。通过这个活动，"星巴克中国"的微信账号收获了大量的粉丝，截至 2012 年 9 月 2 日，粉丝数量已超过 6.2 万，每天收到信息超过 2.2 万条，基本都是以参与活动的互动表情为主。借助这次成功，"星巴克中国"接下来将会陆续推出新的音乐，值得关注的是，微信还能让"星巴克中国"在粉丝圈中建立一个属于他们的"电台"，使星巴克可以完成更多用户关心的行为以及传播自己的文化，而用户可以通过这个"电台"，咨询到自己想要的信息，如最新优惠、新品上架、店铺位置等。微信营销从无声时代自然过渡到真正的互动时代，对用户的关怀也不再停留在"心中"，而是可以随时随地完成高精准度的"传递"。10 月 8 日起，星巴克再度富有创意地推出了"星巴克早安闹钟"活动，以配合早餐系列新品上市。粉丝只需下载或更新"星巴克中国"手机应用，每天早上 7—9 点，在闹钟响起后的 1 小时内到达星巴克门店，就有机会在购买纯正咖啡饮品的同时，享受半价购买早餐新品的优惠。一杯星巴克咖啡饮品，由专业的星级咖啡师精心调制，再搭配上可口的可颂／三明治／意大利夹饼，不仅口感更佳，而且低脂营养健康，让人在独特的星巴克体验中迎来活力充沛的每一天。

2. 利用微信摇一摇功能给客户带来全新体验

在星巴克结合微信的摇一摇功能，不仅可以摇到"星巴克中国"的微信账号，还能展开一段星巴克冰摇沁爽之旅。以这个活动为例，2012 年 8 月 28 日至 9 月 20 日，星巴克同时推出由星巴克冰摇果莓沁爽和星巴克冰摇青柠沁爽两款饮品组成的冰摇果莓沁爽系列。通过摇一摇带来的动感和新鲜感，加上看得见的大颗黑莓、整片柠檬和尝不出却喝得到的咖啡因，让你的每一天都充满活力、醒目夺人，给你前所未有的清爽感觉和革命性的咖啡品尝新体验。

3. 如何让人知道星巴克的微信账号

微信拥有大量的用户，但是如何才能引起用户的注意，添加自己的公众账号为好友呢？这是微信营销的难点之一。星巴克结合自身的企业特点，通过微博、星享卡会员项目、门店、平面媒体等多个渠道，把这一消息公布于众。

4. 利用微信维护客户关系，让客户传递品牌故事

星巴克微信营销结合病毒式营销，在用户享受美味的咖啡的同时，利用微信与用户建立起联系，鼓励用户进行分享，向用户的朋友圈展示星巴克的产品与服务，让用户给星巴克做广告，达到病毒式营销的效果。对星巴克来说，微信全新的互动方式和独特的真实关系，就像浓郁而悠长的咖啡香味，一直伴随在用户身边。用户在感受到全新体验的同时，培养起新的消费习惯，成就了一个个经验的品牌故事。

5. 利用节假日做微信营销活动

为了迎合圣诞节，星巴克于 2012 年 11 月 6—30 日推出"魔力心愿店"，在微信上还策划了"魔力心愿 12 天"活动。以这个活动为例，在"魔力心愿 12 天"活动期间，即 12 月 1—12 日，关注"星巴克中国"的微信用户，可以通过微信互动得到独家优惠，每日的优惠内容不同，如咖啡杯、咖啡粉等，除此之外，星巴克还推出了 12 款专属手机壁纸，只要回复 1~12 即可获得，大大地增加了互动性和宣传效果。最终，"魔力心愿 12 天"取得很好的效果，在短短的几小时内，星巴克官方微信就获得了近 38 万条粉丝发

来的消息,微信粉丝活跃度非常高。同时通过优惠券在实际门店购买商品的销量也很可观。

思考:
1. 微信营销与传统营销相比有哪些好处?
2. 国内餐饮业可以从星巴克的微信营销中得到哪些启示?

参 考 文 献

[1] 臧良运. 消费心理学 [M]. 北京：电子工业出版社，2007.
[2] 任小静，梁清山. 消费者行为学 [M]. 北京：化学工业出版社，2015.
[3] 胡德华. 市场营销经典案例与解读 [M]. 北京：电子工业出版社，2008.
[4] 朱华，窦坤芳. 市场营销案例精选精析 [M]. 4 版. 北京：中国社会科学出版社，2009.
[5] 菲利普·科特勒. 营销管理 [M]. 卢泰宏，高辉，译. 13 版. 北京：中国人民大学出版社，2011.
[6] 吴宪和. 市场营销学 [M]. 上海：上海财经大学出版社，2002.
[7] 朱立. 市场营销经典案例 [M]. 北京：高等教育出版社，2004.
[8] 孙全治. 市场营销案例分析 [M]. 南京：东南大学出版社，2004.